情理与法理

权利正义观念的冲突与调适
——以一起征地纠纷案为例

QINGLI YU FALI: QUANLI ZHENGYI GUANNIAN DE CHONGTU YU TIAOSHI

谢艳／著

知识产权出版社
全国百佳图书出版单位

图书在版编目（CIP）数据

情理与法理：权利正义观念的冲突与调适/谢艳著. —北京：知识产权出版社，2018.1

ISBN 978-7-5130-2492-1

Ⅰ. ①情… Ⅱ. ①谢… Ⅲ. ①土地征用—民事纠纷—研究—中国 Ⅳ. ①D922.394

中国版本图书馆 CIP 数据核字（2018）第 014078 号

内容提要

本书采用事件史叙事法，以时间为主线描述了一个长达十多年的征地纠纷案的缘起、解决过程和由此引发的情理与法理的矛盾与碰撞。被征地农民的情理型权利正义观与政府部门的法理型权利正义观的矛盾可以解释类似征地纠纷久拖不决的原因。本书运用情理与法理的关系解释了农民关于政府层级的理想图示缘何破灭的问题，同时还用这个典型的案例讨论了司法机关在纠纷解决过程中的作用，揭示了征地纠纷的复杂性。

责任编辑：石红华	责任校对：王　岩
封面设计：刘　伟	责任出版：刘译文

情理与法理：权利正义观念的冲突与调适
——以一起征地纠纷案为例

谢　艳　著

出版发行：知识产权出版社 有限责任公司	网　　址：http://www.ipph.cn
社　　址：北京市海淀区气象路50号院	邮　　编：100081
责编电话：010-82000860 转 8130	责编邮箱：shihonghua@sina.com
发行电话：010-82000860 转 8101/8102	发行传真：010-82000893/82005070/82000270
印　　刷：北京嘉恒彩色印刷有限责任公司	经　　销：各大网上书店、新华书店及相关专业书店
开　　本：787mm×1092mm　1/16	印　　张：15.75
版　　次：2018年1月第1版	印　　次：2018年1月第1次印刷
字　　数：258千字	定　　价：58.00元
ISBN 978-7-5130-2492-1	

出版权专有　侵权必究

如有印装质量问题，本社负责调换。

序 言

　　最近二十年来，因征地而引发的一系列社会问题一直是社会舆论和学术界关注的焦点。作为一名从事社会学研究的高校教师，当然对这一社会问题不能置若罔闻。2009年暑假，我与几位同事在C市对失地农民的生活状况进行了一次社会调查。在这次调查中，听到了许多农民讲述的故事，其中，一起奶牛养殖户与政府之间长达十多年的征地纠纷案引起了我的关注和思考。这户人家原本是一个比较富裕的家庭，在征地过程中与地方政府产生了各种各样的纠纷，纠纷产生后虽然寻求了各种救济方式，但这些纠纷一直得不到解决，最后导致整个家庭倾家荡产、妻离子散。这个案例引发了我的好奇心：这家人到底因为什么事情和地方政府产生纠纷？他们各自的观点和理由是什么？纠纷为什么得不到有效解决？纠纷为什么会不断扩散？带着这些问题，我进行了多次深入访谈，查阅了大量的政府文书和法院卷宗资料。随着调查的深入，我愈发觉得这个故事有意思，因为它无法用简单的补偿标准过低、地方政府违法征地、农民投机取巧漫天要价等理由去解释纠纷的产生与扩散过程。于是，我觉得自己有责任和义务去阐释这个事件，并揭示这个事件后面隐藏的更深层次的社会问题。因此，在攻读博士学位期间，我毫不犹豫地选择了征地纠纷作为我的研究对象，并对这个个案进行了更深入的调查和分析。本书就是在我的博士论文基础之上通过进一步的修改和补充而形成的。

　　本书采用事件史叙事法，以时间为主线，描述了纠纷事件的缘起、展开、上升但尚未结尾的过程。通过对纠纷案的事件和过程的描述，我重点考察了纠纷双方在整个纠纷过程中反复强调的"理"，即他们的权利正义观念。根据人们界定权利、判断是非、作出决定的依据是情理还是法律，我们划分出两种理想类型的权利正义观念：情理型权利正义观和法理型权利正义观。由于深受传统礼法文化和自身知识类型的影响，农民主要是以

情理与法理：权利正义观念的冲突与调适
——以一起征地纠纷案为例

情理作为论证自己权利和判断公平正义的依据，即持有情理型权利正义观；由于法治科层制对行政人员的要求，基层政府官员主要以正式的法律制度作为界定农民权利和判定是非的基本依据，即持有法理型的权利正义观。情理更加强调特殊性、情境性、伦理性、多元嵌套性，而现代科层法治强调的是规则的普遍性和确定性、职能的分离性、规则执行的非人格化等特征，农民与基层政府的纠纷恰恰根植于情理和法理这两个同时作为权利和正义的"正当性基础"的竞争与冲突。

本书也揭示了这两种观念相互渗透和相互调适的过程。这两种权利正义观念发生碰撞时，法律因为强制力的支撑而扮演了"大写的普适真理"的角色，因此农民基于情理的权利诉求屡屡遭遇拒绝。两种观念碰撞的过程也是相互调适的过程。屡次受挫的农民转而寻求法律的支持，走向"依法抗争"的道路，但由于缺乏系统的法律知识和法律思维训练以及强烈的功利性学习目的，使得他的"以法抗争"走向一种偏执的状态，建立在自以为是和误解基础上的"过度自信"妨碍了他以一种妥协的态度来解决各种纠纷。政府机构虽然拥有强制力执行法律，但信访治理体制下维稳的压力和官员本身的多重属性也促使他们通过政策变通、促使政策修改、递推补偿等方式使得结果更加贴近情理。但是，由于资源的限制、决策体制的限制以及对变通示范效应的考虑，这些权变方式容易流产，且它们本身也是一把双刃剑，它们在预防和解决一部分纠纷的同时可能又引发了另外一些矛盾和纠纷。

本书还运用情理与法理的关系解释了农民关于政府层级的理想图示缘何破灭的问题。许多上访农民对政府层级怀有这样一种惯常的心态：层级越高的政府机构和官员越可能是公正清廉的，也越有可能替自己主持公道，于是他们倾向于越级上访，直至中央。但是，一些实证研究结果显示：上访者到达政府层次每提高一级，其对政府的信任就减少一个档次。本书所描述的案例也显示，原本被农民视为亲人或恩人的高层政府不仅不能帮助农民达成心愿，有时反而导致农民利益受到损害。如果考虑到不同层级的政府在职能和位置上的差异，这一现象就变得容易理解了。政府层级越高，管辖的范围就越广，政府所处理的事务就越具有普遍性，政府履行职能的方式就越具有抽象性和形式性，因此在高层政府的决策过程中法理型观念的成分就更重一些。基层政府更加贴近基层民众的日常生活，与民众有着千丝万缕的联系，对于纠纷产生的具体情境有更直观和深刻的认识与体会，因此情理性因素更容易进入基层政府的决策过程。高层政府拥有的决策信息主要来自书面汇报，格式化的公文往往将现实情境中那些非法律事实部分的信息筛选过滤掉了，只剩下干瘪的事件和法条，高层政府据此作出的决策当然也显得更加形式化和理性化。上访农民的许多诉求都处于法理之外、情理之中，因此他们的诉求得不到有效回应也就不足为奇了。

本书讨论的另外一个问题是司法机关在纠纷解决过程中的作用。伴随着法治观念作为主流意识形态的确立和普及，传统"无讼"文化的影响日渐式微，寻求司法救济成为农民惯常选择的一种救济方式。但从本案例来看，司法的力量似乎并未能有效解决纠纷，甚至在某种程度上加剧了纠纷。原因在于，司法机关的人员与行政机关的人员共享着一套知识和观念，即法理型的权利正义观念。在这种观念的指导下，司法机关对政府行政行为的审查只是一种合法性审查，它只要求政府机关的行为符合法律的规定即可，对于行政行为的合理性并不做判决。事实上，农民基于情理提出的诉讼请求往往是一个合理性问题而不是合法性问题，以审查行政行为合法性为内容的行政诉讼难以对农民的情理诉求作出回应。此外，农民在以证据制度为基础的现代司法审判制度面前也处于劣势地位。当然，传统司法文化、法律本身的缺陷、社会治理的需求等因素也会促使法官依理调解，但无论如何，依法判决始终是大部分法官在常态下的一种观念和行为模式。

本书通过对这一个案的描述也揭示了征地纠纷的复杂性。征地过程中的许多纠纷其实并非完全属于征地补偿法律关系下的纠纷。由于征地行为彻底地改变了农民生产生活的环境和条件，打破了农民社区以前的互惠平衡关系，使得以前村庄内各种潜在的历史纠纷凸显出来，并与征地补偿纠纷交织在一起，共同指向负责征地的政府机构。嵌套性的情理观促使农民将所有历史的、政治的、社会的、伦理的、道德的因素添加进来作为论证自己权利正当性的基础，并将补偿纠纷、历史纠纷、中间行为产生的纠纷杂糅起来作为一个整体寻求救济。但是，以专业分工、功能分割、照章办事、层级节制为特征的法治科层组织却无力回应这些复杂的诉求。

本书对于修正人们目前关于征地纠纷的流行看法具有一定的意义。对于农民和地方政府的征地纠纷，目前的研究基本上是从"维权—侵权"这一话语体系展开的，就如田先红所言："主流的社会意识形态几乎一边倒地偏向于居于'弱势地位'的上访者，而对地方和基层政府的'胡作非为'则强烈谴责。"❶在这一话语主导下,人们天然地认为纠纷的产生是由于地方政府的违法行为侵犯了农民的合法权益,换言之,他们默认了农民诉求的合法性和正当性,并认为这些权益无可争议。毫无疑问,现实生活中确实存在大量地方政府的违法行为侵害农民合法权益的现象,但是,这个理由不足以解释许多纠纷经过长期上诉上访仍未得到解决的现象。如果单纯是因为违法行为侵犯合法利益,那么我们有理由相信现存的各种法律救济途径可以纠正这种错误,除非我们假定从上到下的所有机构和官员都存在违法或渎职行为。但这样的假设未免对权力监控制度和人性太过于悲观了。与此相对应的另一种观点则认为,纠纷的产生很大程度上应当归结于农民的无理取闹和漫天要价。这种声音经常来自实施征地政策的基层官员以及建筑施工单位。现实生活中不排除这种情况的纠纷,但是,如果纯粹是农民无理取闹和漫天要价,那么他的上访之路一定走不长远,因为他会很快失去社会舆论的同情和支持,而且他自身也会权衡利弊,不会为毫无正当性基础的要求上诉上访若干年。本书的研究为我们揭示了纠纷和上访的第三个面向,即纠纷的产生既非基层政府的违法行政,也非农民个人的道德败坏,而主要根植于法理和情理这两个同时作为权利和正义的"正当性基础"的冲突与竞争。比起前两个类型的纠纷来,这种类型的纠纷更凸显了现代社会的结构性矛盾,也更加难以解决。

最后,我要诚挚感谢所有在调研和写作过程中给予我帮助的人们。在我攻读博士学位期间,中国社会科学院社会学研究所、社会发展战略研究院的李汉林、渠敬东、折晓叶、夏传玲、陈婴婴、沈红等老师提出了许多宝贵的意见和建议。感谢在调研期间接受访谈、提供资料、提供线索的朋友们,虽然在此无法一一列出他们的名字,但这份感念将长存心中。感谢知识产权出版社的石红华老师,她的认真、负责、专业让我肃然起敬。感谢我的家人,他们给予我最大的理解和支持。感谢西南大学中央高校基本科研业务费专项资金(项目号:SWU1509152)和博士启动项目(项目号:SWU1409319)的资助。

谢 艳
2017 年 8 月

---

❶ 田先红. 从维权到谋利——农民上访行为逻辑变迁的一个解释框架 [J]. 开放时代, 2010 (6): 26.

目 录

第一章 导 论 ·· 1
 一、研究背景与研究问题 ································· 1
  （一）研究背景 ··· 1
  （二）研究问题：走向对纠纷主体权利正义观念的研究 ····· 11
 二、研究方法与资料 ······································ 16
  （一）个案研究 ·· 16
  （二）资料及其搜集过程 ································ 20
 三、基本概念与内容导读 ································· 24
  （一）概念界定 ·· 24
  （二）内容导读 ·· 32

第二章 纠纷案的过程叙事 ···································· 35
 一、纠纷案产生的背景 ··································· 35
  （一）C 市开启快速城市化进程 ······················· 35
  （二）老龙家征地前的生活 ····························· 36
 二、征地伊始 ··· 44
  （一）批文下达 ·· 44
  （二）征地补偿安置 ···································· 47
 三、历史遗留问题：狮子山权属争议 ······················ 60
  （一）狮子山的历史 ···································· 60
  （二）狮子山纠纷案的诉讼过程 ························· 64
 四、奶牛养殖业的春风 ··································· 71
  （一）背 景 ·· 71

（二）新建牛场 ·· 72
　五、第一次强拆 ··· 76
　　　（一）处罚决定书和处理决定书 ··· 76
　　　（二）实施强拆 ·· 82
　　　（三）复兴街道诉龙家返还住房 ··· 86
　六、第二次强拆 ··· 89
　　　（一）奶牛场的两次滑坡 ·· 89
　　　（二）龙家被诉返还校舍 ·· 90
　　　（三）强拆前的调解 ·· 93
　七、强拆后的生活 ·· 97
　　　（一）贫困的生活与破碎的家庭 ··· 97
　　　（二）漫长的上访路 ··· 100

第三章　权利正义观念的冲突及其根源 ································· 106
　一、两种权利正义观念冲突的表现 ·· 106
　　　（一）狮子山纠纷案的情理与法律 ·· 110
　　　（二）人员安置纠纷案的情理与法律 ····································· 113
　　　（三）牛场纠纷案的情理与法律 ··· 117
　　　（四）过渡房返还案的情理与法律 ·· 119
　二、两种权利正义观念的社会根源 ·· 121
　　　（一）情理型权利正义观念的社会根源 ·································· 121
　　　（二）法理型权利正义观念的社会根源 ·································· 124

第四章　权利正义观念的互动与调适 ···································· 128
　一、情理型权利正义观的反向运动 ·· 128
　　　（一）老龙的"以法抗争" ·· 128
　　　（二）走向偏执的"以法抗争" ·· 131
　二、法理型权利正义观的调整 ·· 139
　　　（一）观念调整的驱动力：信访治理体制下维稳的压力 ·········· 139
　　　（二）观念调整的行为表现 ·· 143

三、农民关于政府层级的理想形象缘何破灭 ············· 151
　　（一）农民关于政府层级理想形象的破灭 ············· 151
　　（二）对理想图示破灭的解释 ····················· 155

第五章　土地纠纷案中的司法实践 ······················ 158
　一、"无讼"文化与司法救济 ························· 158
　　（一）传统"无讼"文化及其社会原因 ··············· 158
　　（二）当前农村的司法需求 ······················· 161
　二、徘徊在情理与法律之间的司法 ····················· 164
　　（一）现代法治的形式理性品质与法院的依法判决 ····· 164
　　（二）依理调解的历史与现实动因 ················· 170

第六章　结论与建议 ································· 177
　一、结　论 ······································· 177
　二、预防和解决纠纷的建议 ··························· 179
　　（一）完善征地相关法律制度，制定符合情理的法律 ··· 180
　　（二）严格执法，增强执法人员的法律信仰 ··········· 181
　　（三）加强征地过程中的信息沟通与协调 ············· 184
　　（四）发挥社工专业优势，积极介入征地信访工作 ····· 186

参考文献 ··· 189
附录一　龙家纠纷案的主要事件时间表 ················ 201
附录二　被访人员目录 ····························· 206
附录三　文档资料目录 ····························· 207
附录四　几份重要的文档资料 ······················· 212
附录五　相似的征地纠纷故事 ······················· 235

第一章 导 论

一、研究背景与研究问题

（一）研究背景

20世纪90年代以来，随着我国工业化和城市化的迅速推进，农村集体土地被大量征用，因征地引发的纠纷也日渐突出，这些纠纷成为群众上访的主要诱因。从有关部门的统计信息来看，早在2002年，国家信访局受理征地的来信来访4116件，大部分集中在农民的失地失业问题上；2003年上半年，国土资源部接待的群众反映征地纠纷、违法占地问题，已占到信访部门受理总量的70%，其中40%的上访者反映的问题是征地纠纷，这里面又有80%反映的是征地补偿安置问题。❶ 学术界的调查研究结果也显示，征地纠纷已取代税费争议而成为农民维权抗争活动的焦点，是当前影响农村社会稳定和发展的首要问题。2003年8月至2004年6月，于建嵘主持的一项我国农村的社会形势专题研究显示，2004年上半年央视焦点访谈栏目收到反映土地问题的材料有15312件，占"三农"问题的68.7%；根据问卷调查，进京上访农民中涉及土地问题的占有效答卷的73.2%，而这些土地上访案件中由征地、占地引起的分别占60.1%、39.9%。❷ 陆益龙、杨敏（2010）通过对2006年CGSS（中国综合社会调查）统计数据的分析发现，在有过纠纷经历的人中，43.3%的人遇到土地

---

❶ 瞿长福. 谁来守住耕地底线[J]. 中国土地, 2004 (4): 17.
❷ 于建嵘. 土地问题已成为农民维权抗争的焦点——关于当前我国农村社会形势的一项专题调研[J]. 调研世界, 2005 (3): 23.

征用纠纷，是乡村纠纷的第一大类型。❶ 针对日渐突出的征地问题，国家也完善和出台了一系列法律法规、政策措施，例如，全国人大常委会于2004年8月对《土地管理法》进行了第二次修正。2004年11月，国务院正式实施了被称为"迄今为止最为严厉的土地管理制度"的《关于深化改革严格土地管理的决定》，2004年11月，国土资源部印发了《关于完善农用地转用和土地征收审查报批工作的意见》的通知。虽然规范征地过程的文件大量出台，但征地纠纷依然频繁出现，一些纠纷甚至还演变为大规模的群体性、暴力性冲突，这从经常见诸媒体的征地暴力冲突事件中可窥见一斑。❷

征地纠纷的频发性和严重性引起了学者们的广泛关注，学者们从不同的视角对征地纠纷进行了研究，并取得了丰硕的成果。如果将现有的征地纠纷研究文献做一个粗略的归纳和整理，我们可以发现绝大部分文献集中在结构—制度分析和纠纷主体的行动研究两个大的方面。

1. 征地纠纷的结构—制度分析

征地纠纷研究的结构—制度分析主要是从结构性、制度性因素方面寻找征地纠纷产生的成因。目前，学术界基本上都是把中国社会转型、社会变迁作为征地纠纷和冲突产生的历史背景性原因（冯耀云，2016）。现代化理论、发展理论以及转型理论，是学术界用以分析、阐释当前社会变动现象的几种主要的理论范式（孙立平，2008）。结构—制度分析的逻辑是：现有的体制促发了地方政府征地的动机，相关政策赋予了地方政府一种优势地位，使得地方政府的征地谋利行为可以轻易实施，而处于弱势地位的农民的合法权益遭到侵犯，从而引发了政府和农民之间的纠纷。学者们认为，财政体制改革和现行经济发展战略下的绩效考评体系激发了地方政府征地动机。周飞舟（2007）认为，征地行为是政府的一种"生财之道"，是在财政体制改革背景下地方政府面对软预算约束以及巨大体制外资源诱

---

❶ 陆益龙，杨敏. 关系网络对乡村纠纷过程的影响——基于CGSS的法社会学研究[J]. 学海, 2010（3）：177.

❷ 目前尚没有什么权威机构对全国农村地区因征地纠纷而产生的冲突事件进行过系统、全面的科学调查，冲突的具体数量难以确定，但从媒体报道来看，征地纠纷引发的冲突具有频发性和严重性，例如2004年10月四川汉源事件、2005年6月河北定州事件、2006年7月辽宁凌源警民冲突事件、2007年1月广东佛山重大警民冲突事件、2010年11月云南昭通事件、2011年9月广东乌坎事件、2012年辽宁盘锦警民冲突事件等。

惑的结果。❶ 刘迪平等人（2008）认为，地方政府的"寻租动机"和"我国特定的经济发展战略及其内生的政绩考评体系"使得地方政府在征地过程中有强烈的过分掠夺动机。❷ 邢朝国（2009）认为基层政府在整个征地网络中处于一种类似"结构洞"的"桥"（bridge）的位置上。这使基层政府能够从这一关键位置得到更多的权利，增强其提供资源和控制资源的能力。土地征用中的结构洞效应使基层政府能够控制和模糊相关的土地转让信息（核心是与土地需求者达成的土地转让价格）以及国家关于土地流转的相关政策和法规，单方制定土地征用补偿费用标准，消解村民的抗争等。❸ 现行的制度和政策缺陷使得地方政府的征地谋利行为可以轻易为之，这些政策缺陷主要包括以下几点。

（1）公共利益的模糊性（汪晖，黄祖辉，2004；Ding，2007；罗昶、梁洪民，2009，等）。我国《宪法》第 10 条第 2 款规定"国家为了公共利益的需要，可以依照法律规定对土地实行征收或者征用并给予补偿"，换句话说，公共利益的需要是土地征收的唯一合法理由。但目前的法律不仅未对"公共利益的需要"作出明确的阐释和界定，反而在《土地管理法》中进一步规定，"任何单位和个人进行建设，需要使用土地的，必须依法申请使用国有土地"，"依法申请使用的国有土地包括国家所有的土地和国家征用的原属于农民集体的土地"，从而将宪法规定的征地范围从"公共利益的需要"扩大到包括非公共利益需要的一切用地项目。事实上，现行的征地项目早已超出"公共利益"的需要。在许多地方，政府所征用土地用于工商业、房地产等营利项目的占一半左右。❹ 我们在调查中发现，农民对于纯粹因为公共利益的需要而征地的行为表示理解和支持，而对于那些以低价征收他们的土地而用于商业开发的行为感到不公和愤懑。

（2）农民土地所有权的残缺（Hotte，2001；梁伟，2007；李红波等，2007；赵振军，2007；温铁军，2009；资金星，2009，等）。在农村土地集体所有制下，农民对土地拥有的是承包经营权，而不拥有土地的最终处分

---

❶ 周飞舟. 生财有道：土地开发和转让中的政府和农民 [J]. 社会学研究，2007（1）：51.
❷ 刘迪平，陈媛媛，刘强. 寻租、晋升、二元农地产权与地方政府征地行为的逻辑思考 [J]. 商业研究，2008（8）：141.
❸ 邢朝国. 农地征用过程中的结构洞 [J]. 学习与实践，2009（1）：120，122.
❹ 梁伟. 失地农民权益流失成因及防治措施 [J]. 晋阳学刊，2007（4）：48.

权。所有权的残缺剥夺了农民直接与政府进行谈判的资格和权利。当政府单方面决定征地事宜时，农民的利益受损是必然结果，纠纷的出现也是不可避免的。温铁军（2009）认为，政府垄断征收农村土地及其引发的矛盾冲突，本质是：得以占有土地一级市场垄断收益的主体利用"国家权利介入下形成土地产权残缺"的农地产权特征、以政府权力直接推进土地资源资本化，以及与交易费用和制度成本相关的外部性问题。❶

（3）农地征收补偿制度的不合理（Guo，2001；Cai，2003；Chang，2003；王丽，2007；杨秀琴，2005，等）。现有征地补偿制度的缺陷包括：以传统粮食作物产值为基础核定补偿数额不能体现土地的最佳用途，忽视了生态农业、精品农业和休闲观光农业等经济价值较高的新型农业形态；中国农村土地承载着所有权功能、经济收益功能、就业功能和社会保障功能等多重社会功能，但征地补偿标准没有充分考虑农村土地上所依附的多重社会功能；城市土地（除划拨）及其他所有的生产要素均已采取市场机制进行配置，并充分按市场价格进行交换，而唯独农村集体土地还实行计划经济条件下的配给制征用和补偿，这与市场经济规则不相适应。❷

（4）征地程序设计不完整（张友祥，2006；罗昶、梁洪明，2009，等）。目前的征地程序为：征地审批—征地公告—征地补偿登记—补偿安置方案公告—实施安置方案—供地。也就是说，现行的征地程序基本上是由政府主导的内部程序，农民几乎没有话语权。"两公告一登记"、听取意见等环节也是征地批准之后的程序，这必然导致作为最直接利益相关者的被征地农民缺乏平等参与和讨价还价的机会。农民事先不知道"补什么、补多少、失地后生产生活如何保障"等关系到自身生存与发展的重要问题，而只是在事后进行公告才知晓，这样很容易引发纠纷。

（5）土地分级管理体制存在缺陷（Rooij，2007，等）。Rooij（2007）认为，除了产权制度和土地征收制度方面的原因外，土地管理体制的地方授权削弱了中央对地方的制衡，使得地方政府征地的动机未能得到遏制。❸

针对上述制度上的问题，学者们各抒己见，提出了一系列政策建议以

---

❶ 温铁军. 征地与农村治理问题[J]. 华中科技大学学报（社会科学版），2009（1）：2.
❷ 王丽. 征地补偿制度问题及失地农民的权益保障[J]. 农业经济，2007（6）：31.
❸ Rooij, B. V. (2007). The Return of the Landlord: Chinese Land Acquisition Conflicts as Illustrated by Peri-urban Kunming. *Journal of Legal Pluralism*, 55, 211-240.

缓解或化解征地过程中的纠纷。对于公共利益界定的问题，学者们（如刘宗劲，2009；刘太刚，2012）普遍认为应当借鉴国际上的一般做法，对公共利益的范围和类型作出更明确、具体的法律规定，并且更重要的是，坚持实体和程序并重的原则，建立完善的认定机制和相关的审核程序，借助程序性的约束，把"公共利益"的形成和决策置于广大民众的直接监督之下，让公众参与到土地征用的行政过程中，以这种程序化的模式来平衡实体规定中的不足，实现社会正义。关于农村土地所有权的问题，主要存在以下几种产权改革的主张：①农户完全转让权，即承认农户承包经营土地的完全转让权，包括为农业用途和非农业用途转让承包土地的权利（周其仁，2004）。②集体完全产权制，即"让村民集体拥有土地农用的全部权利，自留地、宅基地、荒地和四旁地等土地非农用的全部权利和一定比例的农地依法转为非农用地的部分权利"（李昌平，2007）。③国有永佃制，即"把生产用地、居住用地（宅基地）、公共用地等农村土地收归国有，变农村土地的集体所有制为国家所有制，农民获得长期较完整的农村国有土地使用权"（白俊超，2007）。对于征地补偿制度，许多学者认为应当坚持以市场价值为基础的适当补偿与完全补偿原则（如汪晖、黄祖辉，2004），还有学者认为应当改变现行的政府单方定价模式，采用一种由政府和农民双方竞价的参与式定价模式（如谢艳等，2008）。对于征地程序，许多学者主张应在现有程序中建立健全听证程序、地价评估程序、争议裁决程序等（李红波，2008；章剑生，2012）。

"结构—制度"分析路径虽然指出了纠纷产生的制度根源，但这种分析模式还存在以下不足之处。①对政策本身的缺陷关注较多，多从法律条文和政策文本入手分析纠纷产生的原因，而对政策执行过程的因素关注较少。他们似乎暗含这样的假设——政策能被不偏不倚地执行，好的政策必然带来好的结果，制度的完善能减少甚至消除冲突。但这种假设早已被理论和现实证伪了，就如美国著名政策学者 G. 艾利森指出："在实现政策目标的过程中，方案确定的功能只占10%，而其余的90%取决于有效的执行。"❶ 因此，作为政策失败指标之一的征地纠纷，不应仅仅从政策本身寻找原因，更应该从执行过程中寻找原因。②往往注重导致征地纠纷的客观

---

❶ 转引自陈振民. 政策科学［M］. 北京：中国人民大学出版社，2003：260.

条件，轻视了纠纷主体的认知能力和行为能力，尤其是忽视了农民对制度的认识和理解、忽视了农民的权利正义观念和行动逻辑。事实上，行动者并不是简单地接受制度、规范等结构性条件的制约，他会根据自身获取的信息和知识，不断地反思、调节自己的行动。就征地纠纷而言，制度结构解释夸大了结构性条件对行动选择的制约性，这未免有将复杂社会现象简单化的倾向。③主要采用一种静态的、规范的、宏观的"结构—制度"分析方法，动态的、经验的、具体的"事件—过程"分析较少，虽然有少数研究也试图通过案例来分析纠纷的成因（如谭术魁，2008），但对案例的描述是场景式的、截面式的，缺乏对事件发生发展过程的深描。

2. 纠纷主体的行动研究

与结构—制度研究不同，征地纠纷的行动研究则主要关注纠纷主体的行动策略、行动逻辑和互动关系。

(1) 农民行为研究。

农民抗争行为一直是国内外学术研究的一个热点，取得的成果也颇丰。近年来不断涌现的征地纠纷，为研究农民抗争提供了丰富的素材。对失地农民行为研究基本上继承、延续和发展了维权抗争这一进路。

农民的抗争策略研究

斯科特（2007）以在马来西亚农村的田野工作材料为证据指出，以往研究视角所遗漏的一个简单的事实是，公开的、有组织的反抗对农民而言是危险的，也是奢侈的。有鉴于此，他认为更为重要的是去理解农民反抗的日常形式，即平常的却持续不断的农民与从他们那里索取超量的劳动、食物、税收、租金和利益的那些人之间的争斗。这些日常形式的反抗通常包括偷懒、装糊涂、开小差、假装顺从、偷盗、装傻卖呆、诽谤、纵火或怠工等等。这些被称为"弱者的武器"的日常抵抗具有共同特点：它们几乎不需要协调和计划，它们利用心照不宣的理解和非正式的网络，通常表现为一种个体的自助形式，它们避免直接地、象征性地与权威对抗。❶

此后，李连江和欧博文（Li &O. Brien, 1996）对中国农民的抗争行为

---

❶ ［美］詹姆斯·C. 斯科特. 弱者的武器 [M]. 郑广怀等译. 南京：译林出版社，2007，前言，2-3.

进行了研究，认为农民的反抗有不同的形式，他们将农民划分为"顺民""钉子户"和"刁民"，并指出这三类农民分别采取"抱怨"（complaint）、"顽抗"（recalcitrance）和"依政策抗争"（policy - based resistance）或"依法抗争"（rightful resistance）的反抗策略，并认为依法抗争成为中国农民抗争的主要方式。❶所谓依法抗争，是指："发生在被认可渠道的边缘，运用在权者的承诺与言辞来限制在权者的行为；它取决于国家内部的分化，并且依赖于通过动员获得更大公众的支持。重要的是，依法抗争使抗争者能够运用官方的法律、政策和其他官方批准的价值来反对不遵守法律的政治经济精英，它在某种程度上是一种被批准的反抗。"❷

受"弱者的武器""依法抗争"等概念的启发，国内学者提出了一系列关于农民抗争的"家族性"概念。于建嵘（2004）在"依法抗争"的基础上提出了农民维权"以法抗争"的解释框架，强调了农民抗争的公共性和政治性特征。"以法抗争"与"依法抗争"虽然只有一字之差，但所指有实质差别。这里说的"法"，仍然泛指国家法律和中央政策。但"以法"是直接意义上的以法律为抗争武器，"依法"是间接意义上的以法律为抗争依据。"以法抗争"是抗争者以直接挑战抗争对象为主，诉诸"立法者"为辅；"依法抗争"则是抗争者诉诸"立法者"为主，直接挑战抗争对象为辅甚至避免直接挑战抗争对象。在"以法抗争"中，抗争者更多地以自身为实现抗争目标的主体；而在"依法抗争"中，抗争者更多地以立法者为实现抗争目标的主体。❸ 折晓叶（2008）的研究发现，农民所采取的基本策略是运用"韧武器"———一种既柔软又坚实的武器，即采取非对抗性的抵制方式，选择不给被"拿走"（剥夺）的机会的做法，并借助于"集体（合作）力"的效应，使他们面临的问题公共化，从而获得行动的合法性。❹ 董海军（2008）将农民底层政治的自主性作为分析农民的维权抗争的基点，同时将关注焦点放在农民维权抗争的日常事件上，从而发

---

❶ Li, L. & O'Brien, K. J. (1996). Villagers and Popular Resistance in Contemporary China. *Modern China*, 22 (1): 28 - 61.
❷ 转引自吴常青. 从"策略"到"伦理"——对"依法抗争"的批评性讨论 [J]. 社会，2010 (2): 200.
❸ 于建嵘. 当前农民维权活动的一个解释框架 [J]. 社会学研究，2004 (2): 49 - 55.
❹ 折晓叶. 合作与非对抗性抵制——弱者的"韧武器" [J]. 社会学研究，2008 (3): 1 - 28.

现了农民的另一种底层抗争的政治机制——"作为武器的弱者身份"。❶ 此外，还有董海军（2010）的"依势博弈"、王洪伟（2010）的"以身抗争"、甘满堂（2011）的"就地抗争"等。

农民抗争的困境及效果研究

蔡永顺（2003）对农民抗争的结果持一种较为悲观的态度。他指出，当农民的利益受到侵害时，他们可以采取事前和事后的反抗措施。事前行为相对更有效，但是由于需要依赖于村干部的组织而往往不可行；事后的行为由于制度安排的原因基本上是无效的，因此农民总是处于弱势的地位。❷ 应星（2007）从草根动员的视角分析了农民的抗争行为，批判了国内目前流行的农民群体利益表达已进入"以法抗争"新阶段的观点。他认为草根行动者在作为农民群体利益代表上具有两面性。农民群体利益表达机制在表达方式上具有权宜性，在组织上具有双重性，表达行动在政治上具有模糊性。❸ 吴毅（2007）则通过一起石场纠纷案例来分析农民群体性利益表达的困境，讨论了目前学界关于农民维权"以法抗争"等理解模式所存在的简单政治化倾向，指出非政治化仍然是农民维权的基本特征，并认为农民利益表达难以健康地维持和获得体制化成长的原因，在于乡村社会中各种既存"权力—利益的结构之网"的阻隔。❹ 董海军和代红娟（2010）发现，农民的维权行动经常演变为一个追求过程的情感行动，维权失效的主要原因在于维权抗争过程中双方的组织性及力量悬殊、基层政府"正式权力实施的非正式运用"的运作逻辑、农民可供利用资源的缺乏和集体高于个人利益的潜意识。❺

农民上访行为的性质

对于农民的上访行为，早期的研究基本上是在"侵权—维权"这一话

---

❶ 董海军. "作为武器的弱者身份"：农民维权抗争的底层政治 [J]. 社会, 2008 (4): 34 – 58.
❷ Cai, Y. (2003). Collective Ownership or Cadres' Ownership? The Non – agricultural Use of Farmland in China. *The China Quarterly*, 175, 662 – 680.
❸ 应星. 草根动员与农民群体利益的表达机制——四个个案的比较研究 [J]. 社会学研究, 2007 (2): 1 – 23.
❹ 吴毅. "权力—利益的结构之网"与农民群体性利益的表达困境 [J]. 社会学研究, 2007 (5): 21 – 45.
❺ 董海军, 代红娟. 对西安 Y 区征地抗争事件的解读——农民维权抗争的无效表达：流于过程的情感行动 [J]. 人文杂志, 2010 (5): 169 – 176.

语体系下展开的，即农民的上访和抗争是在权利遭受侵害之后所作出的一种合理、正当的维权行为。"民主""权利""抗争""利益表达"时常成为学者们使用的高频术语。就如田先红所言："主流的社会意识形态几乎一边倒地偏向于居于'弱势地位'的上访者，而对地方和基层政府的'胡作非为'则强烈谴责。"❶在这一话语主导下，人们天然地认为纠纷的产生是由于地方政府的违法行为侵犯了农民的合法权益，换言之，他们默认了农民诉求的合法性和正当性，并认为这些权益无可争议。最近几年，学界出现了另外一种声音，他们认为上访行为具有复杂性和多维性，农民的上访除了维权型上访之外，也夹杂着不少牟利性上访、非正常上访、要挟性上访（田先红，2010；屈群苹，2014；丁彩霞，王瑞娟，2014，等）。在这种上访类型下，上访者的行为失去了正当性基础，他们往往被视为无理取闹者和漫天要价者。现实生活中不排除这种情况，但是，这种逻辑很难解释那些长期上访行为。如果纯粹是农民无理取闹和漫天要价，那么他的上访之路一定走不长远，因为他会很快失去社会舆论的同情和支持，而且他自身也会权衡利弊，不会为毫无正当性基础的要求上诉上访若干年。

（2）政府行为研究。

部分学者发现，征地过程中政府机关及其工作人员存在大量违法行为，这些违法行为侵犯了农民的合法权益，从而导致纠纷和冲突。如谭术魁（2008）通过分析网络媒体报道的多起征地冲突案例得出结论，征收土地不遵循法定的程序、非法强行征收土地、少数干部行为失范等也是冲突产生的原因。❷ 王丽（2007）指出政府在征地过程中存在着"暗箱操作"与寻租行为。❸ 段坤君、段建南（2008）指出，征地单位不按法定补偿标准补偿、压低价格或只支付部分土地补偿费、拖欠补偿费等行为引发了纠纷。❹ 此外，媒体不断曝光的违法征地案件以及官方的各种统计数据也在一定程度上印证了这种观点的正确性。

---

❶ 田先红. 从维权到谋利——农民上访行为逻辑变迁的一个解释框架[J]. 开放时代，2010（6）：26.

❷ 谭术魁. 中国频繁暴发征地冲突的原因分析[J]. 中国土地科学，2008（6）：44–50.

❸ 王丽. 征地补偿制度问题及失地农民的权益保障[J]. 农业经济，2007（6）：31–33.

❹ 段坤君，段建南. 征地补偿争议原因分析及解决对策——以湖南省郴州市为例[J]. 新远见，2008（12）：105–111.

无可否认，现实生活中确实存在大量地方政府的违法行为，但是，这个理由不足以解释许多纠纷经过长期上诉上访仍未得到解决的现象。因为，如果单纯是因为违法行为侵犯合法利益，那么我们有理由相信现存的各种救济方式可以纠正这种错误，除非我们假定自上而下的所有机构和官员都存在违法或渎职行为。但这样的假设未免对司法制度和人性太过于悲观了。通过对一些纠纷的实地调查，我们发现作为纠纷双方的政府和农民在许多事项上持有不同的意见，政府坚持自己的行为是有法律或政策依据的，而农民宣称自己的要求也是合情合理的。对于这类纠纷，很难从政府机关行为偏差的角度去解释，因此需要开辟新的解释路径。

许多学者（孙立平、王汉生等，1997；孙立平、郭于华，2000）的研究发现，变通行为是政府经常采用的一种治理术。他们认为，"变通"是中国市场转型过程中的独特机制，是一种"介于正式与非正式运作方式之间的一种准正式的运作方式"❶。在应对纠纷的过程中，政府也经常采用"开口子"等变通行为来换取农民的妥协。应星把"开口子"视为强者的"弱武器"。之所以是"弱武器"，是因为它对权力关系网络的修复是权宜性的，容易不断地被再破坏。当国家迫切需要巩固社会安定的局面，但又面临着大量积压下来、积累起来的历史遗留问题时，开口子就成为一种必要的治理技术。❷ 此外，以法律法规为依据、冷处理、派出工作小组等也是地方政府应对纠纷惯常使用的策略。但是，当纠纷倾向于演变为暴力冲突时，政府可能采取强硬的手段。蔡永顺（2008）研究了中国地方政府应对冲突的一个普遍方式：压制（suppression）。他分析了采用压制方式的条件以及存在的局限性。他认为，当地方政府难以作出让步或者认为农民的抗争行为威胁到社会稳定、政策执行和地方官员的形象时，他们倾向于采用压制的方式。然而，压制未能有效阻止农民的抗争，中央政府出于合法性的考虑会限制地方政府对这种方式的采用。❸ Reny（2008）认为，影响政府如何应对冲突的因素主要有：冲突被认为是反国家的；利益诉求是否

---

❶ 孙立平，郭于华．"软硬兼施"：正式权力非正式运作的过程分析——华北B镇收粮的个案研究 [C]．清华社会学评论特辑，厦门：鹭江出版社，2000．

❷ 应星．大河移民上访的故事——从"讨个说法"到"摆平理顺" [M]．北京：生活·读书·新知三联书店，2001．

❸ Cai, Y. (2008). Local Governments and the Suppression of Popular Resistance in China. The China Quarterly, 193, 24–42.

属于可包容的范围;冲突反映的社会问题是否与中央当前的工作重点一致;冲突是否破坏政治秩序和社会稳定。❶

(3) 纠纷双方互动关系研究。

如果说农民行动研究和政府行为研究更多的是从单方视角出发研究纠纷主体的行动,那么互动关系研究则更加强调政府与农民的双向视角,更加强调行动的策略性、动态性和均衡性。赵德余(2009)注意到了中央政府和地方政府在征地过程中具有不同的目标和利益,分析了土地征用过程中农民、地方政府与国家三方之间的权力关系,指出了农民的抗争方式和政府的回应方式。❷ 尹利民(2010)提出了"策略性均衡"的概念,强调国家与民众之间的策略性行动以及两者之间的动态平衡。❸ 谭术魁等人(2009)借用博弈论作为理论工具,构建了地方政府与失地农民的博弈模型,分析失地农民和地方政府在冲突中的战略选择过程,并试图找出促使均衡结果合理化的因素变化关系。❹ 数理博弈模型虽然精确地刻画了博弈双方在经济利益方面的成本—收益关系,但较难体现行动的动态性、权益性等特性,更难以揭示博弈双方的伦理性和情感性因素。另一部分学者则采用"事件—过程分析"的研究策略,强调一种动态叙事的描述风格,将纠纷过程作为一个事件性过程来描述和理解,通过这种"深描",行动主体之间的动态关系、事件之间复杂的联系得以展示。应星(2001)通过详细讲述从"讨个说法"到"摆平理顺"的大河移民上访故事,展示了农民和基层政府的行动策略和逻辑。

(二) 研究问题:走向对纠纷主体权利正义观念的研究

通过对前述文献的归纳和整理,我们可以发现纠纷的制度结构分析和纠纷主体的行动研究已经取得了比较丰硕的成果,相比较而言,对于纠纷

---

❶ Reny, M. E. (2008). Explaining Variance in Patterns of State Reaction to Religious and Land-related Protests in Contemporary China. http://www.cpsa-acsp.ca/papers-2008/Reny.pdf.

❷ 赵德余. 土地征用过程中农民、地方政府与国家的关系互动[J]. 社会学研究, 2009 (2): 93-129.

❸ 尹利民. 策略性均衡:维权抗争中的国家与民众关系——一个解释框架及政治基础[J]. 华中科技大学学报(社会科学版), 2010 (5): 25-30.

❹ 谭术魁,涂姗. 征地冲突中利益相关者的博弈分析——以地方政府与失地农民为例[J]. 中国土地科学, 2009 (11): 27-37.

主体行动背后的情感和伦理观念的研究则相对匮乏。因此，对于征地纠纷和抗争行动这样一个老生常谈的话题，如果要作出一点新意的话，必须深化对行动主体伦理观念的研究，尤其是聚焦于纠纷主体权利观念、正义观念的研究。

吴长青（2010）曾经指出，目前对抗争行动的研究基本上是一种没有伦理的策略研究，研究者过于注重抗争者的利益考虑，而忽视了抗争行动的道德逻辑，把抗争行动描述为经过理性计算的、具有明确目标的、风险最小化的策略，却忽视了那些夹杂其中的较为模糊的伦理因素；过于注重抗争的过程，而忽视了其意外后果的重要性。因此，他主张在农民抗争研究中引入伦理维度并开展深入研究，将会有更多新的切入点，从而带来新的知识与发现。他写道："在当前策略范式占据农民抗争研究主流地位的情况下，注重对伦理的研究，甚为关键而必要，它至少有助于我们更为真实地感受那些抗争者的心灵，更为完整地认识他们在抗争中的节制与过度、理性与激情、灵活与坚定，以及与之相伴的失望、骄傲与荣誉。"❶

在以往的研究中，存在关注抗争行动伦理取向的研究传统，只是这种传统并未像抗争行为策略研究那样被众多的学者传承、发展。例如，研究社会运动的情感论者（如斯梅尔塞、勒庞等人）从人的情感和心理来理解抗争行动的起源，强调相对剥夺感、群体无理性等心理因素对抗争行为的影响。但是，情感论者强调情感在社会运动中的作用，却不太关心抗争者情感的社会形成条件和机制。比较而言，斯科特的研究不仅强调行为的伦理基础，而且指出这种伦理形成的社会条件。斯科特在《农民的道义经济学》一书中，特别强调了"安全第一"的生存伦理对农民反抗的独特重要性。对于那些生活在生存线边缘的农民而言，几乎没有计算收益最大化的机会，如何降低风险、维系生存安全是他们最基本的权利和道义，农村社区诸多技术的、社会的、道德的安排也是为了满足这一需要。当市场化的机制和政府的税收政策打破了这种维持农民"最低限度生存"的"社会保险"机制时，农民生存的伦理道德和社会公正感遭到侵犯，农民就会奋起

---

❶ 吴长青. 从"策略"到"伦理"——对"依法抗争"的批评性讨论［J］. 社会，2010（2）：210.

反抗。❶

斯科特在论证农民"安全第一"的生存伦理时有一个非常重要的逻辑起点，那就是农民的生存状况。斯科特所考察的农民的生存状况，就如托尼所描述的那样，"有些地区农村人口的境况，就像一个人长久地站在齐脖深的河水中，只要涌来一阵细浪，就会陷入灭顶之灾"。❷ 农民随时面临着农作风险带来的生存危机，因此"安全第一"的生存伦理才会成为农民最重要的追求。其次，农村社区的风险保障制度为"安全第一"的生存伦理提供了坚实的社会基础。传统社区的非正式社会控制❸、社区的公有地、社区赋予贫困人员的特殊权利（如耕作荒地的权利、放牧权利、捡拾落穗的权利）将保证所有的村民家庭都得到起码的生存条件。这一系列保障措施体现了农民对公平的社会关系的看法，并进而成为农民评价政府和地主的道德标准。所以，当殖民地的国家政权和农业商业化的发展弱化甚至破坏了这些社会保险机制时，农民所认可的公正观念遭到了侵犯，于是引发农民公开的愤怒和抗议。

斯科特不仅关注农民反抗的形式和策略，而且关注反抗者的思想观念、伦理道德，这种将行动与思想结合起来的研究为我们当下中国的各种纠纷和冲突研究提供了很好的借鉴和启示。当然，直接将斯科特"安全第一"的生存伦理用来解释征地纠纷和冲突的发生显得非常困难，因为不管是当前中国失地农民的境况还是中国的社会条件都发生了变化。首先，当前中国失地农民的处境并非时刻处于"齐脖深的水中"，相反，他们主要生活在城市郊区，土地主要用于种植经济作物，收益较高，生活水平也普遍较高，因此生存安全不应当是他们首先考虑的问题。其次，村庄社区的弱化。在斯科特对农民道义经济的阐述中很强调村庄在农民生活中的作用，特别是村庄为村民提供的保护。随着家庭联产承包责任制的推行，村庄集体在一步步地失去其所赖以维持的资产，农民的生产生活主要建立在以家庭为单位的基础上，农村集体的保障功能也逐渐退化。"我们现在看

---

❶ ［美］詹姆斯·C. 斯科特. 农民的道义经济学：东南亚的反叛与生存［M］. 程立显等译. 南京：译林出版社，2001.
❷ 转引自斯科特《农民的道义经济学：东南亚的反叛与生存》导言第1页。
❸ 乡村的规范秩序对乡村的富裕成员提出了一定的行为标准，如他们被期待主办地方宗教活动、帮助村庄的贫困人员，如果他们的行为不符合这些道德期待，他们将丧失自己在当地社会的声誉和道德地位。

到的村庄更多地成为农民简单的居住场所和代表国家征收赋税和分配土地的单位。村庄在形式上还是一个集体，但是这个集体已经越来越成为各种利益角逐的平台，而不是为其成员提供保护的团体。"❶ 相反，土地征用后许多失地农民被纳入了社会保障的范畴，国家承担基本保障的功能比集体更多了。因此，很难简单套用"安全第一"的生存伦理用来解释征地纠纷和冲突的发生，农民到底持怎样一种权利义务观念、公平正义观念将是一个值得探讨的课题。此外，斯科特所关注的伦理，是一种在抗争之前就已经存在的、静态的伦理观念，对于在抗争过程中不断被生产出来的伦理观念关注不够。

德国法学家耶林也强调了伦理情感因素在抗争中的作用，他认为，为权利斗争的动力来自法情感的伤害。"原告为保卫其权利免遭卑劣的蔑视而进行诉讼的目的，并不在于微不足道的标的物，而是为了主张人格本身及其法情感这一理想目的，与这一目的相比，诉讼带来的一切牺牲和劳神对权利人而言，通通无足挂齿——目的补偿了手段。被害人为提起诉讼而奔走呼号，不是为金钱利益，而是为蒙受不法侵害而产生的伦理痛苦。"❷ 在耶林的著作中，权利被视为由法律所承认和保障的利益，即他的权利概念可以等同为法定权利。但现实生活中，权利的形式有多种，例如，张文显就从权利的存在形态出发，把权利分为应有权利、习惯权利、法定权利和现实权利。❸那么，对于其他几种权利形式所受到的侵犯而进行的斗争就难以用法情感来解释了。

应星在研究农民集体行动时，以中国传统文化中"气"这个概念为视角，研究了中国乡村农民群体抗争行动的目标、动力和机制所发生的变化。"气"这一概念，介乎理性论和利益论之间，又偏情感和道义的维度，他以"气"为研究视角，是为了克服在抗争政治研究者理性与情感、权利与道义之间的对立，以及克服中国农村研究中移植派与经验派的弊端。他认为，"人本身就是理性与情感兼备、时而为利益所驱时而为道义所激的

---

❶ 王晓毅. 冲突中的社会公正——当代中国农民的表达 [EB/OL]. http://www.docin.com/p-243311130.html.

❷ [德] 鲁道夫·冯·耶林. 为权利而斗争 [M]. 胡海宝译. 北京：中国法制出版社，2004：25.

❸ 张文显主编. 法理学 [M]. 北京：法律出版社，1997：116-117.

复杂动物，更何况，群体行动更增加了事情的复杂性"。❶然而，"气"这一概念是非常模糊繁杂的，应星将"气"具体化以及社会学化了，认为"气在中国乡土传统中既不是一种纯生理的冲动，也不是一种纯利益的反应。它是一种融合了本能与理性、道义与利益的激情，是中国人在人情社会中摆脱生活困境、追求社会尊严和实现道德人格的社会行动的根本促动力"。❷应星将"气"的含义解释为："现实性社会冲突与非现实性社会冲突融合在一起的一种状态，是人对最初所遭受到的权利和利益侵害，而后这种侵害又上升为人格侵害时进行反击的驱动力，是人抗拒蔑视和羞辱、赢得承认和尊严的一种人格价值展现方式。"❸应星关于"气"的研究的重要贡献在于，他运用了一个本土化的概念来解释抗争持续和不断升级的动力机制，他的努力朝着构建中国抗争运动的本土化解释方向迈出了坚实的一步。当然，应星主要分析了"气"在乡村集体行动再生产过程中的作用机制，对于作为抗争行动驱动力的"气"最初是如何产生和凝聚的，即为什么"动气"的问题，应星认为是抗争者遭受权利和利益的侵害。但是抗争者所要求的权利是一种什么样的权利？这种权利的合法性基础是什么？作为抗争对象的地方政府是如何来看待农民的权利的？现有研究似乎并未进行深入的探讨。此外，以前的研究探讨行动者的权利正义观念时主要从单方的视角进行分析，未将纠纷双方的权利正义观念一同纳入分析框架，且对权利正义观念如何在互动中演变和渗透的过程未进行深入的考察。

此外，现有研究对笔者田野调查中搜集到的案例资料存在解释力不足的问题，解释的有限性也促使我关注纠纷主体的权利正义观念问题。从2009年到2012年，笔者在C市多次进行了有关征地纠纷的社会调查，在调查过程中，一起奶牛养殖户与政府之间长达十多年的征地纠纷案引起了我的关注和思考（案例描述见第二章）。这户人家姓龙，家住C市A区复兴镇沟坝村9社，1998年该社土地被征用，征地过程中，龙家因人员问题、山林权属问题、奶牛安置问题与地方政府产生纠纷。纠纷产生后，龙

---

❶ 应星."气"与抗争政治：当代中国乡村社会稳定问题研究［M］.北京：社会科学文献出版社，2011：16.

❷ 应星."气"与抗争政治：当代中国乡村社会稳定问题研究［M］.北京：社会科学文献出版社，2011：45.

❸ 应星."气"与抗争政治：当代中国乡村社会稳定问题研究［M］.北京：社会科学文献出版社，2011：16.

家多次通过行政复议、行政诉讼、上访等方式寻求救济,相关部门也多次组织协调解决纠纷,但这些努力均以失败告终。最终,龙家遭遇了2次强制拆迁,龙家的32头奶牛也被宰杀或出卖。迄今为止,龙家人尚未领取地方政府存放在公证处的住房货币安置款和其他补偿款项,全家20来口人仅有一套七十多平米的过渡房。由于没有住房,财产也在两次强拆中损失殆尽,龙家的生活陷入了困境。龙家的3个儿子也在征地后与妻子离婚。目前,龙家人依旧奔走在上访路上,并宣称要将维权进行到底。地方政府有关部门则表示,他们已经按照法律和政策的规定对龙家完全补偿安置到位,并且政府行为的合法性获得了上级政府和司法判决的认可,此外,他们在政策许可的范围内已经为解决纠纷作出了最大的努力。

为什么众多的机构和众多的救济方式都不能有效解决纠纷,反而让纠纷像雪球一样越滚越大呢?对于这个问题,我们或许可以用政府官员和法官滥用权力、缺乏同情心、素质不高等理由解释。但就这起案例来看,如果以这些理由指责他们,他们一定会大呼冤枉,因为有不少的机构和人员为此付出了大量的精力和时间,而且政府官员坚称他们的一切行为都是有法可依的,法院的判决也是"以事实为依据、以法律为准绳"来公正判案的。鉴于这些惯常解释的乏力,我们不得不仔细考察纠纷各方行动的目的和理由,从中探求他们的权利正义观念,从而理解纠纷发生和扩散的原因。

二、研究方法与资料

(一)个案研究

本研究主要采用定性研究的个案研究法。一般来说,定量的研究方法比较适合在宏观层面对事物进行大规模的社会调查和政策预测,而定性研究(质性研究)比较适合在微观层面对个别事物进行细致、深入、动态的描述和分析。❶ 米勒曾经将定性研究的调查研究方法归纳为5个大类:叙事研究(narrative research)、现象学(phenomenology)、扎根理论(ground-

---

❶ 陈向明. 质的研究方法与社会科学研究 [M]. 北京:教育科学出版社,2000:10.

ed theory research)、民族志（ethnography）和个案研究（case study），并认为个案研究是通过在多种信息来源和丰富的背景中收集深入、详细的资料，对一个或多个个案进行历史性的探讨的一种研究方法。❶个案研究是社会学惯常采用的研究方法，但是在个案的选择上，或许是深受吴文藻先生倡导的社区研究方法的影响，社会学的个案研究通常选取村落或场镇作为调查单位，将社区视为一个整体，分析其结构、各组成部分之间的关系、与外部环境之间的关系等等。❷但是，社会学研究的个案除了典型的社区以外，"个案可以是一个计划、事件、行动或个人"。❸选择社区作为调查对象对于考察静态的结构、功能具有很强的优势，但对于考察行动主体之间复杂而微妙的互动过程和互动关系，选取典型的事件进行过程描述似乎更加奏效。社会学家孙立平（2000）倡导采用一种"过程—事件"的研究策略和叙事方式来再现那些隐藏在人们的社会行动中的复杂而微妙的关系。❹近年来，越来越多的社会学研究通过选取某一个或几个事件作为个案，通过对过程、事件和行动的深度描述，来阐述个案的社会学意义。本研究的目的在于考察征地纠纷过程中各主体的行动策略以及隐藏在策略背后的公正观念及其变化，因此选取具有代表性的征地纠纷，对其进行过程—事件的深描，则是一种较为理想的研究策略。

个案研究法在对个别研究对象进行全面细致了解和提供独特理解方面远远胜过其他研究方法，但其局限性也是显而易见的，其中，招致最多批评的是以下两点。第一，个案的研究的代表性问题。由于个案研究的对象数量少，其代表性有限，它无法提供关于某种现象一般性质的结论，要想得到广泛适用的结论需要多种个案研究的综合归纳。因此许多人认为，个

---

❶ ［美］德尔伯特·C. 米勒，内尔·J. 萨尔金德. 研究设计与社会测量导引（第六版）[M]. 风笑天等译. 重庆：重庆大学出版社，2004：132.

❷ 社会学领域里有许多以社区为调查单位形成的文献，如费孝通（2001）的《江村经济》、施坚雅（1998）的《中国农村的市场和社会结构》、李培林（2004）的《村落的终结：羊城村的故事》、折晓叶（1997）的《村庄的再造：一个"超级村庄"的社会变迁》、于建嵘（2001）的《岳村政治：转型期中国乡村政治结构的变迁》、董海军（2008）的《塘镇：乡镇社会的利益博弈与协调》等。

❸ ［美］德尔伯特·C. 米勒，内尔·J. 萨尔金德. 研究设计与社会测量导引（第六版）[M]. 风笑天等译. 重庆：重庆大学出版社，2004：149.

❹ 孙立平. "过程—事件分析"与当代中国农村国家农民关系的实践形态 [A]. 清华社会学评论特辑 [C]. 厦门：鹭江出版社，2000.

案研究适合于探索性问题的研究。第二，个案研究的主观性问题。首先，在资料的收集过程中，资料提供者的利益立场、主观偏见会影响所得材料的客观性，从而间接影响了研究的客观性和科学性；其次，个案研究常常采用描述性的分析和定性化的阐释，难以对资料和结果作量化和标准化处理，因而容易受研究者自身的知识结构、能力等因素的影响，容易作出主观性强的结论。

至于个案研究代表性的问题，一些学者认为，"个案研究所从属的人文主义方法论决定了其并没有代表性的属性，但实证主义的强势以及政府决策部门的需求，导致了对个案研究代表性的刻意追求"，"个案研究的生命力在于纵向上的'深度'（深入的理解），而不是横向上的宽度（代表性）"。❶ 虽然我们不必刻意追求个案的代表性，但我们仍然可以通过选择典型性的案例，以及增加个案数量的方式来一定程度上弥补个案代表性不足的问题。在本研究中，笔者实际上采用了个案群的方式，搜集了大量征地纠纷的案例，这些案例有许多共同特征：①都是因征地而引发的农民与地方政府的纠纷；②这些纠纷长期没有得到解决，且随着时间的流逝不断升级，农民成为上访多年的老上访户；③这些纠纷都寻求过司法的救济。但为了线索的清晰、叙述的流畅，本书从中选取了一个最具代表性和综合性的个案作为描述和分析的主体，同时将其他几个个案以附录的方式置于文后。

至于个案研究的主观性问题，为了尽量减少资料提供者主观性带来的问题，可以通过多种渠道、多种方式搜集资料，对于相互冲突的资料，结合资料的效力等级、多数资料提供者的意见、资料提供者的利益立场等因素进行资料的判别，对于实在难以真切判定的，笔者标明资料的提供者，由读者去理解。关于研究者本人的主观性问题，笔者以为这是任何研究都难以避免的问题，即便是严格的实证科学，也难以做到绝对的客观中立，因为"一个人选择什么问题来研究"本身就是一个主观性的问题。但是，研究者要避免的是随意以主观偏好来剪裁、扭曲甚至杜撰材料。就如秦晖所言："每个人价值偏好对自己的社会学研究的影响也许难以完全避免。

---

❶ 陈涛. 个案研究"代表性"的方法论考辨 [J]. 江南大学学报（人文社会科学版），2011（3）：64－68.

第一章 导 论

但是在整个学界假如这些偏好是多元的,而不是一元的甚至是有组织的,也就是说并非只准有一种偏好,而是可以你有这种偏好,我有那种偏好,并且构成一种竞争格局的话,那么在'偏好在于选择问题,而研究问题还须实证;偏好在于选择材料,而各种材料皆能公开;偏好在于解释材料,而各种解释皆有自由'的环境下,各种偏好就可能既成为研究兴趣和动力之源,又在总体上形成互纠互补,使各种'有偏见'但却守规矩的研究共同促进知识增量的生产。"[1]

本研究的主案例是笔者在攻读博士学位前在一次社会调查的过程中发现的。2009年暑假,笔者在C市对失地农民安置区进行了一次社会调查。在调查过程中,笔者听到了许多农民讲述的故事,大部分故事都是跟地方政府的征地纠纷有关。其中,一起奶牛养殖户与地方政府之间长达十多年的征地纠纷案引起了我的关注和思考。这户人家原本是一个比较富裕的家庭,在征地过程中与地方政府产生了各种各样的纠纷,纠纷产生后虽然寻求了各种救济方式,但这些纠纷一直没有得到妥善解决,最后被两次强制拆迁,导致整个家庭无家可归、倾家荡产、妻离子散。这个案例引发了我的好奇心:这家人到底因为什么事情和政府产生纠纷?他们各自的观点和理由是什么?纠纷为什么得不到有效解决?纠纷为什么会不断扩大?由于当时访谈的时间有限、访谈的对象也有限,所以很多问题并不十分清楚。这个案例带给我很多疑惑和思考,于是在博士选题的时候我毫不犹豫地将这个个案作为我研究的对象。带着心中的疑惑,我分别于2012年2月和2012年8月又进行了二次深入的实地调查,访谈了几十位访谈对象,查阅了上千页的文档和卷宗资料,之后又多次通过电话访谈的方式进行过调查。本研究之所以选择这个个案作为描述和分析的主案例,是因为该案例具有如下特征。①代表性。这个案例既包括了农民和集体之间的产权纠纷,也包括集体成员资格认定的纠纷,还包括征地后修建的建筑物如何定性的纠纷,以及征地行为合法性的纠纷,其纠纷内容几乎涵盖了目前征地过程中常见的争议内容。②长期性。该案例历时十多年,可以清晰地揭示纠纷发生、发展、升级的全过程,也可以清晰地展示纠纷主体行动策略和观念的变化过程。③复杂性。这个案例涉及众多行为主体,便于系统考察各主

---

[1] 秦晖. 价值关怀与实证研究[N]. 南方周末, 2010-10-20.

体之间的互动关系。

(二) 资料及其搜集过程

本研究的资料主要包括访谈记录、档案资料和其他书面文件。

1. 访谈

(1) 访谈对象的确定。

本研究访谈对象的抽样方法采取目的性抽样方法。目的性抽样（purposeful sampling），又称"理论型抽样"（theoretical sampling），是指在抽样时主要考虑对本研究问题具有重要意义的因素，而不是其普遍性如何，即抽取能够为研究问题提供最大信息量的人、地点和事件。❶ 鉴于本研究是对一起征地纠纷案的过程描述以及对纠纷相关主体权利正义观念的探讨，因此确定的访谈对象应该是和这起纠纷案有直接或间接关联的人，具体而言，包括以下几类访谈对象（具体访谈对象名单见附录二）。①作为当事人的龙家人。龙家是一个有着 20 来口人的大家庭，访谈对象包括了龙家的主要成年人。通过对龙家的访谈，了解龙家征地前后的家庭情况、纠纷发生发展的整个过程，重点了解他们对自己权利的理解、对政策的认知、采取抗争行为的方式和理由、对行动结果的预期等。②政府机关工作人员，包括实施征地的复兴镇政府工作人员和国土资源局工作人员。通过对政府工作人员的访谈，了解征地的背景、征地的政策依据、各部门在征地过程中的权责分配、作出行政行为的理由、对纠纷的应对方式和策略、对上访农民的看法等。③村社干部。村社干部在征地过程中具有多重角色，作为准政府官员，他们是征地政策的辅助实施者；作为普通农民，他们和其他农民一样，与政府进行讨价还价争取补偿的最大化；作为村社集体的代表，他们代表集体参加各种谈判或者诉讼。通过对村社干部的访谈，了解征地的具体实施过程、集体财产的占有状况（尤其是林地的占有情况）、补偿费用的分配方式、对龙家人与政府纠纷的看法等。④普通村民，主要是与龙家同批征地的农民。通过对普通村民的访谈，了解他们对征地补偿的满意程度、对公平合理的征地政策的期望、对龙家与政府纠纷的看法，并且从侧面了解龙家征地前后的状况，以此对照龙家人的说法。⑤法院工

---

❶ 陈向明. 社会科学中的定性研究方法 [J]. 中国社会科学, 1996 (6): 93 – 102.

作人员。本案中龙家人进行了多次诉讼，但最终都以败诉告终。通过对纠纷审判和裁决者的访谈，了解法官在审判征地纠纷案时考虑的因素、适用的法律，以及庭下的调解等情况。⑥园区管委会工作人员。工业园区是导致纠纷扩散的主体之一，因为工业园区开发用地导致龙家第二次强拆，园区管委会也是转移和出售龙家奶牛的主体。通过对园区管委会工作人员的访谈，了解他们如何来界定龙家饲养奶牛的性质、搬迁和出售奶牛的原因、如何看待龙家的行为等情况。⑦其他老上访户。为了和龙家的案例进行比照，同时也为了在一定程度上克服单一个案的局限，还需要访谈其他老上访户可了解纠纷过程。

（2）如何入场。

初次得知龙家人的故事，是从其他失地农民的口中了解的。2009年夏天，我和几位同事在复兴镇失地农民安置区做了几次关于征地纠纷的访谈。在访谈过程中听其他失地农民提起过龙家的事情，我们表达了想详细了解龙家故事的愿望，但是谈起龙家事情的人只说偶尔在街上能碰见龙家人，但并不知道龙家人的具体住处或联系方式。我们后来又询问了其他一些农民，但也未果，于是我将联系方式留给了访谈过的农民，并让他下次遇见龙家人的时候告诉他们一声，请他们联系我。果然，没过几天，我接到了龙家人的电话，于是有了和龙家人的第一次接触。通过和龙家人的几次深入访谈，以及仔细阅读了从龙家人处获得的一大摞资料，我初步了解了纠纷的大致过程。通过初步的调查，我觉得这个故事非常有意思，想进一步去挖掘和阐释这个故事，揭示这个故事后面隐藏的社会问题。在博士论文选题之前，我向老师们汇报了这个案例的大致情况，老师们也觉得这个案例有意思，于是我决定将这个个案作为我博士论文的主要材料，并确定了进一步访谈的对象。

访谈过程中遇到了一些困难。首先，寻找访谈对象就不是一件容易的事情。土地征用后，原来同社的村民分散居住在不同的地方，且土地征用已经十多年，有些人几易其址，要找到熟知此事件的人不容易。曾经处理过此纠纷案的政府工作人员，有的调离、有的退休，要找到他们更不容易。其次，要让访谈对象接受我的访谈并如实地谈出他们的看法也不是一件容易的事。龙家人和其他老上访户乐于接受我的访谈，甚至主动找我访谈，是希望我的研究能够帮助他们解决问题，虽然我事实上做不到这一点。但其他访谈对象没有这种需求，我的访谈对他们而言可能是一种负担。尽管如此，通过各种途径，我最终还是找到并访谈到了这个个案的关键人物。访谈普通村民和村社干部是通过"滚雪球"的方式进行的，首先是通过龙家人介绍了一两个同社的人，然后再通过他们找到了其他我想访谈的对象。对机关工作人员的访谈，则主要动用了私人关系。我的一个朋友曾经在龙家所在的街道挂职锻炼，通过朋友介绍，我找到了曾经处理过龙家纠纷案的街道办主任，街道办主任再介绍我访谈了园区管委会的工作人员。对法院工作人员的访谈也是通过私人关系进入的。对其他老上访户的访谈主要是从街道官员和龙家人口中了解到情况并通过龙家人联系到的。在访谈过程中，我也碰到过拒访的情况，通过说明自己访谈的目的，并反复强调自己的研究不会给被访者带来困扰，大部分被访者最终还是接受了我的访谈。

（3）访谈的形式。

由于访谈的主题涉及比较敏感的话题，每个对象访谈的内容有差异，而且访谈的重点在于了解访谈对象对某一问题的潜在动机、态度和情感，因此本研究采用的是深度访谈的形式，即采用一种无结构的、直接的、一对一的访问形式。但是为了相互印证或相互比较，笔者也就同样的问题和信息询问不同的访谈对象，了解他们观念上的差异。访问时间和地点的确定以被访者方便为主要原则。对政府机关工作人员的访问通常在办公室进行，对农民的访谈一般在农民家中进行。对于个别不方便现场访谈的对象，有时也通过电话进行访谈。一般的访谈都进行了录音，但个别访谈对象（尤其是机关工作人员）介意录音，因此只能依靠即时记录或者晚上追记。

2. 档案资料

第一类档案资料来源于法院的案件卷宗资料。在本案例中，司法程序贯穿了整个纠纷过程，龙家人或为被告、或为原告、或为被执行人，涉及的案件共达10起。在各起案件的卷宗中，包含着丰富的资料（详细资料清单见附录），以一起简单的行政诉讼为例，卷宗中包含着原告的诉状、被告的答辩状、原告提供的各种证据、被告提供的各种证据、法院庭审笔录、法院判决书等内容。诉状和答辩状比较清晰地反映了纠纷各方的诉求和理由，各种证据能一定程度上再现纠纷的过程和事实，庭审笔录记录了双方辩论的过程,判决书则反映了法院的观点及判决的依据。因此,法院的诉讼档案是研究各方主体权利正义观念及其表达的极好材料。黄宗智较早注意到诉讼档案的重要性,他在《清代的法律、社会与文化:民法的表达与实践》一书中使用的主要资料就是几个县的诉讼档案。他在书中呼吁:

> 回想我15年前,曾经呼吁学术界多注意乡村社会经济史,使用地方政府档案和实地调查资料。今日想在此提议多研究法律文化史,使用各县诉讼档案。法律不同于社会经济史,它必然涉及到表达的一面,促使我们兼顾实践和表达两方面。同时,诉讼案件档案,尤其县级民事案件,使用的学者极少,乃是一个等待发掘的宝库。希望历史学界和法制史学界的同仁,都会去多多利用。❶

虽然法院的卷宗资料包含了很多有用的信息,但是有些资料可能无法准确地表达出审理的真实过程,因此还需要由其他资料(例如,深入访谈资料)等来补充。强世功(1997)发现,法官掌握着娴熟的"案件制作术",以致"我们在每个乡村法庭看到的一摞一摞案卷,看到的有关案件所要求的程序烦琐的调查笔录、有关案件事实的详细调查和认定,恐怕大都不是对审案的真实记录,而是经过法官事后根据法律的要求所加工出来的。"❷ 案件制作术是法官的一种职业的叙事方式,其目的在于获得上级和整个法律体制的认可,以使案件的处理获得一种合法性。在这种叙事中,各方行动者使用的知识、策略和其他隐形的力量并不能完全表现出来。❸ 当然,在整个卷宗中,法官可以制作的部分毕竟有限,大量由原被告提供的证据材料是法官无法制作的,因此制作术的存在并不能动摇整个案卷作为可分析的重要材料的性质。

第二类档案资料来源于政府机关的各种文件。这类文件包括征地过程

---

❶ 黄宗智. 清代的法律、社会与文化:民法的表达与实践 [M]. 上海:上海书店出版社,2001:14.
❷ 强世功. 乡村社会的司法实践:知识、技术与权力——一起乡村民事调解案 [J]. 战略与管理,1997 (4):103-112.
❸ 赵晓力. 关系—事件、行动策略和法律的叙事 [A]. 王铭铭,王斯福. 乡村社会的公正、秩序与权威 [C]. 北京:中国政法大学出版社,1997.

中的丈量勘测记录、补偿安置协议、调查记录、各种处罚和处理决定、对上访事项的答复等等。这类资料曾经由政府机关提供给龙家，调查过程中由龙家人提供复印件。

第三类档案资料是与征地相关的法律、法规和政策性文件。这些资料可帮助我们理解征地的制度背景、政策依据，以及征地政策的演变过程。由于法律法规都是公开的，可通过网上检索的方式搜集，而具体的征地补偿实施细则难以从网上获取，这部分资料由政府机关提供。

其他资料主要包括：①龙家人的协调申请书、申诉材料。这些材料有助于我们理解龙家的愿望和诉求，是通过向当事人直接索取的方式获得的。②图片资料，包括由龙家人提供的照片和笔者自己拍摄的照片。这些照片反映了征地前后生活场景的变化。

三、基本概念与内容导读

（一）概念界定

1. 情理及其特征

"情理"是日常生活中频繁使用的一个词语，但它并非一个具有明确定义的术语。对于"情理"的理解可以从"情"和"理"这两个字的含义说起。"情"字的含义具有多重性。第一，"情"首先是"人情"的意思，指人的自然感觉和情感，即滋贺秀三所说的"活生生的平凡人之心"。❶ 董仲舒曰：情者，人之欲也；人欲之谓情。情非制度不节。《礼记》曰：何谓人情？喜怒哀惧爱恶欲。七者不学而能。左传曰：民有好恶喜怒哀乐，生于六气。《孝经援神契》曰：性生于阳以理执，情生于阴以系念。❷ 由此可见，情是指人的天然和自发的感情，类似于心理学里所讲的情绪和情感。"情"还可以表示人趋利避害的功利性。明代的张肯堂曾在一则判牍中说，"人情利来未必交让，而利尽必至互推。"❸ 既然情是个人

---

❶ 滋贺秀三. 清代诉讼制度之民事法源的概括性考察——情、理、法 [A]. 王亚新，梁治平. 明清时期的民事审判与民间契约 [C]. 北京：法律出版社，1998：37.
❷ [汉] 许慎，[清] 段玉裁. 说文解字注 [M]. 上海：上海古籍出版社，1981：894.
❸ 转引自汪雄涛. 明清判牍中的"情理" [J]. 法学评论，2010（1）：149.

内心的评价和感受，因此情具有个别性、特殊性和随意性。第二，"情"还可指"民情"，包括社会舆论、各地不同的风俗习惯等。民情无非是人情随着交际范围的扩大而出现的一种"众人之情"。第三，"情"还具有情节、情况等事实关系的含义。这就要求人们在作出判断时，不能将作为直接对象的事实和现象孤立起来，而必须将其置于特定的社会情境中加以考察，综合考虑相关的事实和现象，加以同情的理解和评价。《孟子·离娄上》记载的"男女授受不亲，礼也；嫂溺援之以手者，权也"最好地诠释了情理的情境性和权变性。第四，"情"还具有人与人之间友好关系的意思，我们平常说的"情谊""情面"就具有这层含义。"情"这层含义要求裁判时应该尽量使良好的人际关系得以维持或恢复。

"理"既可理解为"人伦之理"，也可理解为"事物之理"。作为伦理的"理"主要指的是儒家的道德理念和建立在"差序格局"上的伦理关系。而作为事物的"理"，一般是指思考事物时所遵循的，也是对同类事物所普遍适用的道理。由于人情偏重随心所欲、具有特殊主义的特征，而理偏重于秩序、具有普遍主义的色彩，只有将二者糅合起来才能达致中庸至善的最高境界。翟学伟认为，"情理"是"天理"与"人情"这两个原先分开来讲的概念在礼的作用下简化而成的提法，而这一提法暗含了中国社会对普遍主义（天理）和特殊主义（人情）不做二元对立的划分，以期待人们做人办事的时候两者都不偏废。❶《说文解字注》这样解释理："理也者，情之不爽失也，未有情不得理得者也。天理云者，言乎自然之分理也。自然之分理，以我之情絜人之情，而无不得其平是。"❷ 韦政通先生曾指出："在中国文化里，情与理不但非对立，理就在情中，说某人不近情，就是不近理，不近情又远比不近理为严重。儒家坚持爱由亲始的等差之爱，就是因为这种爱最近情。人与人之间，若能'动之以情'，可以无往而不利，若坚持'说之以理'，你就是跟自己找麻烦。"❸ 这两段话表明，情和理总是相伴而生的，经过"理"限制的"情"也不再是个体的特殊感受，而是具有一定普遍性的情感，正所谓"人同此心，心同此理"，人们

---

❶ 翟学伟. 人情、面子与权力的再生产——情理社会中的社会交换方式［J］. 社会学研究，2004（5）：49.

❷ ［汉］许慎，［清］段玉裁. 说文解字注［M］. 上海：上海古籍出版社，1981：16.

❸ 韦政通. 伦理思想的突破［M］. 成都：四川人民出版社，1988：9.

可以将心比心；而理应当合乎自然之情，先有情后有理，如果不合情那么就很难达到理。因此，综合上述对"情""理"含义的剖析，我们认为情理是人们在特定社会情境下基于人的本性产生的符合一定伦理道德规范或能唤起一般人理解和同情的自然感觉、想法和观念。

情理是建立在费孝通先生所讲的"差序格局"的社会结构之上的。费孝通先生认为，中国乡土社会以宗法群体为本位，人与人之间的关系，是以亲属关系为主轴的网络关系，是一种差序格局。在差序格局下，每个人都以自己为中心结成网络。这就像把一块石头扔到湖水里，以这个石头（个人）为中心点，在四周形成一圈一圈的波纹，波纹的远近可以标示社会关系的亲疏。❶ 在以个人为中心的人际圈子里，个人总是试图与圈子里的人保持一种良好的人际关系，即人们平常所说的要讲"情谊"、讲"情面"。但是，关系有远近，人情有深浅，当这个圈子里的各种关系发生冲突时，个人倾向于按关系的远近亲疏进行取舍。

情理具有整体平衡性，就是强调事件或过程的自然的、历史的、整体的联系。日本学者滋贺秀三把这一特性称为"常识性的正义平衡感"。滋贺秀三认为："所谓'情理'，简单说来就是'常识性的正义衡平感觉'。这里不得不暂且借用'正义衡平'这一在西洋已经成熟的概念。但什么被感觉为正义的，什么被感觉为衡平的呢？当然其内容在中国和西洋必然是不同的东西。概言之，比起西洋人来，中国人的观念要顾及人的全部与整体。也即是说，中国人具有不把正义的标的孤立起来看而将对立的双方——有时进而涉及周围的人们——的社会关系加以全面和总体考察的倾向；而且中国人还喜欢相对的思维方式，倾向于从对立双方的人和一侧都多少分配和承受一点损失或痛苦中找出均衡点来，等等。这些说法大概是可以成立的。因此，所谓'情理'正确说应该就是中国型的正义衡平感觉。无论如何，所谓情理是深藏于个人心中的感觉而不具有实定性，但它却引导听讼者的判断。"❷

情理还具有多元嵌套性。王思斌指出，中国人的行为模式是多元嵌套结构下的情理行动。"中国人的行动模式是情理取向的，这种行动以参与

---

❶ 费孝通. 乡土中国·生育制度 [M]. 北京：北京大学出版社，1998：26-28.
❷ 滋贺秀三. 中国法文化的考察——以诉讼的形态为素材 [A]. 王亚新，梁治平. 明清时期的民事审判与民间契约 [C]. 北京：法律出版社，1998：13-14.

互动的行动者之间的基本关系,他们互动要解决的基本问题,行动者针对现实问题对自己责任的认知,以及行动者以往共事经验为基础。同时上述这些方面都有复杂的结构,这种复杂性不但表现为它们在横向上是互相联系的,而且表现为在纵向上受已往互动经验的影响。这些横向联系和纵向影响形成嵌套结构,并作为情境综合地、整体性地对行动者的行动产生影响,从而形成情理取向的社会行动模式。"❶多元嵌套性可以表现为家族利益的嵌套。个人在作出决定时,不仅仅考虑个体或者核心小家庭的利益,他还会考虑与他关系密切的大家庭的利益是否得到最大化。多元嵌套性也可以表现为各种纠纷事项的嵌套,即把补偿纠纷、历史纠纷、中间行为产生的纠纷、自然灾害产生的纠纷嵌套起来,作为一个整体寻求救济。嵌套性还体现在论据方面的嵌套,即将所有历史的、政治的、社会的、伦理的、道德的因素综合进来作为论证自己权利正当性的基础。嵌套性还体现在对政府机关行为的嵌套,人们倾向于把政府看成一个内部协调一致、信息高度流通、行为连续的整体,他们期望各部门之间的决定是一致的,政府不同时期的决定是一致的。

情理以生存伦理作为正义的底线。罗尔斯曾经指出:"每个人都拥有一种基于正义的不可侵犯性,这种不可侵犯性即使是以社会的整体利益之名也不能逾越。"❷这种不可侵犯的正义就是正义的底线。对于普通百姓而言,这种正义的底线就是生存的权利,即有饭吃、有衣穿、有房住。如果政府的行为触犯了他们的生存权利时,即便这种行为是以法律的名义作出的,即便这种行为会提升整体的社会福利,也会引起激烈的怨恨和反抗。

2. 法律及其特征

法律也是一个具有诸多含义的词,几乎有多少种法学理论就有多少类法律定义,定义者可以自由选择一个抽象的层次来定义它,但他很快会发现其他人选择的层面具有同样重要的价值和意义,以至于一些谦卑的人已经放弃了定义法律的尝试。尽管如此,依然存在一些经典的法律定义。从

---

❶ 王思斌. 多元嵌套结构下的情理行动——中国人社会行动模式研究[J]. 学海,2009(1):61.

❷ 罗尔斯. 正义论[M]. 何怀宏,何包钢,廖申白译. 北京:中国社会科学出版社,1988:2.

社会学的视角来看，韦伯对法律的定义是最具影响力的法律概念之一。韦伯认为："一种制度应该称之为法律，如果在外在方面，它的适用能通过（有形的和心理的）强制机会保证的话，即通过一个专门为此设立的人的班子采取行动强制遵守，或者在违反时加以惩罚，实现这种强制。"❶ 韦伯指出法律有三个基本特征：第一，遵守法律的压力必须来自外部他者的行为或者行为的威胁，而不管个人是自愿遵守或者是出于习惯遵守；第二，这种外部行为或者威胁总是带着强制性或者暴力，至于强制的手段是无关紧要的；第三，存在实施强制力的专门人员，这一特征是法律的决定性特征，也是区分法律和习俗、惯例的最重要指标。本书正是在韦伯的意义上使用法律这一概念。根据这一定义，国家机关制定或认可的并由国家强制力保证实施的具有普遍效力和严格程序的行为规范都称为法律。这个定义将人们普遍遵守的习俗、惯例排除在外，但是又比狭义的"法律"（指全国人大及其常委会制定的规范性文件）要宽泛，它包括宪法、狭义的法律、有法律效力的解释及行政机关为执行法律而制定的规范性文件。在本书中，我们对法律、政策、制度不做严格区分，因为它们都是由国家强制力保证实施的具有普遍效力的行为规范。

现代性法律的基本特质是高度的形式理性。韦伯将法律划分为四个理想形态，即：①形式不理性；②实质不理性；③实质理性；④形式理性。他认为西方法律形式理性化是西方现代法治的基础。形式理性法主导的现代西方法治是韦伯心目中最推崇的社会秩序模式，这是因为西方资本主义的发展过程中那种"可计算性"的品性，产生了对严格形式法律与诉讼的迫切需要，同时社会理性化所要求的国家科层官僚制的形成也要求法律的体系化或法典化。❷法律的形式主义包括了法律的权威性和普遍适用性、法律运作的可靠性和可预计性以及法律与政治、伦理的分离等本质特征。许多法学家对现代法治的基本特征都做过类似的描述。例如，美国批判法学派的代表人物昂格尔认为，"一种法律秩序区别于政治和行政却恰恰因为它服从于立法的普遍性目标和判决的一致性目标。人们希望法律针对着广泛确定的各种人和行为，并且在适用时不得偏袒某个人或某一阶级。在官僚

---

❶ ［德］马克斯·韦伯.经济与社会（上卷）[M].林荣远译.北京：商务印书馆，1997：64.
❷ 马剑银.现代法治、科层官僚制与"理性铁笼"——从韦伯的社会理论之法出发 [J].清华法学，2008（2）：47-48.

法中，普遍性不过是权宜之计，而在法律制度的结构之内，它却获得了特殊的重要性，因为，正是法律的普遍性确立了公民在形式上的平等，从而保护他们免受政府的任意监护之害。"❶马克·格兰特在其经典的文章《法律的现代化》一文中提出了一种更具综合性的现代法概念，勾勒了现代法的11个明显特征：①法律对所有人都一视同仁；②现代法是事务导向的；③现代法律规范是普遍性的，其适用具有可预测性、统一性而且不带个人感情色彩；④法律系统是等级化的；⑤法律系统官僚化地运作；⑥法律系统是理性化的；⑦法律系统由专业人士操控；⑧在法庭和当事人之间存在专业化的中介人，律师取代了仅能办理一般性事物的代理人员；⑨法律系统可以被修改，不具有神圣的固定性；⑩法律系统是政治性的，它与国家勾连在一起，而国家则垄断了法律；⑪在现代法律系统中，立法权、司法权以及行政权是分离且明晰的。❷从上述特征可以看出，格兰特所谓的现代法实际上也与韦伯意义上的形式理性系统类似。

法律与情理是一对矛盾的统一体。一方面，法律与情理具有一致性。法律来源于情理，法律是情理的体现。法律只有符合情理，才能令行禁止。法家先驱管子所主张的"令顺民心"，就是指立法要合乎"民情""民心"："人主之所以令行禁止者，必令于民之所好而禁于民之所恶"，"政之所行，在顺民心；政之所废，在逆民心。民恶忧劳，我佚乐之；民恶贫贱，我富贵之；民恶危坠，我存安之；民恶绝灭，我生育之。……令顺民心，则威令行"。❸无论是在古代的中国，还是在现代法治已有初步发展的当下，"法不外乎人情"依然是中国人对法律的一般共识。大部分时候，法律的规定与人们日常生活中的常理是吻合的。另一方面，法律也有与情理相冲突的时候。情理是基于一般的社会伦理道德规范来衡量人们的行为的，往往表现为人们心中的感觉，可以因人而异，所以具有不确定性和模糊性。法律有其本身的逻辑规则，强调规则的确定性与稳定性。情理的特殊性、情境性、伦理性、多元嵌套性与现代法治所要求的法律规则的

---

❶ [美] R. M. 昂格尔. 现代社会中的法律 [M]. 吴玉章，周汉华译. 南京：译林出版社，2001：50-51.

❷ Galanter, M. (1977). The Modernization of Law. in Lawrence M. Friedman and Stewart Macaulay (ed.), Law and the Behavioral Science. 2nd ed. Indianapollis, IN: Bobbs-Merrill, pp. 1046-1060.

❸ 《管子·牧民》。

普遍性、确定性、抽象性、形式性等特征是对立的，因此法律与情理的冲突也就在所难免。

3. 情理型权利正义观与法理型权利正义观

"法律是正义之剑""正义是法律之魂""法律是以规定当事人权利和义务为内容的具有普遍约束力的社会规范""权利是受到法律保护的利益"，从这些耳熟能详的话语中可以看到法律与权利、正义观念有着如此紧密的联系。同样，情理也是一种通过日常生活的耳濡目染而嵌入每一个正常人潜意识深处的是非观、价值观。根据人们界定权利、判断是非、作出决定的依据是情理还是法律，我们划分出两种理想类型的权利正义观念：情理型权利正义观和法理型权利正义观。这一对范畴与我们经常讲到的实质正义与形式正义、自然权利与法定权利有重合之处，但它表达的含义又不是后者任何一对概念可以完全囊括的，因此我们选择采用一种复合形式来表现这一对范畴。由于情理和法律之间的区别，情理型权利正义观和法理型权利正义观所追求的权利形式和正义形式是有差别的，情理的情感性、情境性、特殊性、结果导向性、多元嵌套性等特征决定了它与自然权利、实质正义有更多的亲和性，而法律的理性化、确定性、普遍性等特征决定了它与法定权利、形式正义有更多的亲和性。

从权利形式方面看，❶ 情理型权利正义观念更加强调自然权利，即"一个人以经验、以文明社会的假设或以共同体的道德感为基础的各种合理期望"；而法理型权利正义观念更加强调法定权利，即"法律上得到承认而无论有无其他东西支持的利益"❷。从正义的类型看，情理型权利正义观念更加强调实质正义。在罗尔斯看来，实质正义就是社会基本结构的正义，即制度本身的正义。实质正义关注的核心问题是关于制定什么样的规

---

❶ 美国法学家庞德考察了法学史上的权利概念及其多种意义，他指出，作为一个名词，权利这个词至少被用于六种意义：一是指利益，即基于伦理的理由应当加以承认或保障的东西（自然权利）；二是指法律上得到承认和被划定界限的利益，加上用来保障它的法律工具（法律权利）；三是指一种通过政治组织、社会的强力来强制另一个人或其他人从事或不从事某一行为的能力；四是指一种设立、改变或剥夺各种狭义法律权利从而创立或改变各种义务的能力；五是指某些法律上不过问的情况，即自由权和特权；六是指纯粹伦理意义上的正当之物。在本书中，笔者把权利理解为当事人的合理期望。

❷ [美] 罗·庞德. 通过法律的社会控制·法律的任务 [M]. 沈宗灵，董世忠译. 北京：商务印书馆，1984：42-44.

则来公正地分配社会资源的问题，正义的制度应当满足他提出的两个正义原则。❶ 在韦伯看来，实质正义更多地体现在个案的公正上。他认为，实质的正义"追求的不是形式法学上最精确的、对于机会的可预计性以及法和诉讼程序中合理的系统性的最佳鲜明性，而是在内容上最符合那些'权威'的实际的功利主义的和伦理的要求的明显特征"。❷ 实质正义还要求"具体个案都符合适当感和公正感的要求"，"哪怕在那些实质的要求中涉及的是抱着政治的——目的合乎理性的或者伦理的——感情的动机对法律维护的过分苛求"。❸ 在本书中，情理型权利正义观所强调的实质正义既包含了对制度本身的正义追求，也包含了对个案公正的追求。法理型权利正义观更加强调形式正义。罗尔斯将形式正义称为"作为规则性的正义"，即规则被不偏不倚地执行。"制度确定的正确规范被一贯地坚持，并由当局恰当地给予解释。这种对法律和制度的公正一致的管理，不管它们的实质性原则是什么，我们可以把它们称为'形式的正义'。如果我们认为正义总是表示着某种平等，那么形式的正义就意味着它要求：法律和制度方面的管理平等地（即以同样的方式）适用于那些属于由其规定的阶层的人们。"❹ 虽然形式正义并不足以保证实质的正义，但罗尔斯仍然高度赞扬了它的价值，因为"即使在法律和制度不正义的情况下，前后一致地实行它们也还是要比反复无常好些。❺ 同样，韦伯把形式主义看成是现代法律的最基本品质。韦伯是这样来描述法律的形式主义的："特殊的法的形式主义会使法的机构像一台技术上合理的机器那样运作，它为有关法的利益者提供了相对而言最大的活动自由的回旋空间，特别是合理预计他的目的行为的法律后果和机会的最大的回旋空间。它把法律过程看作是和平解决利益斗争的一种特殊形式，它让利益斗争受固定的、信守不渝的'游戏规

---

❶ 罗尔斯的两个正义原则是：第一个原则，每个人对与其他人所拥有的最广泛平等的基本自由体系相容的类似自由体系都应有一种平等的权利；第二个原则，社会的和经济的不平等应这样安排，使它们（1）被合理地期望适合于每一个人的利益，而且（2）依系于地位和职务向所有人开放。

❷ [德] 马克斯·韦伯. 经济与社会（下卷）[M]. 林荣远译. 北京：商务印书馆，1997：139.

❸ [德] 马克斯·韦伯. 经济与社会（下卷）[M]. 林荣远译. 北京：商务印书馆，1997：142.

❹ [美] 罗尔斯. 正义论 [M]. 何怀宏，何包钢，廖申白译. 北京：中国社会科学出版社，1988：54.

❺ [美] 罗尔斯. 正义论 [M]. 何怀宏，何包钢，廖申白译. 北京：中国社会科学出版社，1988：55.

则'的约束。"❶ 结合罗尔斯和韦伯的论述，我们认为形式正义包含如下含义：严格适用实体法和程序法规则，给予同一范畴的人同等对待并使得人们可以通过法律的规定去预见自己行为的法律后果，即使执行结果有悖于情理，但仍然坚信法律必须如此被执行。

（二） 内容导读

本研究试图以情理型权利正义观念与法理型权利正义观念的互动关系作为分析框架，解释纠纷何以发生、纠纷何以久拖未决的问题，以及探讨纠纷解决的可能出路问题。本项研究并不试图构建一套指导社会权利制度设计的根本道德原则，因此它不是一项关于权利正义观念的规范性研究，而是对现实生活中纠纷相关当事人的实际权利正义观念进行考察，并分析他们观念背后的社会因素。从这样一种考虑出发，在本书中，我们将特别重视案例中的当事者的理解。我们仅仅关心在一个现实的纠纷过程中，当事者们对权利和正义是如何理解的，他们的观念在纠纷过程中起着怎样的变化，至于他们的观念是否符合社会大众的评价标准，则是另外一件事情。笔者所要做的无非是将他们的观念用一种更加清晰的语言表现出来，并试着阐释性地理解。

本书在结构上分为以下几个部分。

第一章导论主要介绍了研究的背景和问题、方法和资料，并界定了文章中重要概念的含义。通过对有关征地纠纷文献的归纳和整理，我们可以发现纠纷的制度结构分析和纠纷主体的行动研究已经取得了比较丰硕的成果，相比较而言，对于纠纷主体行动背后的伦理观念的研究则相对匮乏，这正是本书研究的重点。本书采用个案研究的方法，试图通过对一起长达十多年的征地纠纷案来考察纠纷主体的权利正义观念。笔者通过访谈、文档查询等方式搜集到了大量的资料，尤其是搜集到了比较完整的法院卷宗资料。本章第三部分对本书的几个重要概念进行了界定，诸如情理、法律、自然权利、法定权利、实质正义、形式正义，并指出情理型权利正义观是一种更加注重自然权利和实质正义的权利正义观，而法理型权利正义

---

❶ ［德］马克斯·韦伯. 经济与社会（下卷）［M］. 林荣远译. 北京：商务印书馆，1997：140.

观是一种更加注重法定权利和形式正义的权利正义观念。

第二章主要描述了纠纷案的过程。首先介绍了纠纷案发生的大背景，即 C 市的快速城市化进程，然后对龙家纠纷产生前的家庭状况和生产生活状况进行了描述。这些生活背景的描述有利于我们比较征地前后龙家人的生活状况，从而理解龙家人为何坚持自己的主张和观念。其次描述了从征地开始到第一次、第二次强拆的全部过程，这些描述呈现了纠纷争议的内容和处理纠纷的过程。最后对龙家强拆后的生活状况进行了描述。

第三章分析了权利正义观念冲突的表现和社会根源。通过对这起纠纷案中的林地争议、人员安置争议、牛场争议、过渡房返还案争议的剖析，我们可以发现农民首先是以情理来论证自己的权利和判断是非的，即持有情理型权利正义观，而政府机构的人员主要是以法律条文作为界定农民权利和判断是非的基本依据，即持有法理型的权利正义观。农民之所以持有情理型权利正义观，一是深受传统的伦理道德规范的影响，二是由自身的知识类型决定的。政府官员的法理型权利观念则来自法治科层制对行政人员的要求。情理更加强调特殊性、情境性、伦理性、多元嵌套性，而现代科层法治强调的是规则的普遍性和确定性、职能的分离性、规则执行的非人格化等特征，二者内在的冲突导致纠纷的产生。

第四章分析了两种权利观念相互渗透和调适的过程。当这两种权利正义观念发生碰撞时，法律因为强制力的支撑而扮演了"大写的普适真理"的角色，因此农民基于情理的权利诉求屡屡遭遇拒绝。两种观念碰撞的过程也是相互调适的过程。屡次受挫的农民转而寻求法律的支持，但由于缺乏系统的法律知识和法律思维训练以及强烈的功利性学习目的，使得他的"以法抗争"走向一种偏执的状态，建立在自以为是和误解基础上的"过度自信"妨碍了他以一种妥协的态度来解决各种纠纷。政府机构虽然拥有强制力执行法律，但信访治理体制下维稳的压力和官员本身的多重属性也促使他们通过政策变通、促使政策修改、递推补偿等方式使得结果更加贴近情理。但是，由于资源的限制、决策体制的限制以及对变通示范效应的考虑，这些权变方式容易流产，且它们本身也是一把双刃剑，它们在预防和解决一部分纠纷的同时可能又引发了另外一些矛盾和纠纷。与基层政府相比，高层政府更加注重法理型观念，变通的空间更小，这注定了农民关于政府层级的理想设想只是一个迷思。

第五章分析了土地纠纷案中的司法行为。伴随着法治观念作为主流意识形态的确立和普及，传统"无讼"文化的影响日渐式微，寻求司法救济成为农民惯常选择的一种救济方式。但从本案例来看，司法的力量似乎并未能有效解决纠纷，甚至在某种程度上加剧了纠纷。原因在于，司法机关的人员与行政机关的人员共享着一套知识和观念，即法理型的权利正义观念。在这种观念的指导下，司法机关对政府行政行为的审查只是一种合法性审查，它只要求政府机关的行为符合法律的规定即可，对于行政行为的合理性并不做判决。事实上，农民基于情理提出的诉讼请求往往是一个合理性问题而不是合法性问题，以审查行政行为合法性为内容的行政诉讼难以对农民的情理诉求作出回应。此外，农民在以证据制度为基础的现代司法审判制度面前也处于劣势地位。当然，传统司法文化、法律本身的缺陷、社会治理的需求等因素也会促使法官依理调解，但无论如何，依法判决始终是大部分法官在常态下的一种观念和行为模式。

第六章为总结与思考部分。本章首先对全书的内容进行了总结，阐明了作者的观点，然后针对如何预防和解决征地纠纷提出了一些建议。笔者以为，为了尽量减少类似纠纷的产生，应当努力减少情理与法律的冲突，在法律的制定阶段应当注重吸收"情理"的因素，从而实现实质上的正义；而在法律的执行阶段更加注重依法行政，实现形式上的正义。信息的沟通对于减少观念的冲突起着至关重要的作用。因此，在土地征用过程中，政府强化宣传、及时公布信息，让农民知晓自己的权利义务，将有利于减少冲突和纠纷。而政府各职能部门之间也应该从机构、信息、流程等方面加强整合，克服碎片化管理的弊端。此外，对于已经产生而且久拖不决的纠纷，笔者认为有必要引入社会工作专业理念和方法介入征地纠纷工作，以弥补传统的国家直面个人的纠纷治理模式和治理手段在实践中存在的不足。

第二章 纠纷案的过程叙事

一、纠纷案产生的背景

(一) C市开启快速城市化进程

　　C市位于中国内陆西南部，是长江上游地区的经济、金融、商贸物流、科技创新和航运中心，西南地区综合交通枢纽和最大的工商业城市。为带动西部地区及长江上游地区经济社会发展、统一规划实施百万三峡移民，1997年，该市经全国人大批准设立为直辖市。自此以后，该市工业化、城市化进程得到飞速发展，城镇化率从1997年的31%增加到2014年的59.6%。城市化发展需要大量的城市建设用地，而这些增加的建设用地主要通过土地征收获得，图2-1是1996年至2015年C市每年审批的土地转用和征用数据。土地征用引发了大量的纠纷，这些纠纷成为行政诉讼和群众上访的重要诱因。本书描述的故事开始于1998年，刚好处于C市第一波征地高峰期。这起纠纷案无非是C市在快速城市化背景下若干征地纠纷

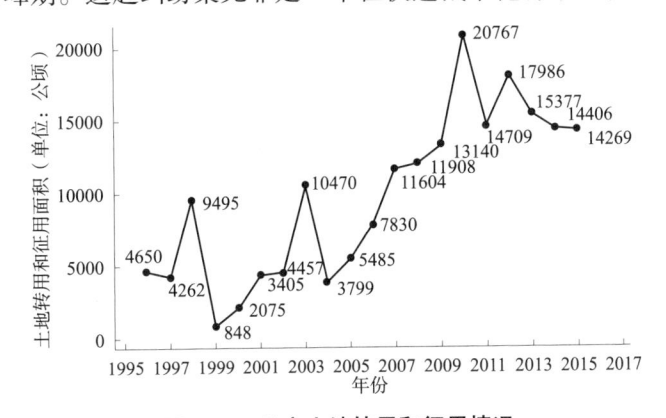

图2-1　C市土地转用和征用情况

资料来源：根据C市国土资源和房屋管理局公众信息网发布的历史公报整理。

的一个缩影而已。

（二）老龙家征地前的生活

LHX（以下简称老龙）❶，男，生于 1937 年，征地前居住在 C 市 A 区复兴镇沟坝村 9 社。该社位处西南地区的丘陵地带，全社 41 户人家，120 多口人❷，各户人家散居在 170 多亩的土地上，偶尔也有几户人家形成一个院子毗邻居住。全社耕地面积只有 102 亩❸，人均不到 1 亩。该社距离 C 市市中心 20 多公里，距离复兴镇约 2 公里。20 世纪 80 年代，一条高速公路从该社附近经过，使得该社的交通状况有了很大改善。

老龙和他的五个孩子们居住在一所老宅院里，这所宅子是一座土木穿斗结构的四合院（见图 2 - 2）❹，是解放前老龙的父亲买来的。宅子分为前排厅房、后排正房和左右厢房。前厅和正房两层楼高，各 5 间房（中间的堂屋挑空），左右厢房各 3 间，共计 16 间房，占地面积 304 平方米❺，房屋面积 490 多平方米。大宅子的侧面是几间偏房，主要用做饲养牲畜和存放杂物。房子周围是龙家的自留地，龙家人用 1 米多高的围墙拉成一个大院子，院子里面建有牛圈（牛圈1），牛圈旁边挖有一个六七十平方米大、两三米深的水池，此外，院子里还挖有水井、沼气池等。他家屋后是一座小山，名为狮子山，屋前是一片 100 多平方米的水泥晒坝（见图 2 - 3)❻。

图 2 - 2　房屋近景图

---

❶ 根据惯例，本案例中的人名和地名都进行了技术化处理。
❷ 1999 年复兴派出所的户口调查报告。
❸ 产权证上记载的面积。
❹ 照片由龙家提供，约摄于 2002 年前后。
❺ 龙家地籍及房屋登记卡。
❻ 照片由龙家提供，具体拍摄时间不详，由于龙家晒坝上还未修建牛圈，仅能推断摄于 2001 年前。

图 2-3 远景图

1. 家庭成员

龙家是一个四世同堂的大家庭（见图 2-4），老龙的 4 个儿子和 1 个女儿在 1998 年之前均已成家，并按照核心小家庭分立了户口，老龙夫妇和老龙的母亲在一个户口簿上，因此这个大家庭从户籍制度上看是 6 户人家。虽然户口是分开的，但由于养牛需要分工协作，所以全家人（除了老大一家在城里居住）吃住都在一起，做事都是统一安排的。家庭的日常生活开支、亲戚朋友的礼尚往来等都是从这个牛场里出，剩下的利润大家分配。家中虽然人口众多，但全家人相处得也算和睦。

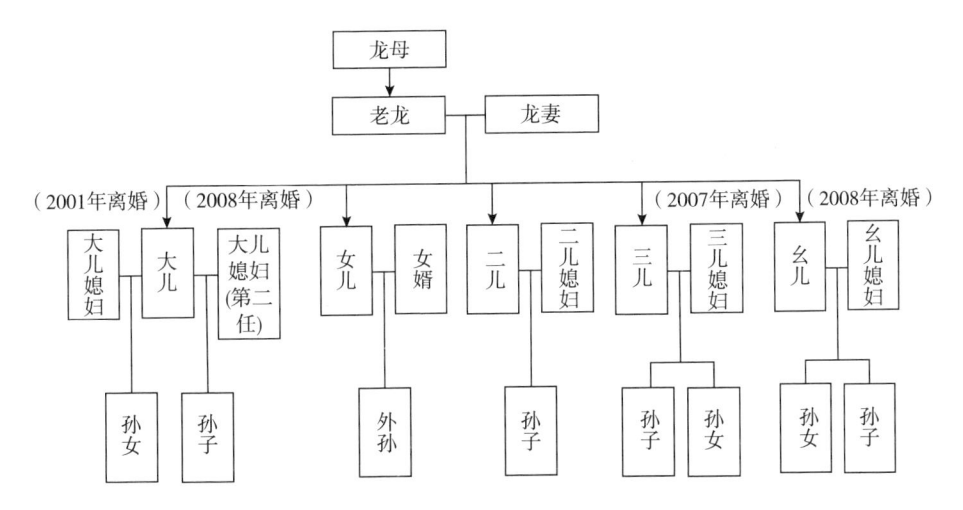

图 2-4 家庭成员图

现已离婚的三儿媳妇这样描述这个大家庭：

> 连同请来的工人，家里有20多个人，吃饭要坐两大桌，煮饭用大甑子煮。我刚到他家来，这种生活还不习惯，后来相处久了以后觉得还是可以。大家没分彼此，洗衣服啊，做其他事情啊，谁有空谁就做。洗衣服都是一家人的衣服一起洗，几十个人的衣服，要用大背篓背或者挑一大挑……他们兄弟间很团结，自己包里有1分钱都要掏出来大家用。❶

当家人老龙

老龙生于1937年，年幼时就丧父，是母亲拉扯着他和三个姐姐长大的。他年轻时就热衷于参加各种社会活动，1958年加入了中国共产党，后来相继担任过村里的民兵连长、团支部书记、大队书记，镇上的脱产干部，两河口水库管理所所长等职务。多年的基层干部经历让他养成了阅读报纸杂志的习惯，也锻炼了他了解政策、钻研政策、利用政策的能力。老龙性格坚定、胆量过人、见多识广、能说会道，加之多年的基层干部身份，使得他成为家中的绝对权威。❷ 当然，这种权威也成为维系家庭团结和安宁的重要力量。他的邻居这样评价老龙："老龙这人还是有点威望的，儿子、媳妇、女儿、女婿都服他，家里要是有人吵啊闹啊，只要他瞪他们一眼，这些人就自觉闭嘴。这么大一家人，如果没得一点威望，一天恐怕要打八架。"❸

进城务工的龙老大

老龙的大儿子龙老大是较早进城的农民工之一。1982年，他自己掏钱到C市去学驾驶，1985年开始在C市城里开出租车，后来又在工地上开车。上世纪90年代初，他在城里买了一套商品房，并将妻子和女儿也接到城里生活。他在老家的承包地一直由家里人打理。作为家里的老大，他觉得自己的生活比弟弟妹妹们过得好一些，因此有责任扶持弟弟妹妹。当家里发展奶牛需要用钱时，他会给予一些资助，但奶牛产生的利润他从来没要过。龙老大说道："我比较早在外面挣钱，家里没得钱了就跑到我这里

---

❶ 访谈资料 TQH20120220。

❷ 在与龙家人的访谈过程中，若有多位龙家人在场，老龙总是作为主要发言人，其他人偶尔能插上一两句话。为了了解其他成员的想法，笔者后来单独找其他成员访谈。老龙也曾多次当着笔者的面训斥他的儿子、女婿。

❸ 访谈资料 ZGH20120304。

拿点,只要我有就拿,拿了多少钱给他们我从来没记过。……家里的牛奶钱我也没要一分,我给弟弟妹妹说了,家里的牛他们自己去喂,剩的钱他们分,我出来得早,条件比他们好点。我是个当大哥的,我一直把家里的弟弟妹妹看得比较重,我日子稍微好点,有点钱就扶持他们一下,让他们日子好过点,他们找的钱我从来也没想着要过。"❶ 因为龙老大的大家庭观,他和妻子为此也产生了一些矛盾。

上门女婿

按照当地的风俗,家中如果有儿子的话,一般是不招上门女婿的。但是因为以下几个原因,小彭成了龙家的上门女婿。首先,小彭的家所处的位置比较偏僻,而龙家的地理位置要优越一些,离家一两公里处就能通高速公路,小彭认为住在龙家,以后做事情更便利一些。其次,小彭家中还有两个哥哥,所以没有无人照顾父母的后顾之忧。再次,小彭家的住房比较紧张,而龙家的房子则比较宽敞。最后,龙家也不希望他们唯一的女儿洪妹嫁出去,因为洪妹的奶奶常年瘫痪在床,其他几个都是男的,不方便照顾,一直都由她服侍。所以,小彭和洪妹1993年结婚后。就一直住在龙家,他们儿子的户口也上在妻子洪妹的户口簿上。

"城里"来的媳妇

上世纪90年代,政府出台农民可以花钱买农转非户口的政策,许多农民纷纷花钱买农转非户口,想通过此政策在就业、医疗、养老等各方面受益。老龙的二儿媳妇原本也是农村户口,90年代初她花了几千块钱买了个城镇户口。但后来发现,买来的城镇户口根本没带来什么福利待遇,工作无就业安置,生活也无粮油补贴。1997年结婚后,她嫁到龙家,和龙家人一起生活、一起饲养奶牛。龙家人也算风光了,竟然娶了个"城里"的媳妇。但是,当龙家所在的土地被征用时,这位"城里"来的媳妇却因为没有农业户口而没有得到补偿安置。对于这一批花了血汗钱买了城镇户口的人而言,真是花钱买了吃亏,他们不但没有享受到上世纪90年代居民享受的各项政策,也不能享受本世纪农民享受的各项优惠、拆迁补偿等待遇,成了名符其实的"非工非农,两头无着"。

---

❶ 访谈资料 LZB20120521。

"生不逢时"的小孙孙

老龙的孙子辈小孩共有 8 人,在 1999 年 4 月征地补偿安置费下发之前,有 3 个孙子辈的小孩出生,因此这 3 个小孩获得了人员安置费。但是,人员安置费下发之后不久,龙老三和老幺的孩子相继出生,老三的两个孩子是一对双胞胎,出生于 2001 年 1 月 6 日;老幺的女儿出生于 1999 年 8 月 7 日,儿子出生于 2001 年 2 月 18 日。❶ 这四个小孩出生时,征地的其他补偿费用还未付清,住房也尚未安置,该社的农民也尚未搬迁,因此龙家要求对后出生的 4 个小孩进行住房安置,但这一要求被镇政府以"安置完毕后出生的小孩不属于农转非安置对象"而拒绝。

2. 生计方式:奶牛养殖

沟坝村九社人均承包地 1 亩左右,水田 7 分多点,土 2 分多点。由于耕地本身不多,加之田多土少,所以就存在大量剩余劳动力。而且这里集体经济不发达,整个村子没有一个集体企业。由于缺乏共同的经济利益,农民们的生产生活主要建立在以家庭为单位的基础上,各个家庭各自施展自己的本事养家糊口。所以,各个家庭谋生的方式就出现了较大的差异。有些家庭举家出去打工,家里的承包地送给亲戚朋友耕种。有些家庭采用务农打工两相兼顾的方式,农闲出去打工、农忙回家干活,或者一部分劳力出去打工,另一部分劳力在家务农。还有一些家庭则留在农村大力发展养殖业或从事其他个体、私营经济。龙家(除了大儿子一家)就是留在农村大力发展奶牛养殖业的家庭。

1987 年,老龙卸任两河口水库管理所所长后,就开始寻思着如何带领一大家子人发财致富。老龙意识到,自己家总共就 10 多亩地,如果种植粮食的话,这点承包地也仅够解决温饱问题,因此要想办法发展副业。经过多方打听,他听说养奶牛是一条较好的生财之道,于是 1989 年开始饲养第一头奶牛。刚开始养一头,然后两头,慢慢增加。原来龙家也喂了两三头母猪,后来看到奶牛比较有利润,就把猪卖了,把猪圈改成牛圈,全力发展奶牛养殖。1997 年,龙家以小儿子的名义办理了营业执照。在 1998 年征地时,龙家已经有 10 多头牛,2001 年再次将规模扩大(规模扩大过程见"奶牛养殖业的春风"一节),龙家奶牛最多时达到 40 头左右(见图 2-5)。

---

❶ 老龙还有一个最小的孙子系龙老大与他的第二任妻子所生,出生于 2005 年。

图 2-5 奶牛场的奶牛

养奶牛的道路也并非一帆风顺。由于管理、技术、基础设施等方面的原因，老龙家损失过很多头奶牛，有的病死、有的淹死、有的难产死。龙家的邻居讲述了龙家养奶牛的艰辛：

> 有一年，一个奶牛怀了娃娃，快要下奶牛了，结果不小心掉进水池里了，捞起来就死了，人家好怄气。还有一次，一头奶牛难产，生不下来，用力去拽出来，结果拽出来就死了，还是头母牛，人家也气得很。养奶牛，都有些磕磕绊绊，就像其他企业家一样，都是在磕磕绊绊中发展起来的。❶

在养殖奶牛的过程中，龙家人在不断摸索，不断学习，不断投入资金改进奶牛饲养的条件。

水源

养殖奶牛必须要有充足洁净的水源。一头产奶的奶牛一天要消耗100斤左右的水量，加上冲洗牛圈也需要用水，所以龙家的用水量比普通人家多了许多倍。为了保证充足的水源，龙家采用了多种渠道采水。狮子山脚下，龙家的宅子后面，常年都有一股泉水涌出，龙家将这股泉水接进家里。此外，还在院子里面打了一口水井，用水泵抽取地下水。为了蓄水，在自家的院墙里面挖了个六七十平方米大的小池塘，在门口的大田里挑了一个更大的池塘。泉水、井水和雨水，基本满足了龙家的用水需求。

草料

饲养奶牛除了需要玉米面、麦麸、豆饼等精饲料外，最主要的是需要

---

❶ 访谈资料 ZGH20120304。

草料。奶牛养得少的时候，龙家人就背着背篓到荒山野地去割草。后来，奶牛逐渐多起来，龙家就将自己的承包地全部种上一种名叫牛麦的牛草。这种草，牛爱吃，而且就像韭菜一样割了一茬又发一茬。所有土地种草以后，龙家所需的粮食、蔬菜等食品就通过市场购买。除了自己家的土地外，有些人家举家出去打工了，地里空着，龙家也在上面种上牛草。冬季不太好割草，就要喂干草。每年夏天，玉米收了之后，地里有很多鸡窝草，村民们就把它割了晒干，然后卖给龙家。龙家把这些干草匣成堆，以备冬季之需。平常时节，村民有空闲时间也会去割一些草卖给龙家，以增加收入。

道路

随着奶牛业的发展，对道路的需求也日益迫切。虽然在上世纪80年代，龙家附近就开通了一条高速公路，但却没有一条能够连接龙家和高速路的乡村公路。为了进出方便，龙家就从高速路口专门修了一条2米宽的摩托车路，一直修到家门口。龙家拉来木料、石子，沿着以前的乡间小路扩展开去。乡间小路绕来绕去的，虽然从龙家到高速路口的直线距离只有一两公里，但摩托车道却修了好几公里。这条摩托车道穿过了几个生产队，一路上也要占用别人的土地。龙家就去找别人协商。很多村民都认为路修好了，大家都很方便，也就乐意让他们占点土地。很多人出去打工了，地都空着，大家都觉得多点少点也无所谓。当然，如果占用某一家人耕地比较多的话，龙家也用自己的地去换。道路修好后，龙家自己的三四辆摩托车就天天在路上穿梭，把粮食、饲料、草料拉回来，把牛奶拉出去。

排污

奶牛每天产生的大量粪便首先被清理到沼气池，沼气池产生的沼气可用来烧水做饭。沼气池旁有一条排污沟通向院外，沼气池满了，就往外面排粪水。村民们就挖一些小沟把排粪沟的粪水引入自己的田地，前面的人施肥够了，后面的田地也能得到一些粪水。后面得不到的人，可以到沼气池去挑那些干粪，那些干粪是流不出来的。当时，好几个生产队的人都去他们家挑粪，用来种菜种粮食。他家附近有个果园村，很多人种果树，他们也到龙家来挑粪施肥。由于龙家的奶牛场能跟种植业互补，所以牛场的排污不仅不是问题，而且成为一种资源，一种可以和村民进行交换的资源。

劳动分工

为了让奶牛场经营得更加有序，龙家人进行了大致的劳动分工。奶牛场的奶牛需要不断地更换,好的奶牛需要引进,品种不好的要淘汰。老龙跟外界的接触多,也积累了一些识别奶牛好坏的经验,所以他就主要负责奶牛的买卖。另外,他也做牛片儿的生意,就是为买卖双方介绍信息,赚取点中介费。奶牛饲养还需要一些专门的技术,龙老三负责学习配种的技术,龙老幺负责学习兽医的技术,他们俩曾到C市进行过专门的学习和培训。其他诸如配饲料、挤奶、割草、送奶等工作都是大家配合着做。

养奶牛的日子,一天的生活大致如下:凌晨三四点,家里的男人就要起床挤奶;挤完奶后,要赶在早上指定的时间以前,把头一天白天挤的奶和早上挤的奶送到乳品公司。家中的妇女大概五六点起床,做饭的做饭,喂牛的喂牛,洗衣服的洗衣服。吃完早饭,几乎全家人都要出去割草。割草回来,差不多中午时分,又到了挤奶的时间。挤奶、喂牛、做饭。下午部分人继续割草,其他人加工饲料等。晚饭后,再次挤奶、喂牛。当然,如果遇到奶牛下仔的时候,要整夜地守着。

雇工

龙家请了两个长期的割草工人,一个叫牪子,一个叫老雷。平常忙不过来的时候,也会请一些临时工。

牪子是个又哑又傻的年轻小伙,1995年来到龙家割草,当时20来岁。牪子是木尔镇的人,父母双亡,家中有八个兄弟姐妹,他排行第八,大家都叫他八牪子。他的大哥讨的老婆是一个二婚嫂,二哥眼睛瞎了,5个姐姐出嫁了,家里也没人照顾他。牪子的房子破破烂烂,只有半边墙,另外一边是用木头撑起的,家里的锅也只有半边。他不会种庄稼,但是会割草,平常在别人家要,看见谁家的背篓空着,就帮人家割点猪草,然后就在别人家里吃顿饭。他基本上是吃了上顿没下顿。他哥哥听说龙家需要人割草,为了给弟弟讨一个稳定的生活,就把牪子送到龙家。他哥哥的要求是,管他吃住,时常买点烟给他抽,工钱给不给都可以。龙家人就把牪子留下来,每天帮他把刀磨好,带着他一起出去割草,教他怎么割草、割哪些草。牪子虽然又哑又傻,但是有一身蛮力气,一百五六十斤的草,可以直接从地上端起来,所以除了割草,他也承担一些体力活。大家都说,牪子在龙家劳动的过程中,人也变得精灵些了。龙家管他吃住,给他买烟、买衣服,每月给他300块钱(后来逐渐涨到400块、500块),交给他哥哥保管。过年的时候送他回去要几天,但他要不了几天又跑回龙家来了。从

1995年开始，牤子一直在龙家割草，直到2005年龙家的奶牛场被强拆。龙家不再养奶牛之后，老龙就把他介绍到其他养牛户那里去割草。现在，牤子每年能赚万把块钱。牤子的哥哥姐姐对龙家一直很感激，认为龙家给他弟弟提供了一个自食其力的机会。

另外一个割草的工人叫老雷，是个50来岁的老头，1997年来到龙家割草。老雷离了婚，有个儿子，儿子在外打工，他孤身一人在家，生活甚是无趣。后来，他就来到龙家割草，吃住也在龙家，一直干到2005年。老龙家不养奶牛之后，他就回到老家，在家带孙子。

二、征地伊始

（一）批文下达

1998年11月10日，C市人民政府以×府地〔1998〕511号文件批准征用龙家所在的沟坝村9社的全部土地。1998年11月11日，C市人民政府又以×府地〔1998〕508号文件批准征用了邻近的沟坝村七社、上塘村三社和四社的全部土地。❶ 这两个批文的内容如下：

C市人民政府关于复兴镇人民政府
实施C市国际科技学校项目工程征用土地的批复
×府地〔1998〕511号

A区人民政府：

你区××府第〔1998〕325号请示收悉。鉴于该项目已经市×府〔1998〕173号文批准列入我市重点建设项目，经研究，批复如下：

一、同意征用复兴镇沟坝村九社全部土地95018平方米（折合142.527亩），其中耕地68000平方米（折合102亩），非耕地27018平方米（折合40.527亩）。土地征用后，由土地管理部门统一管理，按项目实施进度及资金到位情况制定土地供应计划，按计划出让给建设单位作为C市国际科技学校建设用地。

---

❶ 这四个社的土地后来全部转让给C市一家民营企业集团南翔集团，由南翔集团与某外语学院合作开办民办二级学院——南翔翻译学院。

二、按照市政府〔1994〕64号令的规定，鉴于沟坝村九社的土地被全部征用，同意撤销其建制，并将该社121名社员由农业户口转为非农业户口。对符合安置条件的转非人员，由你府按照国家建设征用土地农转非的有关规定妥善安置。

三、有关此项工程用地的安置补偿事宜，请你府按照国家建设用地的有关规定办理。

1998年11月10日

C市人民政府关于复兴镇人民政府实施C市国际科幻世界项目工程征用土地的批复
×府地〔1998〕508号

A区人民政府：

你区×府第〔1998〕324号请示收悉。鉴于该项目已经市×府〔1998〕173号文批准列入我市重点建设项目，经研究，批复如下：

一、同意征用复兴镇上塘村三社全部土地128915平方米（折合193.372亩），其中耕地90000平方米（折合135亩），非耕地38915平方米（折合58.372亩）；四社全部土地70402平方米（折合105.603亩），其中耕地42000平方米（折合63亩），非耕地28402平方米（折合42.603亩）；沟坝七社全部土地98860平方米（折合148.29亩），其中耕地63333平方米（折合95亩），非耕地35527平方米（折合53.29亩）。合计征用土地298177平方米（折合447.265亩），其中耕地195333平方米（折合293亩），非耕地102844平方米（折合154.265亩）。土地征用后，由土地管理部门统一管理，按项目实施进度及资金到位情况制定土地供应计划，按计划出让给建设单位作为C市国际科幻世界项目建设用地。

二、按照市政府〔1994〕64号令的规定，鉴于上述三个社的土地均被全部征用，同意撤销其建制，并将上塘村三社252名，四社180名，沟坝村七社180名，共计612名社员由农业户口转为非农业户口。对符合安置条件的转非人员，由你府按照国家建设征用土地农转非的有关规定妥善安置。

三、有关此项工程用地的安置补偿事宜，请你府按照国家建设用地的有关规定办理。

1998年11月11日

情理与法理：权利正义观念的冲突与调适
——以一起征地纠纷案为例

复兴镇政府获得上级政府的批文后，就开始实施征地工作。❶ 镇里采用了一种逐级传达的方式告知农民征地的消息，通过释放"试探性气球"来观测农民对征地的反应。社员们的谈话记录描述了通知下达的过程以及农民对此的反应。

"镇里先找村干部说，村上再找队长说，队长再找社员代表，最后由社员代表做社员的工作，层层突破。另外，征地的具体操作中采取了欺骗方法，先问社员愿意不愿意农转非（而不是问愿意不愿意征地），愿意的就签字。社员中年纪大的人还是愿意脱离农村，认为转了非可以当工人了；懒惰的人也愿意，与村里有矛盾的人也愿意，勤劳能干的人则觉得无所谓。于是大部分人都签了愿意，但当时对如何赔偿之类都不知道。"❷

"当时开发的时候，很多人不想种土地，认为开发了还好点。有些人想开发，有些人不想开发。有人有门路的，比方说有手艺的，开发了可以出去打工。没有手艺的，在屋里靠那点补偿款不够。"❸

"有些人想开发，像那些在城里打工的就愿意开发；有些人不想开发，像我种菜卖的就不愿被开发。"❹

从农民的谈话来看，农民群体已经开始发生了分化，这种分化体现为农民对土地的依赖程度不同、对土地的投资程度不同、对土地的开发利用能力不同，不同的群体对征地的态度不同、对征地的公正性与合法性的感知程度不同、采取的应对策略也不同。但是，从总体来看，在涉及具体的补偿之前，几乎没有人反对土地征用。

在摸清社员的基本态度后，镇里召集社员们开会，镇上的党委书记、镇长，村里的书记、村主任都来参加了会议。镇里的领导告诉社员们土地被国家征用了，大家要农转非了，动员大家支持国家建设，并粗略地介绍了补偿安置的相关政策。在涉及具体的补偿之前，征地过程看起来显得十

---

❶ 1999年以前的征地过程，不像现在需要遵循严格的"两公告一登记"的执行程序，主要通过口头传达的方式。所以，社员们当时并没有看到具体的批文、征地公告和补偿公告。
❷ 访谈资料 QCH20090731。
❸ 访谈资料 ZGP20120228。
❹ 访谈资料 ZGH20120304。

分顺利，包括龙家在内的农民对于征地并没有强烈的排斥，甚至有的还非常乐意。当然，这种同意是建立在公平合理的补偿预期基础之上的，当补偿安置事项具体落实之后，农民们的态度出现了转变和分化。

（二）征地补偿安置

根据征地补偿安置的相关法律和政策，征用集体土地包含了人员安置费（土地补偿费和安置补助费的总和）、住房安置费、青苗和构附着物补偿、搬迁过渡费或搬迁补助费等项目。下面详细介绍各个项目的补偿安置情况。

1. 青苗和构附着物补偿

镇政府召集社员开会通报征地消息后，镇政府的工作人员就开始进行财产清理工作。根据相关政策规定，青苗费以及集体资产的补偿费支付给各社，由各个社召开社员大会决定分配方案。个人承包地、自留地以及宅基地上的附着物、构筑物据实清理，补偿费直接支付给个人。

由于当地的集体经济并不发达，所以集体资产也非常少。以老龙家所在的沟坝九社为例，除了这片土地作为大家的共同资产外，整个社里没有一家集体企业，青苗费占据了集体资产的绝大部分，加上道路、水渠、鱼塘等构筑物补偿，所有集体资产加起来仅仅20万左右（见补偿协议）❶。其他三个社的情况也与沟坝九社相似。

集体资产的分配方案，由社员大会讨论决定，并需要80%以上同意，政府负责监管。由于土地承包到户后，承包地基本没有调整过，但是人口却在不断增减，于是出现了有人没地、有地没人的情况。沟坝村九社的社长介绍了集体资产分配的过程：

> "当时分配方式就是：社员大家表决，以多数人的意见为准。……有户口有土地的按照100%分配，有户口没有土地的按照70%或者是75%分配，这个记得不是很清楚了。当时我是参与了这个事情的，但是时间久了记得就不是那么清楚了。当时这些意见还要报镇政府，他们还要看嘛，看是不是大家的意见。这些

---

❶ 这是根据老的补偿办法计算的集体资产，后来适用新办法后，由于补偿标准有所提高，资金资产的金额也在原有基础上增加了6752.5元。

东西大家都要签字，还要按手印。不是说一个或者两个人说了就可以算数的。……如果全额的话一个人可以分到一千六七百块钱。我妻子和儿子都没有全得，他们没得承包地，就只有70%。"❶

除了支付给集体的补偿外，还有部分构附着物是直接支付给各家各户的。社员们宅基地上的房屋、水井、沼气池、晒坝等建筑物由工作人员据实丈量，自留地、承包地上的林木等也是由他们和社员当面进行清点，所有记录都登记在册。虽然清理工作在1999年初就完成了，但补偿款直至2001年6月才进行支付。

C市A区复兴镇人民政府集体财产补偿协议

甲方：C市A区复兴镇人民政府

乙方：A区沟坝村九社

根据A区人民政府〔1996〕9号文件精神，甲方对全部征用沟坝村九社集体财产进行清理，经双方协商，达成一致意见，甲方对乙方集体财产作如下补偿：

编号	名称	补偿金额	备注
1	青苗补偿费	98.4亩×1200元/亩=118080元	
2	经济作物补偿费	19.68亩×300元/亩=5904元	
3	构、附着物补偿费	34149.50元	
4	建筑物补偿费		
5	鱼池（塘）补偿费	7.6亩×2400元/亩=18240元	
6	其他	21000元	

以上合计197373.50元（大写：壹拾玖万柒仟叁佰柒拾叁元伍角正）

本协议双方签字后生效，此协议一式五份，甲、乙双方各一份，其余分送有关部门，均具同等效力。

甲方代表：（镇长签名并加盖公章）　　乙方代表：（6位社员代表签名）

参加人：（村干部等其他6人签名）

1999年1月19日

---

❶ 访谈资料LHD20120203。

社员们听说承包地、自留地上的树木要进行补偿，于是赶在政府工作人员清理树木前连夜抢栽抢插了一些树苗。对于这些抢栽抢插的林木，政策规定是不予补偿的，但是为了征地工作顺利实施，工作人员都会适当给予补偿。就如复兴街道主任YG（杨主任）所说："文件明确规定，抢搭抢建不予补偿。具体操作中，一般都会适当算点，要不然工作不好做。如果过分严格，可能这些社员意见就更大了，分歧就更大了。作为农民，要开发了，他们的行为可以理解，但是不能做得太过分了。"❶

九社社长介绍了当时抢栽抢插的情况：

问：当时有抢栽抢插这种情况吗？

答：当时这种现象是普遍现象。

问：根据55号令的规定，政府征地批文下达之日后栽插的花草、林木、青苗及搭建的建（构）筑物不予补偿，实际操作中政府给你们补偿了吗？

答：看怎么说，如果政府觉得这个是抢栽的就不算，如果觉得不是抢栽的就还是要算。

问：如果补偿的话怎么补呢？

答：这个移栽的，拇指这么大的8毛钱一株，如果不是移栽的，根据直径大小不同补偿的金额也不同，大的几十块一根。

问：8毛钱一株，够不够当时抢栽的工钱哦。

答：当时成本可能3毛钱一株。❷

虽然抢栽抢插的现象比较普遍，但是抢搭建筑物的现象却比较少见。因为，抢栽抢插是小成本运作，可以短期完成，一夜之间就能栽出一片林地，基层政府对待这种行为也比较宽容，毕竟涉及的补偿额不高，他们也宁愿用这点额外的补偿换取社员们对征地工作的理解和支持。但是，抢搭建筑物所需成本大，不是一天两天能完成的，而且抢搭的建筑物由于没有建设许可证和房屋产权证，政府一般不会给予补偿，即便补偿，也是按简易棚进行补偿，这点补偿可能还不够弥补建筑成本。

征地实施过程中的适当放松是一把双刃剑，一方面它确实让部分农民

---

❶ 访谈资料 YG20120220。
❷ 访谈资料 LHD20120203。

感觉自己得了便宜,并积极配合征地;另一方面它也给部分农民留下一个印象,补偿具有很大的随意性,所有项目都是可以讨价还价的,于是鼓励了部分人的机会主义预期和行为倾向。还有些农民认为补偿的随意性破坏了公正性,就如一位农民所言:"在数承包地上种植的树木时,存在很大的随意性,基本不按实际情况,而是想写多少写多少,想算多少算多少,不与政府合作的人少算或不算,有关系的人多算。"❶

老龙家所有的房屋丈量出来是 520 多平方米,土木穿斗结构的房屋补偿标准是 100 元/m^2,一共获得 5 万多块钱的房屋补偿。由于龙家修建的池塘、沼气池、水井、晒坝等构筑物较多,地上的树木也较多,所以附着物和构筑物总共有 5 万多块钱。一般家庭仅两三千元而已。前期房屋、构筑物的清理过程比较顺利,但是在清理龙家屋后狮子山上的树木时,纠纷开始出现了(具体纠纷过程参见狮子山纠纷案一节)。

2. 人员安置

根据 1994 年颁布的《C 市征地拆迁补偿安置办法》(64 号令)的相关规定,安置人员的年龄不同,安置方式也不同,具体分为以下几种情况:

(1)男满 16~50 周岁、女满 16~40 周岁(上限不含本数,下同)并符合就业条件的农转非人员,为就业安置对象。由于上述 4 个社征地的名义是国际科技项目,这被视为公益性征地,因此由政府发放就业安置费,安置对象自主择业。社员们戏称这种安置方式为"自谋"。

(2)男满 50 周岁、女满 40 周岁的农转非人员为退养安置对象。符合退养安置的人员可选择采用储蓄式养老保险安置。所谓储蓄式养老保险,是指退养安置人员将退养安置费交由人民保险公司,保险公司每月发给投保人员保险生活补助费,每年的补助费总额为本金的 10%。若出现被保险人患重大疾病或伤残等事由,可向保险公司支取全部保险本金。

(3)16 周岁以下人员,为抚幼安置对象。根据 64 号令第 27 条的规定,抚幼安置按以下规定办理:①抚幼人员的父母为就业安置对象的,由其父母抚养;②抚幼人员的父母为退养、病残安置对象的,一次性发给抚幼安置费;③抚幼人员的父母有一方为就业安置对象的,一次性减半发给抚幼安置费。

---

❶ 访谈资料 QCH20090731。

1999年4月25日至30日，复兴镇政府给4个社的社员发放货币安置费17496元。办理自谋安置的，领取17496元的现金；选择储蓄式养老保险的，将这笔钱存入了保险公司，每月领取利息。部分家中有16岁以下小孩的人有些不服气，认为小孩也是人，为什么没有安置？他们聚集起来，到镇政府表达不满。但是镇政府的工作人员向农民解释，"父母是小孩的监管人，自己小孩应该由自己抚养"，并且出示64号令，告诉他们这是有政策依据的，他们是严格按照政策办事的。虽然大家心中不满，但见到的政策确实如此，也无可奈何。

由于上述4个社的土地补偿安置时间刚好处于C市征地补偿政策的调整时期，因此存在着该适用哪种政策进行补偿的博弈。旧的补偿政策是1994年颁布的《C市征地拆迁补偿安置办法》（64号令），以及A区1996年制定的补偿安置办法实施细则（×府发〔1996〕167号文件）；新的补偿政策是1999年4月13日颁布的《C市征地拆迁补偿安置办法》（55号令），以及A区1999年7月16日发布的实施细则（×府发〔1999〕100号文件）。新的补偿政策已经废除了抚幼安置的说法，即16岁以下的未成年人可以获得同成人一样的安置，另外，补偿标准也有所提高，将人员安置费提高到了21000元。新政策明确规定，新办法自1999年1月1日起施行。有了政策依据之后，村民们再次找到镇政府，要求按照55号令的标准补发安置费。在农民的强烈要求下，1999年12月，复兴镇政府将货币安置费的标准提高到21000元，补发了3504元，并且也补发了以前抚幼对象没有得到的货币安置费，并与村民们签订了安置协议书。

进行人员安置时，龙家有16口人，但最终只有14口人得到了安置。老龙夫妇加上老龙的母亲符合养老安置的条件，办理了储蓄式养老保险；其他11口人办理了"自谋"，每人领取了21000元的货币安置费。但是龙家还有两个人没得到安置，一个是老龙的女婿小彭，一个是老龙的二儿媳妇。老龙的女婿虽然长期生活居住在龙家，但当时户口没有迁来，不被视为该集体的成员，所以没能得到安置。老龙的二儿媳妇因为是城镇户口，不属于征地农转非安置对象，所以也没得到安置补偿。

龙家对于二儿媳妇未能得到安置一事，觉得是花钱买了吃亏。当时花钱买了城镇户口，不但没有享受到上世纪90年代居民享受的各项政策，也不能享受现在的拆迁补偿等待遇，成了名符其实的"非工非农，两头无着"。但是，和二儿媳妇一样情形的人有好几个，大家都没得到安置，想到这些，龙家人心里觉得安慰一些。

征地"农转非"人员货币安置协议书

甲方：C市A区复兴镇人民政府

乙方：A区复兴镇沟坝村九社：×××

乙方系复兴镇沟坝村九社小组村民，属甲方国际培训基地工程项目征地"农转非"安置对象，本人自愿申请货币安置。根据C市人民政府〔1999〕55号令的有关规定，甲方同意乙方货币安置。甲乙双方就货币安置的有关事宜，达成如下协议：

一、甲方付给乙方货币安置费（土地补偿费和安置补助费）人民币21000元（大写：贰万壹仟元正），其中于1999年4月甲方按照市政府64号令已付乙方安置费17496元，甲方现实补乙方安置费3504元（大写：叁仟伍佰零肆元整），了结一切安置事宜。

二、乙方货币安置后，不得再向甲方或其他部门提出任何安置要求。

三、本协议一式四份，甲乙双方各执一份，并分送有关部门，均具同等法律效力。

甲方代表：×××　　　　　　　　乙方：×××

经办人：×××

1999年12月7日

但是，对于女婿小彭未能得到安置一事，龙家人却实在感到有些冤屈，因为早在1997年小彭就申请将户口迁入他的妻子洪妹的户口簿上。1997年11月4日，沟坝村九社召开了社员大会讨论户口迁移问题，大会同意小彭将户口迁入沟坝村九社，社员代表都签了字，村委会也同意并加盖了公章（见座谈记录）。第二天，小彭就向复兴派出所提交了入户申请，并附上社员的座谈记录。与小彭一同递交申请书的还有沟坝村九社的另外一个人，以及沟坝村7社的2个人。几个月后，小彭听说与他一起递交申

请的其他3个人户口都陆续批下来了,但他的却没批下来,于是1998年5月4日再次递交了申请。过了两个月,依然没有消息。小彭找到派出所,询问理由。

> "我去找到派出所,派出所的人说,复兴镇政府对户口是控制了的,你这个户口要迁来需要找镇上党委书记签字,签了字就给你办。他说我们是在复兴镇政府的领导下工作,为什么我们这个派出所要打复兴两个字在前头?他们(政府)不说话,我们不敢给你办。后来我去找镇上书记,他说他不管那个户口,这是派出所的事情。他们相互之间推过去推过来。说穿了,就是没送红包。我也找了人吃啊喝啊耍啊,并准备送点礼把户口迁来,但我的岳父人很正直,不让我搞这些,认为我们凭政策本就该迁来,为什么要去送这个礼?后来我也没去过问这个事。他们那几个(一同递交申请的那几个),说白了就是可能以什么关系办过来的,这个我们也说不清楚,找不到证据,不敢说别人。"❶

座谈记录

时间:1997年11月4日
地点:沟坝村九社李家院
主持人:×××(社长)

关于沟坝村九社LZH于1993年11月20日与A区木尔镇佛寺村十二社PZM在木尔镇结婚。结婚后LZH为了搞家庭养殖业,需要人手,家庭也无人照管,所以表决PZM长期在此,为了管理好养殖业和家庭,经社员大会讨论大家一致表决,同意A区木尔镇佛寺村十二社PZM同志一人在沟坝村九社入户。

社员代表签字如下:
(各户代表签字)

(村委会盖章)

---

❶ 访谈资料PZM20120223。

小彭写了两次申请，户口还是没迁来，当然那个时候他也并没觉得这户口有什么重要性，因此并没过多关注。但是到了1999年4月，当镇政府开始按照户口发放货币安置费时，小彭因为没有沟坝九社的户口未能获得安置费，而其他3个人却得到了安置。这时，小彭着急了，他又去找了A区的户政科和C市的户政处。

"我就一直不服，我找到区里的户政科，这个区户政科不做答复，后来我又去找的市户政处。我把材料拿给他看了，他问了我的情况，他说我这种情况应该办。他马上给A区户政科打了电话，让我回去找A区户政科的正科长。2000年3月8号，我又找到A区户政科。正科长是个女的，那天刚好过节，他就让找了副科长，我跟副科长说了市户政处的意见。第二天A区户政科打电话给我们村里的书记，让书记来通知我们去办。2000年的3月9号，我又写了申请，村里面出了证明，拿去办了。"❶

2000年11月14日，小彭的户口被正式批准转入沟坝村九社，因为沟坝九社被批准征用，派出所在户口上面盖了个"农转非"的章。小彭有了户口之后，就去找复兴镇政府安置。复兴镇政府答复说，虽然户口转来了，但已经超过了人员安置的截止日期（1999年4月30日），所以不能享受货币安置。至于住房安置问题，复兴镇政府询问了A区公安分局，A区公安分局对此进行了复函。复函中称：根据"C市地房局关于征地农转非遗留问题的函"C市地房函（1999）158号二款之规定："对政府第一次征地公告之日后因法定婚姻关系或扶养（赡养）关系或其他关系迁入人员，以及新出生的人员，可以农转非，但不享受农转非人员安置待遇，其住房安置可按市人民政府53、55号令的有关规定办理。"

复兴镇政府根据这个回复，没有给予21000元的人员安置费，在住房安置上根据政策给予了其他农转非人员一半的优惠（具体安置见下一节住房安置）。小彭对这一结果当然不满意，那些比他结婚晚的人把户口都迁来了，并且获得了全部的人员安置费和住房安置费，但他却只有半个人的住房安置。这一纠纷也成为龙家后来拒绝搬迁的理由之一。

---

❶ 访谈资料PZM20120223。

3. 住房安置

住房安置采用货币安置和房屋互换两种安置方式。

货币安置是指，农民原有的住房按照政府制定的住房补偿标准进行补偿，另外可以获得一笔货币安置款，❶农民以这笔安置款和原房的补偿款在市场上自由购买住房；房屋互换安置是指，政府统一建造安置房，农民可以用自己原有的住房按一定比例置换人均 18 平方米的新房，原有住房面积抵扣新房后，超额部分由政府按住房补偿标准补偿，不足部分农民向政府按 200 元每平方米补差。

1999 年 12 月，复兴镇政府与农民签订征地补偿、住房安置协议。大部分农民选择了房屋互换的方式，少数农民选择了货币安置方式。他们各自陈述了选择的理由。

以社长为代表的选择房屋互换的人认为政府提供的房屋比较有保障，社长说："当时百分之七八十的人选的是互换的方式。当时土地开发还很少，大家对国家政策不是很懂，只是觉得互换房这种形式很有优势，比方说有物管，而且便宜，每个月只要 8 块钱；还有就是如果这个房子修得不是很好，我就可以找政府嘛。"❷ 选择货币安置的人则想拥有更多的自由选择权。例如，社员 RXW 家则说："我在农村时一直住平房，住习惯了，害怕被分到 8 楼，不想去爬楼，而且家里还有个七八十岁的老人家，自己买的话就想住哪一层都行。以房换房要抓阄，害怕抓到 8 楼，容易漏水。"❸

老龙的 5 个子女都选择了货币安置，他们也希望自己能自由选择居住地点、自由选择楼层。但是老龙没去签订住房安置合同，据龙家的子女说，当时是因为狮子山的问题没有解决，他心中不痛快。后来复兴镇政府就把老龙视为选择了货币安置方式。

1999 年住房安置合同签订以后，复兴镇政府并没有及时支付货币安置费，直到 2001 年 6 月才通知社员们去领取住房货币安置款，货币安置费的

---

❶ 根据《C 市征地补偿安置办法》第 26 条的规定，货币安置款额等于货币安置住房合同履行时，征地拆迁范围相邻经济适用房平均售价与土地征用时砖墙（条石）预制盖房屋补偿标准之差乘以当地区县（自治县、市）人民政府根据本办法确定的应安置房建筑面积。

❷ 访谈资料 LHD20120203。

❸ 访谈资料 RXW20120304。

标准为11700元/人。根据C市55号令和A区的实施细则❶，征地批文下达时农转非人员为住房安置对象，因此老龙的女婿、二儿媳妇以及1999年至2001年出生的4个小孩不属于住房安置的对象。但是C市55号令和A区〔1999〕100号文件的规定，具有一定条件的人可以享受优惠购房。据此，复兴镇政府给予上述6人优惠购房的待遇，即每个人获得相当于安置对象一半的住房补贴——5850元。

征地补偿、住房安置协议

甲方：C市复兴镇人民政府

乙方：复兴镇沟坝村9社村民小组＿＿＿＿＿＿＿户主：×××

经市府×府发〔1998〕511、508号文批准征地，按《C市征地补偿安置办法》和《C市A区〈征地补偿办法〉实施细则》的有关规定，甲方组织人员对征地范围进行了清理。本着公开、公正、平等、合法的原则，甲乙双方就征地补偿、住房安置协议如下：

一、甲方应给乙方构、附着物补偿费合计为＿＿＿＿＿＿元，（大写：＿＿＿＿＿＿）

其中：(1) 树木补偿费：＿＿＿＿＿＿元

(2) 构筑物补偿费：＿＿＿＿＿＿元

(3) 其他：＿＿＿＿＿＿元

建筑物清理结果为：砖混结构＿＿＿＿＿＿m²，砖木结构＿＿＿＿＿＿m²，土木结构＿＿＿＿＿＿m²，简易＿＿＿＿＿＿m²。以上补偿费清单见附表。

二、乙方同意住房安置采用房屋货币安置方式。住房安置方式确定后，不得更改，并按区府×府发〔99〕100号文件、〔99〕116号文件进行建筑物补偿和住房安置，树木、构建筑物补偿费在住房安置时兑现。

三、青苗费及集体资产由甲方支付给村民小组，由村民小组按法律、法规规定支付给村民。

---

❶ 根据《C市征地补偿安置办法》(55号令) 第21条，征地批文下达之日前，持有房屋所有权证和集体土地使用权证的被拆迁房屋的征地农转非人员为住房安置对象。第25条 住房安置对象已婚未育的，优惠购房时，可申请增购1个自然间的住房，其价格按安置房建安造价的50%计算。住房安置对象的配偶或未成年子女为城镇户口，经审核在他处确无住房并长期与配偶或父母居住在征地拆迁范围内的，优惠购房时，可申请按建安造价的50%购买1个自然间的住房，与原户主合并安置。

> 四、乙方必须按甲方要求,交地给甲方。
> 五、本协议一式四份,甲乙双方各一份,其余两份送相关部门存查。
>
> 甲方代表:×××　　　　　　　　　乙方代表:×××
> 经办人:×××
>
> 　　　　　　　　　　　　　　　　　　　　1999 年 12 月 7 日

对于小彭和 4 个小孩只得到半个人的住房优惠,龙家不服。在划定住房安置期限的标准方面,镇政府和龙家各持己见。镇政府坚持以征地时间为住房安置的期限,并拿出 55 号令的第 21 条和第 25 条作为政策依据;而龙家人认为应当以实际的安置日期作为期限,认为这才是公正合理的做法。

> "那个人员安置是 1999 年那个时候就安置了,我们就不说那个事情了,因为那个时候户口没上起的就不该得。任何安置项目都有个安置期限,住房安置是 2001 年 6 月底才给钱,我这个户口是在住房安置以前就上起了户的,这应该得全额。还有我家里那几个小孩,都是在 2001 年 6 月底之前出生的,之前既没让我们搬家又没让我们领钱,凭什么不该安置?"❶

当龙家的安置请求被复兴镇政府以"政策规定"回绝后,老龙觉得"以理抗争"的做法行不通,必须"以法抗争"。纠纷出现后,老龙开始到处搜集与征地相关的法律文件、报纸、新闻,甚至购买了相关书籍,认真研习征地政策。在翻阅国务院 1998 年发布的《中华人民共和国土地管理法实施条例》时,老龙发现第 25 条第 4 款的规定对自己极其有利。第 25 条第 4 款规定:"征用土地的各项费用应当自征地补偿、安置方案批准之日起 3 个月内全额支付。"老龙认为,镇政府延期支付住房货币安置费以及构附着物补偿费,违反了法律的规定,首先构成了违约,自己有权拒绝领取费用,并要求重新安置。

---

❶ 访谈资料 PZM20120223。

4. 其他补偿费用

土地征用过程中，除了支付土地补偿费、安置补助费、青苗及地上附着物补偿费外，还需支付搬家补助费和过渡费，部分农民还可获得搬迁奖励费。

根据当时A区府发〔1999〕100号文件的规定，搬家补助费以户为单位一次性计发，3人及以下的每户300元，4人及以上的每户500元。临时过渡费按上述标准两次计发。因此，像龙家这样选择住房货币安置的农民，需要临时过渡，一户人家可以获得2次搬家补助费。

由于2001年政府要求农民搬迁时，统一安置房尚未修好，❶ 因此政府需要向选择了住房互换安置的农民支付搬迁过渡费，按100元/人、月计发，以实际过渡时间（拆除原房到交付安置房期间）计算❷。过渡费以批准征地时的在籍户口为准计发。老龙家由于选择了住房货币安置，政府只发给了500元/人的一次性搬迁补助，不再发放过渡费。

对于那些在规定时限内搬迁并拆除原有住房的农民，按200元/人的标准一次性发给拆迁奖励费，在规定时限内未搬迁和拆除原有住房的农民，不享受拆迁奖励费。与老龙家同批征地的4个社的村民，除了老龙家和另外一家外，其他农民都在规定时限内搬迁，因此得到了这笔奖励费，而龙家和另外一家拒绝搬迁，因此没有这笔费用。

整个征地过程中，老龙家十几口人获得的所有补偿费用加起来60万元左右（明细见表2-1）。1999年，龙家全家人一共领取了不到30万元的人员安置费，后来由于纠纷不断产生，龙家拒绝领取其他补偿费用，于是，2002年复兴街道将这笔补偿费提存至公证处。土地、房屋、牛舍、牛场设施、山林……，龙家所有以前赖以生活和生产的资源换来的是60万元的现金，人均不到4万元。据龙家人讲，这笔补偿款仅仅相当于他当时奶场2到3年的收入。

---

❶ 统一安置房是2002年4月交付的。
❷ 政府为了减少搬迁过渡费的数额，需要尽量压缩过渡时间，而压缩时间的方式就是直到土地被开发商开发利用时才让农民搬迁。这就是为什么沟坝九社1998年底就已经被征用，而2001年9月施工队进场时才通知农民搬迁的原因。

表 2-1 沟坝村九社龙××等 6 户人员安置、住房安置（货币安置方式）、构、附着物、原房补偿费明细表　单位：元

姓名	转非人数	住房优惠购房人口	人员安置费	住房货币安置款	一次性搬迁补助	搬家补助	原房补偿费	构、附着物补偿费	合计	备注
龙老大	3		63000	35100	1500	600	6612	1150	107962	
龙老二	2	1	42000	29150	1000	600	6612	340	79702	其妻：谭×× (2001.1.6)
龙老三	2	2	42000	34900	1000	600	7674.80	3140	89314.8	其子：龙×× (2001.1.6)
洪妹	2	1	42000	29150	1000	600	6184	1630	80564	
龙老幺	2	2	42000	34900	1000	600	8994.80	826	88320.8	其夫：龙×× (1999.8.7) 其女：龙×× (2001.2.18)
老龙	3	2	63000	35100	1500	600	16002.40	48756.51	164958.91	
合计	14	6	294000	198300	7000	3600	52080	55842.51	610822.51	

注：（1）表由笔者根据搜集的数据进行整理。
（2）龙家 11 人的人员安置费已领取，老夫夫妇及其母亲进行了保险安置，其费用转为投保费用。其他费用至今仍存放在 A 区公证处。

三、历史遗留问题：狮子山权属争议

（一）狮子山的历史

老龙屋后的那座山叫狮子山，在 1953 年土地改革时由龙家分得，并由政府颁发了产权证。当时狮子山为荒山，龙家在山上栽种了大量的树木和竹子，并且每年为此育有 3 分至 5 分的苗圃。1965 年"四清"运动时，社里将这三亩山林收归集体所有，当时山上有 240 多根松、柏树，但集体未给予龙家补偿，只是让龙家代管。在搞农业合作社期间，狮子山上的树被集体砍了一些修保管室、学校等，林地每年所产的柴火也由社员均分了。1958 年至 1967 年，龙家自己砍了一些树木出售，为此，他受到了党纪处分，出卖树木的钱也被集体收缴。

1979 年，在老龙的不断申诉、上访下，县、区、社三级联合调查组为落实他的党籍问题，实地清点了狮子山剩余的树木，查实 3 公分以上的树木 79 棵。联合调查组出台了一个处理意见，内容如下：

> 1. 1958 年至 1967 年，龙出售房后附属物树子 58 元和管理的树子 60 元，共计 118 元应当还给 LHX。
>
> 2. 1958 年到 1978 年，生产队先后砍去大的树子 83 根，折 10.123 立方米，应按"四清"运动解决，据 10% 分成折为 63.92 元，应由生产队付给 LHX。
>
> 3. 现有山林树子 79 根，折 2.44 立方米，应由生产队付分成报酬，每根平均按 0.80 元计算，共计 63.2 元，应付给 LHX。
>
> 以上三项共计 245.12 元，应由生产队付给 LHX 本人。

联合调查组虽然作出了处理意见，但生产队一直未支付这笔钱。当问及生产队为何一直未支付这笔钱时，老龙说生产队根本没钱，要向每家每户去收钱不大可能。老龙认为，生产队不给钱，他就可以把树林管着，作为自己的自留山或责任山。

1979 年至 1983 年，老龙担任沟坝村的党支部书记兼 9 社社长，狮子山实际上依然由龙家代管。1983 年底，老龙被免去村支部书记和社长的职务，调至两河口水库管理所担任所长。1984年，新的村支部书记和社长上任后，将狮子山林地按人均划分给各家各户经营管理，每年冬天，社员们都会到自家分到的林地上砍柴。

龙家对这一决定不服，向当时所属的××县护林指挥部上访，要求解决他与集体山林权属争议及林木管理报酬问题。1984年6月，××县护林指挥部作出了处理决定，全文如下：

关于对LHX同志要求解决山林权属及林木管理报酬的批复
××发（84）字第12号

复兴乡人民政府：

  你乡沟坝九组LHX同志，多次向上级来信来访，要求解决他与集体山林权属争议及林木管理报酬问题。1984年5月22日至5月30日，县林业局派员会同复兴乡人民政府对此问题进行了全面调查。乡人民政府和××区公所也签署了意见。现根据有关林业政策及此山林权属管理报酬历史和现状。特批复如下：

  一、关于复兴沟坝九组狮子山三亩山林的权属问题。在土改时，狮子山属于LHX家中分得，但在六五年"四清"运动时已明确归集体。应当维护1965年的决定，不再变动，划定自留山应根据现行农业政策，联系本地实际情况，结合群众意愿和农户的经营管理能力而定，要求以土改时划分的山林为准划定自留山是错误的，应当予以纠正。

  二、关于1997年以前的山林管理报酬问题。应当维护1979年县、区、社联合调查组意见和××区委1979年8月2日决定，历年来生产队欠LHX同志山林管理报酬等费用计二百四十五元一角二分（245.12元），应由生产队如数付给。××区公所、复兴乡人民政府，应责成沟坝七、九组立即付清，不能再拖。

  三、关于1979年后山林管理报酬问题。应当看到LHX同志主动管理集体山林，使集体山林免遭破坏，取得了较好的效果。我们应当支持保护这种爱林、护林、管理山林的积极性。虽然集体未落实给LHX同志管理，然而管理了，管好了，这确实是活生生的事实。这种精神是非常可贵的。但是管理报酬迄今未解决，究其主要原因，是由于1979年生产队未执行县、区、社联合调查组意见和××区委的决定所带来的结果，因此，1979年后的山林管理报酬应按1981年分队时清点给龙管理的79根树子折价395元，按三、七分成，龙得三成计118.5元，应由沟坝七、九组分摊付给LHX同志。××区公所、复兴乡人民政府应给沟坝七、九组作好工作，及时兑现。

> 四、沟坝七、九组应该分摊的山林管理报酬和其他款项计三百六十三元六角二分（363.62 元）付给 LHX 同志后，现在 LHX 同志管理的狮子山林木，由集体与 LHX 同志协商，或作责任山，签订管理合同，由 LHX 同志继续管理；或作自留山处理给 LHX 同志植树造林，发展林业生产，都是符合林业政策的，有利于建设林业事业的。这是长治久安，富国富民的好政策。我们应当提倡，绝不能无动于衷。对于那种以这样或那样的借口乱砍伐林木的行为，必须严肃处理，情节严重者，还要追究刑事责任。
>
> ××县护林指挥部
> 1984 年 6 月 12 日

虽然文件下发了，但没有任何组织和政府以及领导来落实这个文件，集体没有向 LHX 支付管理报酬，社员们也依旧在分得的狮子山林地上砍柴。由于集体迟迟未支付报酬，老龙继续上访。1988 年，由××县副县长召集了会议，对老龙反映的文件又进行了处理。会议纪要内容如下：

> ### 关于解决 LHX 管理集体林地等遗留问题的会议纪要
>
> 复兴乡沟坝村九组 LHX 同志山林权属争议及林木管理报酬问题。因长期未落实，今年又多次来县长接待日值班室上访。县长接待日值班室于 1988 年 11 月 4 日到沟坝村、组调查。1988 年 12 月 29 日，杨××副县长召集了县、区、乡、村、组（龙本人因事未到会）在复兴乡政府召开会议，专题研究解决这一问题。会议本着有利于发展生产，有利于安定团结的指导思想，以事实为依据，以政策为准绳的原则，通过反复认真研究，最终达成了一致意见：
>
> 一、关于复兴乡沟坝村九组狮子山三亩山林的权属问题，土改时由 LHX 分得，1965 年"四清"时明确归集体，应维持，不再变动。
>
> 二、1979 年以前的山林管理报酬问题，维护××发（84）字第 12 号文件的精神，由沟坝七、九组付给 LHX 管理报酬 245.12 元。
>
> 三、1979 年至 1982 年的山林管理，虽未明确叫 LHX 继续管理，但 LHX 事实上进行了管理，效果好，因此按 LHX1979 年前的管理报酬与林木产值的比例计算，即按 79 根树当时折 395 元的 10% 计酬，即为 39.50 元，现因队上有困难，由乡政府付给 LHX 本人。

> 四、LHX 历年欠队口粮款，按查账数为准。在 LHX 护林报酬款中扣清。
>
> 五、落实办法：由乡政府将上述解决意见通知 LHX 本人，大队代建锋书记在 1989 年元月 5 日前将龙欠队的账目及七、九队应付龙的钱交到乡政府，乡政府再交给 LHX 本人。
>
> 到会人：县、区、乡、村、组的代表
>
> 抄送：县委、县府、人大、政协、纪委、信访办、林业局、××区公所、复兴乡政府、沟坝村及其七、九组，LHX。
>
> ××县人民政府县长接待日值班室印
> 1988 年 12 月 29 日

对于这次会议纪要的内容，老龙一直不服，因为这次会议老龙没有参加，没有听取他的意见，分成比例也从 1984 年的 30% 降低到 10%。老龙也坚持，自己欠队里的口粮款已经补足。会议纪要发布后，集体仍然未支付这笔钱。在老龙看来，既然集体未付报酬，那么狮子山林地上树木的所有权应当归属自己，而且 1984 年 12 号文件也说过，不管是作为自留山或责任山都是符合国家政策的。

"要我把林地交给集体，集体总要给我一笔钱。1979 年清点的 70 多根树子是成了材的，至少是 3 公分以上的，可以做东西的，还有很多小的。如果要交回集体，就应该把三公分以下的树子也数了，把大树子和小树子的钱给我。他们说土地是集体的，树子就应该交给集体，但其他人的土地也是集体的，他们都没交我为什么要交？其他人自栽自种的都全得了，我自栽自种的为什么要拿出来分了？1984 年护林指挥部说的 30%，杨××的会议纪要说的 10%，社会主义的分配原则是多劳多得，还是多劳少得甚至多劳不得？这几十年中我没有得一分集体的钱。你不给我钱，我就自己管着。"❶

饲养奶牛后，老龙的主要精力放在奶牛养殖业上，狮子山的问题也就一直搁置在那里，其他社员也照常去山上砍柴，直到征地，这次纠纷才重新提起。

---

❶ 访谈资料 LHX20110710。

(二）狮子山纠纷案的诉讼过程

1999 年 1 月，复兴镇的工作人员开始清理树木，当承包地里和自留地里的树木清点完毕后，有人说狮子山上的树木还没清理，于是社员们都涌上狮子山去清点树木。社员 ZGH 回忆了当时的场景。

"当时许多社员跑到狮子山清点树木，龙家出面说不能数，这是他家的。大家听龙家这么一说，也怕得罪人。有人说，我一根树子，无所谓，还有人说别人怎么样我就怎样。大家就这种态度，没有很认真。镇上来清理树木的工作人员也拿不定主意，有人说写上，有人说暂时不写，过段时间再说。后来我就先走了，所以到底数没有我也不清楚。后来领的柴山竹林钱里有没有这笔钱我也不清楚。反正我也不识字，别人有的话我也应该有。"❶

九社的社长 LHD 和社员 RXW 确认，狮子山的树木没有按棵树清点，而是按照成片栽种的林木计算面积，每亩补了一定的钱（具体数字不记得了），这笔钱分到社员头上了。老龙为了获得狮子山林木的补偿，向复兴街道办事处❷提出请求，要求解决山林权属问题及报酬问题。2001 年 9 月，复兴街道对狮子山林地作出了如下处理决定：

> **A 区人民政府复兴街道办事处**
> **关于 LHX 反映集体林地遗留问题的处理决定**
>
> A 区人民政府复兴街道办事处原沟坝村九社社员 LHX 同志山林权属争议及林木管理报酬问题，因长期未落实，今年又多次向街道办事处反映，提出解决此事。街道办事处于 2001 年 9 月 17 日下午通知了 LHX 在复兴街道办事处解决 LHX 与沟坝村九社的山林权属和林木管理报酬问题，本着以事实为依据、以法律为准绳的原则，经过反复认真研究，现处理决定如下：
> 一、关于复兴街道办事处沟坝村原九社狮子山三亩林地权属问题，土改时由 LHX 分得，1965 年"四清"时明确归集体所有，不再变动。

---

❶ 访谈资料 ZGH20120304。
❷ 2001 年复兴镇政府改为复兴街道办事处。

二、山林的管理报酬问题，以1988年12月29日杨××副县长召集的县、区、乡、村、组解决的会议纪要《关于解决LHX管理集体林地等遗留问题的会议纪要》为准，LHX的山林管理报酬为284.62元（245.12+39.5=284.62）。但因此款至今未付LHX同志，本金284.62元按银行同期存款利息从1989年1月起开始计息至2001年9月14日止，所产生利息233.81元，因此LHX的山林管理报酬为518.43元。

三、三亩山林林木及附着物赔偿费：按《C市林地保护管理条例》第27条第2款第（2）项规定，并征求区林业局的同意，每亩出材量按6立方米，每立方米500元单价计算，三亩林地的补偿费为9000元。鉴于LHX同志主动管理山林，使山林免遭破坏，取得了效果，我们应当支持保护这种爱林、护林、管理山林的积极性，在广泛征求群众意见的基础上，决定对三亩山林的附着物补偿费按三、七分成，原社集体为三成，LHX同志分得七成，计6300元。

四、以上款项应及时兑现。

A区人民政府复兴街道办事处
2001年9月19日

龙家对这一处理决定不服，于2001年10月15日向A区政府提出了复议申请。❶ 他的理由和请求是：

首先，根据我国宪法规定：土地、森林属国家所有外，均属集体所有。申请人并非要求狮子山三亩山林的所有权，要求的是使用权和收益权。被申请人在"处理决定"中，混淆了所有权和使用权的概念。土改时分给我的三亩山林是所有权，1965年"四清"运动时已明确划归集体，对此，我不持异议。即便如此，根据当时的政策和中央"六十条"文件，是反对搞"一平二调"的，对"平调"了社员的财产，不适应返还的，也应进行经济补偿。从法律理论上讲，处理历史遗留问题，依照当时的法律、政策办理。在法制不健全的60年代，当时中央的"六十条"就应该是处理我三亩山林争议的"法律"依据。从尊重历史和结合现实出发，政府在1965年"四清"时仅是划定三亩山林的所有权。而我从1953年这三亩山林分给我时起，就栽种了大量的树木和竹子。我呕心沥血几十年，对这片山林进行了保护和养护。政府理应对我栽种的竹木进行补偿。

---

❶ 关于狮子山林地的行政复议申请书和行政诉讼系由老龙聘请律师代写的。

划走山林的所有权是一回事，我要求对山林上树木和竹子的使用收益权是另一回事。这是一个问题的两个方面。可惜多年来有关部门把这两个问题同等对立起来，混为一谈。这就是我多年来不服有关部门对这片山林问题处理的原因。

其次，多年来，我对此问题不断地上访。"文革"前后，每一次运动我都为此挨整挨斗，说资本主义思想严重，我的党籍一挂就是17年，使我身心备受摧残，物质遭受巨大损失。1979年，在我不断申诉、上访下，县、区、社三级联合调查组为落实我党籍问题，下发了一个意见，其中涉及这三亩山林的收益，规定其中10%的收益为LHX。1984年××县护林指挥部12号文，又规定这片山林的收益30%归LHX。1988年12月29日杨××副县长召集了县、区、乡、村、组，搞了个会议纪要，又规定山林10%的收益归LHX。2001年复兴街道办事处又规定山林收益70%归LHX。这四个文件都是以LHX对这片山林因进行了无因管理，而给付一定管理报酬的形式。其实申请人对这片山林的管理不是无因而是有因。从1953年分我这片山林起，我就一直栽种和管理着这片山林，每年为此育有三至五分的苗圃。1965年划山林的所有权归集体时，没按当时中央"六十条"文件精神对我栽下的竹木进行补偿，同时队里又叫我负责管理这片山林，1979年后落实政策时，仅是对我管理山林支付一点报酬。以上几个文件都是支付的管理报酬，其比例忽高忽低，前后不一，就是这样一个极不公平的待遇。由于有关部门的官僚主义，几十年来，一分钱实际上也没有给我。因几十年来，社里和公社乃至政府各有关部门一直没有付一分钱给申请人，所以申请人从法律上讲，也没有把这片山林的使用收益权移交给集体。因此不属申请人自动、无因管理。

第三，1984年××县护林指挥部12号文件第四点明确规定："沟坝七、九组应分摊的山林管理报酬和其他款项计三百六十三元六角二分付给LHX同志后，现在LHX同志管理的狮子山林木、由集体与LHX同志共同协商，或作责任山，签订管理合同，由LHX同志继续管理；或作自留山处理给LHX同志植树造林，发展林业生产，都是符合林业政策的，有利于建设林业事业。这是长治久安、富国富民的好政策，我们应当提倡，绝不能无动于衷"。然而，文件发了，没有任何组织和政府以及领导来落实这个文件。造成今天这种局面，并不是申请人的错，而是有关部门官僚主义的错。事实上，从1965年"四清"到现在，这片山林，无论集体经济组织和政府有关部门，都没有明确是谁的自留山或责任山。而申请人从1953年起至今都在栽种管理这片山林。由于责任不明，这片山林从1965年移交集体时240多根松、柏树，现在仅剩二十几根了。这是谁之错？本着尊重历史和顾及现实状况，申请人要求政府有关部门落实1984年××县护林指挥部12号文件，把这片山林作为我的自留山或责任山，不应是无理之谈，而是持之有理，论之有据。

第四，关于护林管理报酬：复兴街道2001年9月19日处理决定，其依据是1988年县里的会议纪要，从该纪要我们可以看出，从1965年"四清"到1982年止，17年里，申请人的护林管理报酬本金仅为284.62元，平均每年为16.72元，每月仅为1.39元。这么低的报酬难道是公平的吗？合理的吗？况且从1982年后护林管理的报酬该处理决定未提一字。就在这284.62元中，有118元是1979年落实解决申请人的党籍时，集体应当返还申请人的钱。（原因是1958年至1967年因LHX砍了自己屋后的树子，价格58元，被集体追缴。以及1958年至1967年的护林管理费60元。证据见LHX本人党籍档案材料43卷内61页）。所以申请人要求公平合理地解决几十年来护林的报酬问题。如果政府有关部门确定这片山林不属于申请人的自留山或责任山，就应支付申请人几十年来的护林工资以及苗圃地的费用。如果政府有关部门认定应属申请人的自留山或责任地，那么，申请人应拥有该片山林的收益权，依法追讨被集体所砍伐的竹林价金。总之，有关部门不能以山林的所有权和使用权都是集体的为由认为，申请人的管理是无因的，该付的报酬是极其低廉的。这样于情、于理、于法都说不过去。即便是无因管理，根据法律规定，无因管理之债，也是一种合法之债，其偿付标准与合同之债一样。

第五，被申请人的"处理决定"尽管明显不合理、不公平，但确定了两个基本事实。1. 申请人的护林报酬长期没有解决。2. 申请人的合法权益长期被侵害。该决定是按《C市林地保护管理条例》第27条第2款第（2）项规定，即以中龄林进行补偿。申请人认为应依防护林进行补偿。因为该山林是住宅地山后，具有保护水土流失、防止山体垮塌的作用。此外，没对申请人的苗圃地进行补偿。我育有五分苗圃，应按该条第2款第（4）项的规定，支付我7500元，同时，我还育有3700根竹子，按市价每根1元算，应赔我3700元。

第六，复兴街道的"处理决定"对申请人少得可怜的补偿、赔偿，并没有确定谁是支付主体，申请人也不知道该找谁要钱。

第七，根据林业部1996年10月14日发布的《林木林地权属争议处理办法》第12条规定："土地改革后营造的林木，按照'谁造林，谁管护，权属归谁所有'的原则确定其权属"，申请人的实际情况完全符合该条规定。

基于以上事实与理由，根据我国行政复议法第6条第（4）项、第（11）项、第15条第（1）项的规定，提出行政复议。申请人具体要求是：

> 一、明确规定这三亩林地作为申请人的自留山或责任山。
>
> 二、三亩山林的使用收益应100%归申请人。
>
> 三、由有关部门赔偿申请人的直接经济损失69855.97元。其计算方式和标准为：
>
> 1. 1965年"四清"时平调给集体的树子240根左右。1978年时还有79根，被集体砍去171根。按申请人1958年至1967年所卖树子每根40元左右计算，（其中经过了十多年时间的物价上涨）那么171根树×40＝6840元。
>
> 2. 1978年时所剩79根树子，当时折木材2.44立方，经过23年的生长，按增加一倍的木材量计算，约5立方米。按现市价500元立方，价值是2500元。
>
> 3. 依据征用林地补偿惯例，每亩林地产柴一吨，按0.30元/斤柴计算，每年3亩林地产柴价值900元×36年＝＝32400元。
>
> 4. 原集体无偿收去申请人卖树所得，有关部门明确表示退还的118元。
>
> 以上合计：41858元本金×2.25%（现行年利息）×36年利息＝33904.98元，本金41858＋利息33904.98元＝75762.98元。
>
> 四、赔偿申请人36年来上访县、区、社所花费用20000元。
>
> 五、赔偿申请人挨整挨批及精神损失费50000元。
>
> （摘自行政复议申请书）

A区人民政府认为，该"处理决定"内容中第1项系维持原"四清"运动的处理意见，没有给申请人设定新的权利义务，没有形成、变更或消灭行政法律关系，申请人仍受原有行政行为的约束，属于重复处理行为，且申请人对此亦无异议。该具体行政行为不属于行政复议的受理范围。"处理决定"第2项、第3项系对申请人与其所在集体经济组织沟坝村九社之间在山林管理报酬和收益分配等问题的争议进行调解及处理。《中华人民共和国行政复议法》第8条第2款规定："不服行政机关对民事纠纷作出的调解或者其他处理，依法申请仲裁或者向人民法院提出诉讼"。该具体行政行为也不属于行政复议的受案范围。因此，A区人民政府决定不予受理老龙的复议申请。

老龙对A区人民政府不予受理的决定不服，于是向A区人民法院提起了行政诉讼。在起诉状中，老龙声明了自己的诉讼请求，并陈述了事实和理由：

诉讼请求：

一、撤销被告所作的《A 区人民政府复兴街道办事处关于 LHX 反映集体林地遗留问题的处理决定》。

二、赔偿原告的直接经济损失 145762.98 元。

三、本案诉讼费用由被告承担。

事实和理由：

首先，被告和复议机关混淆了所有权和使用权的概念。原告多年来向政府有关部门要求的是沟坝村原九社狮子山三亩林地的使用权和收益权。被告和复议机关的有关"决定"是答非所问。故违反了行政复议法第 6 条第 4 项、第 30 条的有关规定。

其次，1953 年分我的是三亩荒山，我在荒山上植树造林，每年为此育有 3～5 分的苗圃。1965 年划山林的所有权归集体时，在移交清单上我栽有 240 棵左右的松、柏树和大量竹子。在没有任何补偿的情况下，当时生产队又叫我负责管理这片山林。其使用和收益权，当然应 100% 归原告。林业部 1996 年 10 月 14 日发布的《林木林地权属争议处理办法》第 12 条明确规定："土地改革后营造的林木，按照'谁造林，谁管护，权属归谁所有'的原则确定其权属。"显然，林业部的这个规定上的"权属"是指林木的使用权和收益权，而非林地的所有权，而我要求这片山林的林木使用权和收益权，也完全符合这条规定。

第三，复兴街道的"处理决定"其依据是 1988 年县里的会议纪要，即山林收益的 10% 归我，从该纪要我们可以看出，从 1965 年"四清"到 1982 年止，几年里，原告的护林管理报酬本金仅 284.62 元，平均每年为 16.72 元，每月仅 1.39 元。这么低的报酬难道是公平的吗？合理的吗？况且从 1982 年后护林管理的报酬该处理决定未提一字。就在这 284.62 元中，有 118 元是 1979 年落实解决原告的党籍时，集体应当返还我的钱。该"处理决定"的第 3 项是对原告进行经济补偿。标准是按《C 市林地保护管理条例》第 27 条第 2 款第（2）项规定，即以中龄林进行补偿。原告认为应依防护林进行补偿。因为该山林是住宅地山后，具有保护水土流失，防止山体滑坡的作用。此外，没对我的苗圃地进行补偿。我育有五分苗圃，应按该条第 2 款第（4）项的规定，支付我 7500 元，同时，我还育有 3700 根竹子，按市价每根 1 元算，应赔我 3700 元。该决定在补偿上是以我 70%，集体 30% 的方式进行的。既不合理，也没有完全依法进行补偿。

第四，就是这么一个既不合法又不合理的"处理决定"对原告少得可怜的补偿、赔偿，却没有规定谁是支付主体，原告也不知道该找谁要钱。

> 第五，复议机关认定"处理决定"是行政调解，故作出"不予受理决定书"是错误的。首先，行政复议法第30条明确规定：行政机关对土地、森林等自然资源的所有权或使用权的处理，当事人不服的，应当先申请行政复议。复议机关认为是"重复处理"一样混淆了所有权和使用权的概念。其次，复兴街道的"处理决定"是行政裁决，而非行政调解。
>
> 第六、复议机关口头向我解释说，这三亩山林使用、收益权属纠纷和护林报酬及补偿纠纷，是我个人与集体经济组织的民事纠纷。这种解说也是错误的。因为80年代初以前，我国农村集体经济组织，一直是政社合一。1965年"四清"时"平调"我的林木是政府行为，以后叫我管护山林也应是政府行为。1984年××县护林指挥部12号文在第4条明确要求将这三亩山林或作LHX的责任山，或作LHX的自留山，但当时乡里的负责人就是顶着不办。以后几个文件都有政府部门的牵头参与，并对有关事项作出种种规定，这怎么能认为我纯粹是跟集体经济组织的纠纷呢？况且，复兴街道所作"处理决定"时，我所在的集体经济组织已被撤销了。
>
> 综上所述：政府有关部门在解决这三亩山林的使用权和收益权问题上，具有认定事实上的错误和适用法律上的错误。其"处理决定"显失公正、公平。望人民法院依法作出判决，以维护我的合法权益。
>
> （摘自行政诉状）

经过法庭审理，一审法院判决维持原处理决定的第1项，撤销处理决定的第2项、第3项（判决书见附录四的第一个文件）。龙家起诉的真实意图是希望法院撤销原处理决定，并责令复兴街道补偿自己几十年来在狮子山投入的时间和精力，以及为狮子山所遭受的精神痛苦。但事实上，这样的希望远远超出了法院的权限范围，他的请求也不符合行政赔偿的范围。从法律上来讲，法院的判决并没有什么过错，但是在龙家人看来，法院的判决仅仅撤销了原来的处理决定而没有对狮子山的赔偿数额作出新的裁定，这一判决不但没有增加他们希望得到的赔偿数额，反而使原来可以得到的部分补偿都失去了依据。因此，龙家人认为，法院不但没有保护申请人的合法权益，反而损害了申诉人的合法权益，加重了申诉人的经济负担，完全背离了行政诉讼保护弱者的原则。于是，他提出了上诉。但是，上诉的结果一样。二审法院认为，上诉人提出的赔偿问题，不属被上诉人的职权范围，应属平等之主体间的另一种民事法律关系，应依照中华人民共和国民事法律相关规定予以解决，因此判决驳回上诉，维持原判。

整个狮子山纠纷案以老龙败诉作为结局，但在诉讼中老龙有了意外收获，那就是在一审审理过程中，法院调取了〔1998〕511号批文作为案件的证据，老龙于是第一次见到了征地批文的书面文件。通过对书面文件的仔细阅读，老龙发现批文上的土地面积和该社产权证上的面积不一致，这一发现成为此后老龙与镇政府博弈的砝码之一。

四、奶牛养殖业的春风

（一）背　景

2000年，中央作出西部大开发这一重要的战略决策，并随之出台了一系列政策措施。其中，退耕还林还草就是中央实施西部大开发战略、改善生态环境、彻底消除贫困的一项根本性措施。老龙家所在的地方位于长江上游地区，因此成为退耕还林还草的试点地区。2001年1月，A区政府依托国家西部大开发退耕还林还草项目，发布了《关于加快奶牛产业化建设的通知》（以下简称《通知》）。《通知》确立了全区奶业发展的总体思路：充分依靠国家西部大开发退耕还草（林）项目，大力发展饲草种植业，促进奶牛业大发展，实现生态效益与经济效益相统一；把大力发展奶牛业作为全区农业结构调整的重点来抓，通过几年发展从根本上使我区粮猪二元结构转变为向多种经营发展，实现农村经济总量的大幅度增长；把大力发展奶牛业与增加农民收入紧密结合起来，通过几年的努力使奶牛业成为全区农村经济新的增长点，农民增收致富的亮点；大力发展奶牛业必须与市场经济结合起来，积极引进龙头企业，建立"龙头企业+奶牛养殖户"的产业化模式，以"订单农业"的思路推进奶牛业发展；走政府宏观调控和市场调节相结合的路子，通过政府引导，采取资金协调、计划控制、指导扶持、信息服务等宏观调控手段和市场调节，确保我区奶牛业发展与市场需求对接。

《通知》确立的发展目标是：通过从外地引进优质奶牛和基础牛群的自繁扩群，力争到2005年末全区奶牛存栏量实现2万头，把A区建设成为C市最大的奶源生产基地，把奶牛业培育成为全区农业的支柱产业。为了实现此目标,要重点培育和扶持10个乡镇为优质奶源基地乡镇,而复兴镇成为首批启动的第一个基地乡镇。《通知》要求,到2001年末,每个基地乡镇奶牛存栏量达到400头以上。2005年存栏奶牛量达到2000头。

为了推进奶牛业发展,《通知》规定了一系列扶持政策,主要包括:

(1) 用地建房政策。奶农按规定建设标准化牛舍占地,视为农业用地,简化各种手续,减免有关费用。

(2) 保险政策。按保险原则积极推行奶牛保险,增强奶农抵御风险的能力。

(3) 扶持奖励政策。凡纳入基地建设的乡镇,新购进良种奶牛,由信用社和龙头企业按信贷原则分别按每头提供一定数额的贷款。各乡镇要积极组织资金支持信用社,确保奶牛户贷款的需要。区政府对养殖大户给予奖励支持。凡按规定标准新建或改建牛舍并饲喂奶牛的农户,经领导小组办公室验收合格,每头产奶牛按500元一次性奖励。

为了增强对下级政府和官员的激励,《通知》还规定了激励措施。"区委、区政府把奶牛业发展作为乡镇、有关部门的政绩来考核,建立考核责任制。从2001年到2005年,区政府每年从支农资金中落实200万元用于奶牛业发展。对工作突出的项目,乡镇主要领导和分管领导、相关部门及领导小组成员进行奖励。对工作不力,成效不佳的乡镇领导要批评通报,严重的要追究领导责任。"

复兴镇具有较好的奶牛养殖基础,为了在这次产业发展中抢占先机,在《通知》出台前几天,复兴镇政府就出台了《关于加快复兴优质奶牛基地建设的意见》(以下简称《意见》),决定对新购进的良种奶牛,由信用社和龙头企业提供4000~6000元/头的贷款;对按规定标准新建牛舍的农户,经验收合格,给予每户300~500元的补贴。此外,复兴镇也给各个村下达了指标,并制定一些奖惩措施。为了推进这项工作,复兴镇政府于2001年1月召开了动员大会,传达了《通知》和《意见》的主要内容,并动员大家积极饲养奶牛,作为养牛大户的老龙和他的小儿子LQ应邀参加了会议。

(二) 新建牛场

根据复兴镇奶牛发展项目的计划,首先由农民上报奶牛养殖数量,奶牛数量统计之后，复兴镇政府统一组织到浙江选购奶牛，并为每头奶牛提供4000元的贷款。对于长期养牛的龙家来说，奶牛发展计划无疑是个好消息，因此龙家积极响应号召，决定将养殖规模扩大，申请养殖35头奶牛。至于奶牛的选购，老龙认为自己养了很多年奶牛，能够识别牛的好坏，也了解奶牛买卖的渠道，所以就要求自己去买。后来他们去写了种畜引进申报表，申请引进35头奶牛，自己去陕西购买，获得复兴镇政府和A区畜牧局的批准。至于贷款，龙家当时并没申请，征地后全家领取的20多万元的人员安置费，加上以前的存款，用来修建牛圈和购置奶牛已经绰绰有余。龙家人现在回忆起这个事情来，后悔不已："我们当时商量去无息贷款，但转念一想，自己有钱，贷款反正也要还，就没去贷款，全部用自己的钱去买的。后来我们后悔了。如果当时去贷个10万20万的，我管都不管，他们就要给我解决，也没有皮扯了，反正我手头逮着一笔，管你怎么扯！"❶

龙家原来的牛舍是由猪圈改建而成的，最多只能容纳10多头牛，现在要扩大养殖规模，必须新修牛圈。2001年3月，龙家利用院子里的空地和屋前的晒坝修建了2间牛圈，面积总共为264.8平方米。❷ 牛圈是按照标准化的模式修建的，半人高的墙，利于通风，有粪沟，可以很轻松的排污。牛棚里面还安装了吊扇、壁扇。由于龙家有十几个劳力，所以修建牛圈费用不大，只花费了买材料和请泥水师傅的钱，据龙家人说，两间牛房加上设施总共花去五六万块钱。

在调查过程中，笔者向龙家人询问为什么明知土地已经征用但依然投资修建牛房的问题，龙家人认为一是因为政府没通知何时搬迁，他们需要继续生产生活下去；二是牛圈是政府鼓励修建的，并认为政府的种种视察和奖励行为是对其修建牛圈的认可。

"开发了之后，他也没通知你什么时候搬走。我们的牛还在发展，牛还在生小牛，还想着哪些牛要淘汰要杀掉，哪些牛产奶产得多需要引进。我有十几个人，这么大的一个家。虽然说户口都是各是各的，家各是各的，钱是各用各的，但牛是一起在喂。

---

❶ 访谈资料PZM201202231。
❷ 2001年1月A区国土局的牛舍勘测笔录。

有这么多个人，有这么大的开支。奶牛差的要淘汰，好的要去引进来。虽说这个地是征了的，你又没有通知我何时何年搬？我不可能就一直不做事情了。以前就只有八个人，该结婚进来的人不可能不进来、该出生的小孩不可能不生撒。家庭在扩大，牛在发展，所以说后来又再修了一个牛房。在我们自己房子旁边的地坝修的。我们晓得是住不了很久了，修的是简易的牛房，暂时把牛安置下来，把牛喂起来。我们又不是专门为了得那个钱去抢搭抢建。"❶

龙家人称，在修建牛舍前后，复兴镇党委、政府的主要领导都到建房现场视察和指导标准化牛舍的修建。牛舍修好后，复兴镇党委、政府还组织附近村社的领导和奶农召开现场交流会、参观标准化牛舍等。A区政府还组织市、区农牧渔业管理部门、卫生防疫部门到牛舍现场参观指导，区政府农办还根据《通知》的精神奖励给龙家3000元人民币。

刚推广奶牛养殖项目时，进展并不顺利，许多农民心存顾虑，不愿或不敢投资。龙家牛圈修好后，附近乡镇有很多想发展奶牛但又存在担忧的农民前来参观标准化牛场、询问奶牛养殖的成本收益以及讨教养殖技术。一时间，龙家门庭若市，热闹非凡，老龙也觉得特有面子。在老龙家的带领和示范下，一些农民逐渐打消了顾虑，开始向政府申请养殖奶牛。由于资金、技术、经验等限制，大部分奶农申请养殖的奶牛数只有一两头、两三头，就利用自己的空房子，比方说猪圈牛圈进行饲养。规模稍大一些的，就在住房周边新建一些牛舍。

在复兴镇，除了龙家外，还有另外一户奶牛养殖大户，名叫XYF（小徐）。他当时申请了28头奶牛的指标。徐家和龙家是当时复兴镇最大的两户奶牛养殖户。XYF原是复兴镇果园村的人。他家的地1997年就被政府征用，后来一直没有找到合适的工作。他听说奶牛养殖利润还不错，恰逢政府鼓励养殖，于是就打算把奶牛养殖作为一个事业来做。由于他家的土地已被征用，没有地方修建牛舍，复兴镇政府考虑到他申报的养殖规模比较大，就整理了一处征用过的但一时又不利用的地，免费提供给他修圈舍，但是约定政府要利用土地的时候，他要无条件搬走。2005年，政府要

---

❶ 访谈资料LZH20120223。

开发利用 XYF 建牛舍的土地，根据协议，他必须搬迁。他四处寻找合适的场地，但最终因为没找到合适的场地而放弃了奶牛饲养，将奶牛出卖或宰杀了。据 XYF 称，牛场拆除时，政府按简易房的标准对牛场进行了一定的补偿，一个平方几十块钱。

牛圈修好不久，老龙家的牛和政府采购的牛都相继拉回来了。政府买回来的牛要 8000 到 9000 块钱一头，虽然价格不菲但品质不好，许多奶农反映，从浙江买回来的奶牛产奶少，一头牛一天最多才产 20 来斤，甚至有些完全挤不出来奶。而龙家自己从陕西购买的奶牛费用在 6000 多块，而且产奶量普遍较高，一天能产七八十斤。由于奶牛挤不出奶，许多奶农就陆续把奶牛杀了。原本想赚点钱的奶农，不仅没赚到钱，甚至连本都亏了，于是找政府讨个说法。后来政府给奶农减免了一些费用才算平息此事。笔者与奶农 XYF 的谈话证实了此事。

问：从浙江买回来的奶牛大概要多少钱一头？

答：最少 8000 多块，也有 9000 多块的。当时政府计划的是 8000 元一头，所以贷款计划是贷 4000 块。实际上那些奶牛哪里能值这么多钱嘛，根本值不了这么多钱！政府鼓励和帮助农民生产致富的政策思路是好的，只是在实施过程中出现了些问题。我跟买牛的人一起到浙江去买的，为了引进优质奶牛嘛。我们去的人也不认识奶牛的好坏，买回来的牛大面积产不出来奶，也就是说浙江那边的人把我们坑了，骗了。许多奶牛户都亏钱了，好多奶牛因产不出奶都被杀了。

问：那些奶牛品质不好，那么贷款是否可以减免一些？

答：贷款连本带息都催着我还了的。我自己是还了的，我们是集约化了的，那些散户据说是政府补贴了一些。

问：你养奶牛贷了多少款？

答：一共有十几二十万元哦。❶

在龙家人看来，购买奶牛的事情是龙家和政府产生矛盾的初始缘由。老龙女婿小彭说："我们的牛是高产牛，也便宜，政府买的贵。至于这个

---

❶ 访谈资料 XYF20120228。

事情是怎么回事，我说不清楚，也有可能他们费用有这么高，自己买费用低些，也没有证据说谁在中间吃了钱。……政府就拉了这一批牛。后来，其他要发展奶牛的人就找我岳父去帮他买，都不找政府去买。既然喂牛，都想挣点钱，不出奶的牛能挣什么钱呢？……和我们一批养奶牛的人很多，只有我们是自己买的。我说这个事情，就是说我们跟政府产生了一个矛盾。"[1] 他们认为，自己去选购奶牛让某些政府官员少了吃回扣的机会，而其他人纷纷让老龙代购奶牛则更是断了某些人的财路。但是，养牛大户XYF是亲自去浙江购买奶牛的人之一，根据他的说法，他们去浙江买奶牛失败，主要是因为不能识别牛的好坏，上当受骗了。或许，这种想法只是龙家人与政府矛盾不断扩大和升级后的一种事后归因，但这种归因确实让龙家人带着一种不信任的态度看待政府的一切行为。

在动员发展奶牛的过程中，镇里要求村干部积极带头，沟坝村村委会于是采取了一些行动。沟坝村有一所小学，位于沟坝村4社，小学多年前与复兴镇中心小学合并，学生都迁往镇中心小学，校舍一直空着。沟坝村委会就将其中几间教室改建成牛圈，增添了便槽、牛枷、水池等养牛设施。牛圈修好后，村委会鼓励村民到此养牛。村委会曾向龙家借一些牛去养，龙家认为村干部是为了向镇里面邀功请赏、领取政府补贴，同时也担心政府来他家视察牛场时牛少了不好看，所以拒绝了村委会的邀请。因此，在当时的情形下，家中养有奶牛是一件骄傲的事情，也是一件能给政府脸上添光加彩的事情。

五、第一次强拆

（一）处罚决定书和处理决定书

2001年6月，复兴镇开发办通知选择了住房货币安置的转非人员办理相关手续，领取住房货币安置费，货币安置费的标准为11700元/人。龙家人因为老龙的女婿和孙子孙女的安置要求没有得到满足而拒绝领取住房货币安置款。

---

[1] 访谈资料PZM201202231。

2001年9月,复兴街道下达拆迁通知书,要求农民搬迁。其他农民陆续搬迁,但龙家以人员安置、狮子山林地、奶牛场安置等问题尚未解决为由,拒绝搬迁。龙家认为家中数人具有奶牛养殖技术,希望以后继续从事养殖业,要求政府安置一处合适的奶牛养殖场地。为了促使龙家尽快搬迁,复兴街道办事处副主任曾带领龙家查看过高岩村8社、上湾村1社、石盘河村6社、复兴村5社、沟坝村小学校舍等地,为其协调土地、修建牛圈。老龙自己也去寻找过几处场地。在查看的这些地方中,有的缺水,有的不方便排污,有的交通不方便,龙家没看中,而龙家看中的地方又处于规划区内,政府不同意养奶牛。最后龙家终于看中了高岩村8社和复兴村5社这两个地方。地点选好后,龙家要求政府为其支付土地租金,并补偿龙家新建牛圈等设施的费用,以便在新的场地上修建牛圈。复兴街道认为龙家2001年修建的牛场是征地之后修建的,且没办理书面的手续,属违法建筑,不给予补偿,要求政府支付场地租金的要求也是无理要求,不予承认。为了让龙家尽快搬迁,复兴街道办事处领导经过协商决定,将沟坝村委会改造后的沟坝村小学提供给龙家饲养奶牛,场地租用期限和租金由龙家与沟坝村委会自行协商。但是,沟坝村小学的饲养条件距离龙家的期望还差很多,而且对于自己支付租金的条件他们也不能接受。

"我原来的地方不需要付钱,现在把我的地方给你了,你还让我自己去拿钱租,我怎么愿意嘛。我这么大一个企业,搬个地方总有费用,搬迁要费用,场地要费用。我2001年修的牛场不赔,奶牛搬迁费也不给,我们为什么要搬迁嘛!"

"你来征我的地,你就应该把场地给我找好,把牛圈给我修好,我搬去搞生产就是了。你基本条件都办不到,你有哪样权力来征我的地?"❶

由于龙家拒不搬迁,于是A区国土资源局决定就龙家违法占地修建牛舍一事立案调查。2002年1月15日,A区国土局的工作人员来到龙家,询问占地一事。以下是国土局工作人员和老龙的对话。

问:我是A区国土局工作人员,就你修奶牛圈一事谈一下?

---

❶ 访谈资料LHX20090803。

答：可以。

问：你的奶牛圈何时修建？

答：2001年3月政府提倡喂奶牛时新建两间牛舍，简易的砖木结构。

问：现喂养的奶牛的数量有多少？

答：饲养了奶牛29头。

问：修建奶牛圈办理了用地手续没有？

答：没办用地手续。政府叫我修建，其负责人有陈××、龚××、郑××，本人提出申请，未获批准。

问：书面申请过建房没有？

答：根据政策规定，没有写过建房申请，写过养牛申请，申请交给了街道奶办。

问：建的牛舍占的什么地？

答：本人的空地。

问：2001年该地已由国家征用，怎么是你的地？

答：征地前是我的自留山、闲置地。

问：其他还有什么补充？

答：反正是政府提倡的，叫我喂牛的。

问：复兴街道协调你到原沟坝村小学饲养奶牛，是否同意？

答：地方不够，饲养不下。环保要求不符。本人同意到复兴街道高岩村八社建奶牛圈，此事已经刘××（街道办副主任）点头同意。但场地使用的费用要政府负责。

问：你在国有土地修建牛圈，未经有关机关批准，是不合法的，属违法建筑，我们将根据有关土地管理法律、法规，予以拆除。

答：我等你们来拆，反正是政府提倡我修的。

（摘自国土局询问笔录）

A区国土局工作人员了解相关情况后，于2002年1月26日召开了一个关于老龙安置及奶牛搬迁事宜的座谈会，座谈会在复兴街道办事处开发办召开，复兴街道办主任龚某、复兴街道国土所工作人员朱某、A区国土局工作人员徐某、老龙和老龙的三儿子参加了会议。

朱：奶牛场事情，我们也很支持奶牛产业，你们所建牛圈系在国有土地上，该建筑物不合法，办事处刘×主任也曾带领你们去查看过其他地方，为你户协调土地修建牛圈，但你们要求办事处为你们支付土地租金，这种要求不合理。经办事处研究决定：将沟坝村小学校舍租给你户使用，租金及租期由你户自行与沟坝村委会协商。

龙老三：我承认我们现在修的牛圈不合法，但你们叫我们搬到那里，我要求见合法手续。

老龙：该地是1998年征的，我所修建的牛圈是得到了承认的。沟坝小学作为牛圈我认为条件不好，养不下，我自认为我修的牛圈合法，应该无偿的划拨点土地给我使用，我现系非农业人口，我在集体土地上养牛，又怎么合法？我的意思是提供更宽的地方给我建牛圈，还有应该以地换地。

龚主任：作为你一家人，我们已打了很久的交道。今天开会的目的，第一是告知你们前来完善安置手续，下周三前完善。第二是把沟坝村小学租给你们使用，租金、租期由你们自己跟村委会协商。奶牛行业我们也很支持，牛圈的修建也要有手续，你修的牛圈没有报送什么材料给我们。现在土地权属已发生转变，你所修建的牛圈系违法建筑。办事处对你养牛也很支持，就土地事情我们只能帮助你协调，不会为你们支付租金，你认为沟坝小学地方不够用，你可以到其他地方去租，我们仍然支持你，并协助你办手续。林地问题你打官司我个人意见非常乐意，也非常欢迎，用法律来解决最好。

朱：你们被人员安置了，你们养奶牛并不是为了谋生，而是为了进一步提高经济收入，前面龚主任已说得很清楚了，希望你们支持与配合我们的工作。

龙老三：我就等你们来强拆了。

（摘自座谈会记录）

由于座谈会未能达成一致意见，2002年2月1日，A区国土资源局分别作出了《土地违法案件行政处罚决定书》和《土地管理行政处理决定书》，要求龙家限期拆除原住房以及新建的牛圈。

C 市 A 区国土资源局土地违法案件行政处罚决定书

A 区国土监〔2002〕5 号

被处罚人：LHX

　　住址：A 区复兴街道沟坝村原九社

　　案由：非法占地

　　案件来源：材料反映

　　现已查明：LHX 于 2001 年 3 月未经批准占国有空地 264.8 平方米建牛圈（地点：A 区复兴街道沟坝村原九社），LHX 的行为违反了《中华人民共和国土地管理法》第 2 条第 3 款的规定，为此，根据《中华人民共和国土地管理法》第 76 条第 1 款的规定，决定处罚如下：

　　责令 LHX 在接到本处罚决定书 7 日内拆除在非法占用的 264.8 平方米土地上的建筑物和其他设施。

　　如不服本处罚决定，可在接到本处罚决定书之日起，15 日内向人民法院起诉，逾期不起诉又不履行的，我局将申请人民法院强制执行。

2002 年 2 月 1 日

C 市 A 区国土资源局土地管理行政处理决定书

A 区国土监〔2002〕7 号

被处罚人：LHX

　　住址：A 区复兴街道沟坝村原九社

　　案由：征地后不交地

　　案件来源：材料反映

　　现已查明：LHX 房屋所在社的土地经 C 市×府地〔1998〕511 号文批准已全部被征用。对 LHX 的安置补偿已按国家建设征用土地的有关规定进行。而 LHX 以种种不当要求拒不拆除征地范围内的房屋交出土地。LHX 的行为严重阻碍了国家建设的顺利进行。为此，依据《中华人民共和国土地管理法实施条例》第 25 条第 3 款和第 45 条的规定，决定处理如下：

　　限 LHX 在接到本处理决定书 15 日内拆除征地范围内的房屋，交出土地。

　　如不服本处理决定，可在接到本处理决定书之日起，15 日内向人民法院起诉，逾期不起诉、又不履行的，我局将申请人民法院强制执行。

2002 年 2 月 1 日

龙家对处罚决定不服，认为自己是根据复兴镇召开会议时宣布的先建设后办理手续这种非书面批准方式而进行的建房行为，而且事后政府的参观和奖励也是对牛圈合法性的一种认可。令龙家人不解和气恼的是，半年前，自己还是复兴镇的红人，为什么半年后自己就成了"违法"者了。老龙于是向A区人民政府提出了行政复议，请求撤销A区国土局作出的《土地违法行政处罚决定书》。2002年4月21日，A区人民政府作出了×府复(2002) 6号《行政复议决定书》，维持原处罚决定。

龙家不服，于2002年5月3日向A区人民法院提出了行政诉讼，要求撤销原处罚决定书。龙家在诉状中称：

> 原告全家从1989年起开始利用自己家庭拥有的部分房屋从事家庭奶牛养殖，并依法以自己儿子LQ的名义领取了个体营业执照、税务登记证等个体经营手续。
>
> 2001年1月16日，C市A区人民政府发出×府发(2001) 11号《关于加快奶牛产业化建设的通知》（以下简称《通知》）。为推进A区奶牛业的发展，制定了一系列优惠扶持政策，其中有鼓励奶农按规定建设标准化牛舍和简化审批程序、减免费用等政策。文件下发后，A区复兴镇政府召集原告等奶农开会，宣布了上述通知内容，并同时宣布允许奶农可以先修建标准化牛舍，待符合疫病"统防统治"要求后补办建房手续，并奖励建设标准化牛舍的农户。
>
> 原告全家积极响应《通知》和会议的号召，于2001年3月在未按正式建房程序办理书面建房审批手续的情况下在原自己房屋相邻的空地上建设牛舍264.8平方米。为贯彻《通知》和镇政府宣布的政策，在修建牛舍前后，复兴镇党委、政府的主要领导陈××、龚××等到建房现场视察和指导标准化牛舍的修建。牛舍修好后，镇党委、政府还组织附近村社的领导和奶农召开现场交流会、参观标准化牛舍等。A区政府还组织市、区农牧渔业管理部门和卫生防疫部门到牛舍现场参观指导，区政府农办还根据《通知》的精神奖励给原告3000元人民币。
>
> 因此，原告建牛舍的行为尽管未办理书面审批手续，但由于有县、镇人民政府宣布的对奶牛的牛舍按先建房后办手续的政策，县、镇人民政府在房屋（牛舍）建好后通过召开现场交流会、给付奖金等行为认可其合法性，故原告所建牛舍是合法建筑，在拆迁过程中依法应享有补偿安置的权利。A区国土监字(2002) 5号《土地违法案件行政处罚决定书》认定原告"未经批准占国有土地268.4平方米属违法是事实不清，×府复(2002) 6号《行政复议决定书》认定该处罚决定书事实清楚的证据不足。被告应根据《通知》的精神和A区复兴镇政府召集原告等奶农开会时的政策，认定原告修建牛舍、使用土地的行为合法。
>
> （摘自行政诉状）

龙家向法院提交了以下证据：①×府发（2001）11号文《C市A区人民政府关于加快奶牛产业化建设的通知》；"国家计委简政放权：五类投资取消审批"的报纸复印件。②工商营业执照及工商登记行政管理费收据。③C市种禽引进申报审批表。以此依据和证据证明龙家有合法的工商登记手续。龙家修建牛舍是响应政府开办奶牛场的号召可以先用地，没有违法占地。④2001年5月23日原A区复兴镇人民政府通知。原告以此证明牛舍是在建好后，复兴镇人民政府才告知其是违法建筑，应拆除。

法院经过审理后，认为被告A区国土资源局出示的事实和程序方面的证据符合证据的客观性、关联性和合法性，法院予以采信。而原告龙家出示的证据，除了证据4被采信外，其他证据法院认为与案件没有关联，不作为定案依据。2002年6月26日，法院作出判决，维持原行政处罚决定（判决书见附录四）。后来，龙家上诉，二审法院维持了一审法院的判决。

（二）实施强拆

在行政处罚决定案件的诉讼审理过程中，由于施工进度的需要，A区国土局于2002年6月21日向法院提出了先予执行的申请。同一天，复兴街道办事处将应当支付给龙家的住房货币安置款、拆迁构附着物、原房补偿费提交到A区公证处，视为已经完成了对龙家的补偿安置。A区国土局在执行申请书中称，"该建筑物不及时拆除将严重影响××外语学院C市南翔翻译学院的秋季开学，因此为确保国家建设的顺利进行，所以根据《最高人民法院关于执行〈中华人民共和国行政诉讼法〉若干问题的解释》第94条的规定，特申请你院先予执行该处罚决定"。A区法院经过审查，于2001年6月25日作出裁定，准予先予执行行政处罚决定和行政处理决定。A区法院随后发布公告，要求龙家7月5日之前自动搬迁、拆除，否则依法强制执行。

2002年7月2日，A区法院举行了一次强制拆迁前的听证调查，国土局的工作人员、老龙的女儿洪妹和老龙的三儿子参加了听证调查。

第二章 纠纷案的过程叙事

> 审：被执行人子女陈述拒不交付土地、拒不拆除建筑的理由。
>
> 龙老三：我们在政府的提倡下，复兴办事处领导也来看了我家。我家的牛房是事实，区农业开发办给我家奖励 3000 元。发展牛是政府鼓励的，我们违背什么政策？
>
> 洪妹：没有合法手续，我的牛房无法搬迁。我们没有看到征地的相关手续。
>
> 审：复兴办事处征用土地有合法的相关手续。征用土地，土地上的住房、建筑物都应搬迁。被执行人之子、女称其牛棚不是非法建筑，不应拆除的理由是不成立的。被执行人如果能在本周星期五自己主动搬出，本院不强制执行。申请方给被执行人找住处，1 个月不交租金。沟坝小学喂牛的 6 个月不交纳租金。
>
> （摘自听证调查执行争议笔录）

龙家人说，他们确实无处可搬，自己去协调场地也比较困难，各个方面的关系都需要自己去处理，所以他们只能等着法院来拆迁。根据老龙女儿洪妹的说法："法院搬去还好点，自己搬去跟谁都没关系。法院把我们强拆到那里，我至少可以说是法院搬去的，其他人不能撬我走。"❶ 但龙家人没想到的是，三年后，他们最终还是被撬走了。

2002 年 7 月 5 日，村里的一个村民跑来跟龙家说："明天法院要来强拆了，手铐、警棍都是准备好了的，你们明天早点走哦，莫要去挡哦，要不然没得好下场哦。"法院强拆需要找一些民工干活，这个村民就是找去干活的民工之一。龙家人心想，留得青山在，不怕没柴烧，只要人完好无损，以后还是有机会的。7 月 6 日早上，天还没亮，龙家人抱着四五个小孩，带着随身衣服和贵重物品，离开了自己的家，到远处的山上躲起来。早上 8 点多，法院执行庭的警车、卡车、挖掘机等几十辆车来到现场，法警、民工、协助执行的干部、围观的群众加起来近千人。法院将龙家的奶牛和家具等物品搬出，在村干部的见证下进行了清点，然后运往沟坝村小学。家具搬完后，挖掘机将牛圈和房屋推倒。龙家人回忆说，站在远处的山上看着自己几十年的老房子和新建不久的牛场化为废墟，他们简直心如刀绞。

---

❶ 访谈资料 LZH201202234。

从强制执行那天起，A 区电视台连续播放了一个礼拜的宣传片，以一种胜利者的姿态宣告 A 区复兴镇最大的钉子户是如何被拔掉的。征地之前，老龙在复兴镇算得上是有头有脸的人物，他既是党员又曾担任过村社干部，而且也是当地的致富能手，村民们一直称呼他龙书记。连续一个星期的宣传让老龙觉得颜面无存，这种声誉上的损害比起经济上的损失更让老龙愤怒不已，并坚定了老龙必须为自己正名的决心，而正名的方式就是努力证明自己权利的正当性以及政府征地的违法性。

法院强制拆除房屋和牛舍分别产生了执行费 7410 元和 2500 元。法院作出裁定，对被执行人 LHX 在 C 市 A 区复兴街道办事处应领取的住房货币安置等款中分别提取 7410 元和 2500 元，并划至 C 市 A 区人民法院。A 区法院向 A 区公证处发出了协助执行通知书，从龙家存于公证处的安置款中直接划拨了这部分执行费。

C 市 A 区人民法院民事裁定书

（2002）××法执字第 508 号

申请执行人 C 市 A 区国土资源局，住所地：A 区双凤路。

法定代表人×××，局长。

被执行人 LHX，男，C 市 A 区复兴街道原沟坝村 9 社村民，住该社。

本院依据已经发生法律效力的（2002）××法非诉行执字第 64 号非诉行政执行裁定书，于 2002 年 7 月 1 日向被执行人发出执行通知，责令被执行人于 2002 年 7 月 5 日前履行义务，但被执行人至今未按执行通知履行法律文书确定的义务。依照《中华人民共和国民事诉讼法》第 222 条的规定，裁定如下：

对被执行人 LHX 在 C 市 A 区复兴街道办事处应领取的住房货币安置等款中提取 7410 元，并划至 C 市 A 区人民法院。

执行员：×××

2002 年 7 月 19 日

> **C市A区人民法院民事裁定书**
> **（2002）××法执字第509号**
>
> 申请执行人C市A区国土资源局，住所地：A区双凤路。
> 法定代表人×××，局长。
> 被执行人LHX，男，C市A区复兴街道原沟坝村9社村民，住该社。
> 本院依据已经发生法律效力的A区国土资源局A区国土监（2002）5号土地违法案件行政处罚决定书，于2002年7月2日向被执行人发出执行通知，责令被执行人于2002年7月5日前履行义务，但被执行人至今未按执行通知履行法律文书确定的义务。依照《中华人民共和国民事诉讼法》第222条的规定，裁定如下：
> 对被执行人LHX在C市A区复兴街道办事处应领取的住房货币安置等款中提取2500元，并划至C市A区人民法院。
>
> 执行员：×××
> 2002年7月19日

根据强拆前法院听证调查的意见，复兴街道为龙家提供了住房一套。刚开始老龙不接受一套住房，认为应当为每户人家安置1套住房，一共6套。后来复兴街道将钥匙交给法院，法院多次通知龙家去领取钥匙，2002年7月29日，老龙的妻子去领取了钥匙。此后，龙家的大部分人就住在沟坝村小学喂养奶牛，小部分人住在这一套过渡房中。

执行后几天，法院将强拆时的财产清单交给老龙，让他到沟坝村小学去认领自己的奶牛和家具。老龙认为财产数目差距太大，例如屋里的打米机、饲料粉碎机等物品没有搬出而直接被埋入废墟中，另外家中饲养的五只猎犬也被其他人牵走了，所以拒绝交接。后来，龙家去察看沟坝村小学的奶牛，发现由于牛圈不够，很多奶牛宿在露天坝，而且政府只指派了一个人给奶牛割草喂养，许多奶牛饿得快要倒下。龙家人于心不忍，于是搬进沟坝村小学继续喂养奶牛。

沟坝村小学的牛圈是2001年复兴镇发展奶牛时沟坝村委会为鼓励村民养殖奶牛而修建的，当时只改建了一间教室大的牛圈，龙家有20多头奶牛，牛圈根本容纳不下，大部分奶牛只能露宿，不少奶牛因此生了病，产奶量也急剧减少。为了把奶牛早日关进牛舍，龙家又赶紧买来材料，高价请来泥水师傅,连更赶夜地在小学的操场上修建了几百平方米的牛圈。此外,还修建了饲料池等其他配套的设施。由于复兴街道只提供了一套住房,大部分人没有地方住,于是龙家将沟坝小学原来剩下的几间教室用来居住。

在老家的时候,龙家可以在自己的承包地上种草,但搬到沟坝村小学后,由于没有地方种草,只能通过更多地收购草料,以及到更远的地方去割草来解决这个问题,这无形中增加了成本和劳动量。幸亏沟坝村小学离公路较近,龙家为了减轻劳动量,又购买了2辆农用卡车和一辆面包车,用来运输粮食、饲料、草料和牛奶。每天上午,每辆车上装几个人,开到很远的地方去割草,割好草后再把草拉回来。

牛舍、草料问题解决后,最难办的是水源。刚搬去的7、8、9月,正逢旱季,龙家20来口人和30来头奶牛每天的用水量达到5吨。由于没有供水设施,附近也没有水源,他们只能发动全家的力量到处找水,甚至开着农用车到很远的嘉陵江边去取水。他们曾经到附近沟坝4社的堰塘里去抽水,被当地社员发现后没收了抽水设备,因为这个堰塘因附近开发施工挖断了进水管,池塘的水已经难以维持附近社员的用水,加之龙家用水量太大,他们强烈要求停止为龙家供水。龙家也曾到街上消防栓上面接水,但也被制止。有的时候,他们不得不掏钱接小区住户里的自来水。后来,龙家只能买来水管和抽水设备,从很远的水库抽水。

(三) 复兴街道诉龙家返还住房

根据强拆前法院听证调查的意见,复兴街道为龙家提供住房一套,一个月不交租金,老龙的妻子于2002年7月29日领取了钥匙。一个月之后,复兴街道要求被告搬出房屋归还街道。老龙家正为强拆的事情愤愤不已,而且新建牛场又投入了一大笔资金,对街道的请求当然置之不理。于是,2002年10月22日,复兴街道向法院提起了民事诉讼。

第二章 纠纷案的过程叙事

> **民事诉状**
>
> 原告：C市A区复兴街道办事处，法定代表人：×××，职务：主任，住所地：×××
>
> 被告：LHX，男，汉族，C市A区人，住地：×××
>
> 请求事项：
>
> 1. 请求判令被告立即搬出所居住住房，归还原告；
> 2. 由被告承担本案诉讼费；
> 3. 并判令被告向原告给付租金。
>
> 事实和理由：
>
> 2002年7月，C市A区人民法院依据C市A区国土资源局A区国土监（2002）5号行政处罚决定，依法对被告LHX土地违法案件进行强制执行。在强制执行时，因被告无故没有去接受住房安置，造成自己没有住房过渡，由A区人民法院指定复兴街道办事处提供一套住房给被告临时居住，居住期限限定为1个月，即到2002年8月底止。原告即将A区复兴街道宝圣东3幢5-4#房屋，交给被告居住。现被告居住期限已逾期数月，因原告要出售该套房屋，多次要求被告搬出房屋归还原告，被告却仍强行占住该房，并明确表态：房子仍要继续住，但不给租金，也不购买这套房屋。
>
> 综上所述，原告认为，被告的强占行为已经影响了原告对该房屋的管理，无法行使自己的正当行为。为此，特依据我国《民事诉讼法》和《民法通则》之有关规定向人民法院起诉，请求人民法院依法判决被告立即搬出所强占房屋，归还原告，并支付逾期住房期间的租金，承担本案诉讼费。
>
> 具状人：复兴街道办事处
> 2002年10月22日

2002年11月15日，A区法院发出传票，通知老龙参加12月4日的开庭审理。12月3日，老龙和他的妻子去法院把征地补偿的过程以及这个房子的来龙去脉说了，并告诉法院他们正在申请确认法院的强制拆迁违法，法院认为这个财产纠纷案的审理需要以强拆是否违法一案作为审理前提，并且前期有很多纠纷未解决，因此作出了中止审理的决定。后来，龙家申请确认法院的强制拆迁违法一案结果出来了，A区法院确认强制执行合法。于是，2003年8月19日，复兴街道申请法院重新开庭审理。在法庭上，

情理与法理：权利正义观念的冲突与调适
——以一起征地纠纷案为例

原告复兴街道与被告老龙进行了激烈的辩论。

> 原代（原告代理人）：被告现在住的房子是原告的国有资产，有土地使用证和房屋产权证证明，被告住在这套房子里也属实，原告提供这套房子给被告是根据A区法院的指定，期限为一个月。被告实际领取钥匙的时间是2002年7月29日，实际居住期限从2002年7月29日至8月29日。现被告超期居住房屋，对超期的，应给付房屋占用租金，共12个月，2400元。原告多次要求被告搬离，也征求过被告的意见是否要买该房，被告表示既不给租金，也不买房，所以我们起诉，要求被告先归还原告房子，给付租金。
>
> 被告（老龙）：原告征地不合法，少批多占，违反了土地法，而且只有县级以上政府才可以征地。511号文件并不是南翔集团征地，而是国际科技学院征地，原告征地是用来炒卖，这是违法的。原告征地违法，强拆房子也是违法的，原告可以把房子给我还原，同时还要给另外5家人找过渡房，我只要求原告将我原来的房子在原来的土地上修好，原告要求我私了，我不同意，我还怕原告诈我。现在的房子我不会要，原告还要给我5套住房，我不管是不是过渡房。
>
> 原代：被告征地是否合法与本案无关，在安置时，被告接受了货币安置，所以房子是过渡房，而不是被告的安置房。A区公证处的公证书证明，被告在农转非时接受的是货币安置，原告已将住房安置款提存公证处，视为被告接受安置。
>
> 被告：我接受货币安置请原告出示证据，❶ 而且原告的资金在3个月内未到位，这是违法的。直到现在，都未给我安置，这是违法的。
>
> （摘自法院审理笔录）

对于这一案子，法院或许也感觉棘手，所以迟迟未宣判。事后，复兴街道的党委书记LCM（李书记）知道了此事，他觉得这种做法不妥，批评了相关工作人员，并责令撤回起诉。李书记发话后，复兴街道的代理律师找到老龙，希望与老龙达成一个和解协议，一起去把案子撤了。老龙死活

---

❶ 在安置时，老龙的几个孩子与复兴街道签订了住房货币安置协议，而老龙未与街道签订书面协议，后来街道将老龙视为选择了住房货币安置，因老龙家拒绝领取货币安置款等补偿款项，复兴街道将货币安置款存入了公证处，因此当老龙要求街道出示他接受货币安置的证据时，复兴街道拿不出书面协议。

不肯签和解协议，因为他清楚，"明明我两个写个合同，那是各打五十板子，各分摊百分之五十的诉讼费。我不写这个合同，就让法院判决就是了，判我输都可以"。❶ 在老龙看来，诉讼费用承担的比例会直接关系到自己在诉讼过程中的社会评价：如果诉讼费完全由复兴街道承担，就表明他是占"理"的。2004年4月，复兴街道只得自行向法院提出撤诉申请，申请书中写道："现 LHX 无故未领取征地住房货币安置款，实无住房，故让其暂住该案所涉房屋。现决定撤销对其侵占房屋之诉，但保留任何时候请求其搬迁之诉讼权利。"法院裁定准许复兴街道撤诉，并由复兴街道承担所有诉讼费用。

六、第二次强拆

（一）奶牛场的两次滑坡

沟坝村小学是老龙任沟坝村书记时村里集资修建的，后来沟坝村小学与复兴镇中心小学合并，校舍就一直空闲着。2001年，复兴镇鼓励发展奶牛时，沟坝村委会将小学部分教室改造为牛舍，供村民饲养奶牛。2002年，龙家被第一次强制拆迁时，法院和复兴街道将龙家的奶牛搬迁至此。此后，龙家就在此发展奶牛，并居住在此。2004年，沟坝村小学所在的沟坝村4社被双路工业园区管委会征用，主要用于工业园区建设。2004年6月，随着园区开发的推进，园区管委会通知龙家将奶牛迁至开发区外。但由于龙家前期的各种纠纷尚未解决，且现在奶牛养殖规模更大，场地更不易协调，因此龙家拒绝搬迁。

2004年9月19日下午，园区公路施工队在沟坝村小学旁边放炮后，沟坝小学的地坝出现小裂缝。19日晚上降下大雨。20日早上7点，龙老幺感到院坝里的一条约2厘米宽的裂缝逐渐在张大，地面开始下沉。他感觉不妙，赶紧冲进屋里将熟睡中的两个小孩抱出来。他一手提着一个孩子刚奔出房间，"轰"的一声，6间房屋整体垮掉，夷为平地。龙家人的钱物都埋在废墟里，一只狗也被埋在废墟中。地坝上一口装啤酒渣的池子被撕成

---

❶ 访谈资料 LHX201202121。

两半，中间形成一条6米长、3米宽、4米高的大口子。幸运的是，人员和奶牛没有出现伤亡。

事发后，复兴街道书记来到现场进行排危处理，并沟通协调临时避险地点。9月21日，A区国土局的专业技术人员进行了实地勘察。技术人员认为，产生滑坡的原因，是修公路将沟坝小学所在的小山削切为一孤山包，山包下公路离沟坝小学较近，公路边坡角较陡，使本身岩石已经十分破碎的岩体更加破碎，遇大雨或久雨的情况下，雨水沿裂缝渗透，使岩土体湿化膨胀、体积增大、重量增加，黏聚力降低，在不能承受自重的情况下而产生滑移。因此，诱发滑坡的因素为工程因素和雨水渗透。由于滑坡体极差，遇大雨或久雨可能再次出现滑动，并将危及小学教室内人员的生命财产安全，因此专业技术人员建议人员立即进行搬迁。21日，复兴街道办事处向龙家人发出搬迁避险通知，决定将原沟坝村村委会办公楼底层门市两间、二层会议室一间共三间和水研所底层房屋共两处供龙家人居住，并强令龙家人在9月21日下午7时前搬离险区。由于奶牛一时无处安置，35头奶牛就继续留在尚未垮塌的房屋中继续喂养。

2004年10月2日，正如技术人员所预计的那样，沟坝小学再次发生滑坡和房屋垮塌。然而，这次却没有前一次幸运，龙家的6头奶牛掉落于2米以上的裂缝里死亡1头，5头严重受伤，后陆续死亡。龙家人称，房屋垮塌时，双路工业园施工处长童××、大队主任××在场。

对于这两次垮塌所造成的损失，在龙家人看来，与其说是天灾，不如说是人祸。他们认为是施工队放炮造成奶牛棚垮塌，于是向双路工业园区管委会提出信访，要求赔偿。双路工业园区管委会认为，"造成信访人奶牛损害事实目前无充分的事实依据，与当时进行修路的施工队伍也没有直接关系。请信访人本着实事求是的原则，重新确定造成损害事实的行为主体，并提供当时处置情况和损害事实的有效依据，以便于反映的问题得到顺利解决。"龙家多次找有关部门，但均无结果。在多次交涉无果的情况下，龙家将这一损失归咎为最初始的征地拆迁行为，认为这是强制拆迁所导致的后果之一。

（二）龙家被诉返还校舍

经历过两次滑坡的沟坝村小学已经非常不安全，随时存在垮塌的可能。另外，园区施工进程也日益逼近沟坝村小学。2005年1月18日，沟坝小学的产权人❶——复兴镇中心小学向A区法院提出民事诉讼，要求老龙及其子女立即返还占住的沟坝村小学房屋。复兴中心小学在诉状中称：

> 2001年7月6日，C市A区国土资源管理局因被告土地违法案件，申请A区人民法院强制执行被告退还土地。在强制执行过程中，C市A区人民法院指定，由复兴街道办事处提供一处地方给被告暂时喂养奶牛，时间为6个月。复兴街道商请复兴中心小学校后，将该校的闲置校舍临时提供给了被告使用。期满后，原告多次要求被告及时搬离、退还房屋，但被告仍旧强行占住至今，致使原告无法有效地对该房屋进行管理、使用、维修。现该房屋因邻近工地施工受到很大程度的破坏，随时有垮塌的可能。为此，C市A区人民政府以×府办发〔2004〕231号文件对此安全隐患采取了搬迁的决定。为更好地管理、使用国家财产，避免安全事故的发生，原告决定要及时收回被告占住的房屋，在被告不同意搬迁归还的情况下，原告只好依法向贵院起诉要求被告立即搬迁，归还房屋。
>
> （摘自民事诉状）

龙家人认为这个案子与他们无关，他们并未和复兴中心小学有任何关系。他们在答辩状中称："该案内容与被诉人无关。因为奶牛场所需用房的被诉人与诉讼人无任何关系，我是2002年7月6日被A区法院强拆时，根据程序给我的过渡用房，所以与我无关。望贵院查明，否则保留我的其他诉讼权利。"至于复兴中心小学所提到的6个月过渡期的问题，他们说他们从未承诺只住6个月就搬迁，这都是政府单方面的决定。他们把沟坝村小学视为过渡房，如果法院和政府另外给他们找地点养牛，他们同意返还小学房屋。

法院经过审理，进行了如下判决：

---

❶ 复兴镇中心小学于2004年取得了沟坝村小学的产权证，成为沟坝村小学的产权人。但龙家人认为，这是园区和复兴政府为了让他们搬迁才让复兴镇小学办的产权证，小学起诉龙家也是园区和复兴政府变着法子撵他们走。

2002年7月6日，本院依法对两案进行了强制执行，拆除了LHX应拆除的房屋和非法建筑物，将土地交给了C市A区国土资源局。LHX的奶牛场及屋内搬出的财产，经A区复兴街道办事处与原告复兴中心校协调，搬迁至闲置的复兴沟坝村小学校舍。

本院强制执行后，五被告及家人便在复兴沟坝小学居住并继续喂养奶牛。2004年9月20日、10月2日，沟坝四社因建设施工及自然原因发生滑坡，致沟坝小学六间房屋发生垮塌。事发后，A区复兴街道办事处多次向被告发出搬迁避险通知，并将原沟坝村村委会办公楼底楼门市两间、二层会议室一间和水研所底层房屋两处供五被告选择居住，A区国土资源局作出了《关于复兴街道沟坝村四社滑坡地质灾害防治调查报告》，建议五被告搬迁，A区复兴街道办事处、C市双路工业园区管理委员会也向A区人民政府书面请求，要求被告奶牛场立即搬出。A区房产管理局也向被告奶牛场发出房屋安全隐患限期整治通知书。复兴街道办事处还向被告出具了"崩塌、滑坡、泥石流等地质灾害防治避险明白卡"，并告知安全注意事项及另找养牛场。审理中，被告LZH陈述现仍居住在原告校舍，其余被告均陈述房屋垮塌后未居住在原告校舍内，但均陈述奶牛仍在校舍喂养并达三十头之多。原告对校舍内现居住人员的情况不详。

上述事实，有原告陈述、被告答辩，原告房屋及土地证，搬迁避险通知，C市A区人民政府办公室转发区国土资源局关于复兴街道沟坝村四社滑坡地质灾害防治调查报告的通知（A区计办发〔2004〕231号），C市A区人民政府复兴街道办事处、C市双路工业园区管理委员会关于LHX奶牛养殖场搬迁的紧急请求（复兴街办〔2004〕81号），C市A区人民法院（2003）A区法确字第02号决定书，"关于复兴街道六间房屋瞬间垮塌"的情况说明；复兴街道办事处关于LHX奶牛场搬迁的情况说明，A区人民法院（2002）A区法行初字第39号行政判决书，A区国土监（2002）7号行政处理决定书，相关新闻报道，区房产管理局限期整治通知书及处理意见，避险明白卡，C市种畜禽引进申报审批表及庭审笔录随案佐证。

本院认为，原告复兴中心校系沟坝小学校舍的权利人，有房产证、土地证为据，足以认定。五被告共同养殖奶牛，LQ是个体工商户户主，LHX为实际的经营管理人这一事实应予认定。审理中虽然LZH称自己是帮其父LHX喂牛，LJ、LZT也未明确承认五被告共同养殖奶牛的事实，但LHX陈述其五子女均为养殖户成员，除四被告外还有一子LZB，结合五被告特殊的身份关系，应认定LHX的陈述是真实的，故本案五被告系家庭式共同经营养殖奶牛。

被告方辩称的主要观点为搬迁到沟坝小学养奶牛系A区法院强制执行搬迁的，是复兴街道（政府）安排的，没有规定时间为六个月，要归还房屋必须由政府安排好其他地点并赔偿损失方可。其观点显然不能成立。理由是，法院强制搬迁是依法履行宪法和法律赋予的职责，是为维护社会公平和正义，保护公民、法人和其他组织合法权益对拒不履行法律义务的人采取的强制手段，是国家意志的体现，不以任何人是否愿意为前提。被告LHX对土地征用，撤迁补偿安置不服，可依法保护自己的权利，而不能对抗法院依法执行。法院在强制执行搬迁中，被告LHX本应自己找好地方，安放财物，养殖奶牛。通过复兴街道与原告复兴中心校协商，为其指定在沟坝村小学临时喂养奶牛，其行为是一种道义上的支持行为，不是法律规定的或当事人约定的义务，被告理应充分理解其在沟坝小学喂养奶牛是当地政府的关怀，也是原告的帮助。由于建设施工的原因和自然因素，沟坝小学已面临很多安全隐患，不适宜被告久居使用，原告作为权利所有人，有权要求被告归还房屋，被告拒不交还房屋的行为侵犯了原告对财产的占有使用收益处分的权利，应当承担返还责任。被告辩解没有指定期限为六个月，因指定与否不影响本案的实体处理，故辩解不予采纳。至于被告的损失问题及必须另安排地方才能搬迁的理由不系本案法律关系，不予主张。据此，依照《中华人民共和国民法通则》第71条、第117条、第130条之规定，判决如下：

由被告LHX、LZH、LJ、LZT、LQ在判决生效后立即将占有使用的原告C市A区复兴中心校沟坝小学的校舍及房屋交还原告C市A区复兴中心小学校。

本案受理费50元，其他诉讼费550元，合计600元由5被告承担（此款原告已预付，执行时由被告直付原告）。

如不服本判决，可在判决书送达之日起十五日内向本院递交上诉状，并按对方当事人的人数提出副本，上诉于C市第一中级人民法院。

（摘自民事判决书）

（三）强拆前的调解

法院判决生效后，龙家没有搬离沟坝小学，实际上他们也无处可搬，全家二十来口人只有一套复兴街道提供的过渡房，30多头奶牛更是无处安放。由于龙家没有搬迁，复兴镇中心小学于2005年5月26日向法院提出强制执行申请书。法院考虑到该案情况特殊，为了更有效地化解纠纷、解

情理与法理：权利正义观念的冲突与调适
——以一起征地纠纷案为例

决矛盾，法院执行庭的工作人员从2005年6月至8月，在老龙家、复兴街道、双路工业园之间组织了9场座谈会（座谈记录见附录四），力求通过调解达成和解执行。

复兴街道、双路工业园提出了两种解决方案，一是龙家继续喂养奶牛的话，复兴街道和双路工业园为其协调奶牛场地，并提供一定的搬迁条件；二是龙家不再饲养奶牛的话，复兴工业园区以一定的价格买断。

刚开始，龙家一直希望继续饲养奶牛，因为他们全家养殖奶牛多年，积累了奶牛养殖的经验和技术，一旦离开农村，离开农业，他们原来的知识、技能往往大部分变得毫无用处，他们很有可能立即就从养殖业的专家变成没有专长、无依无靠的失业劳动力。因此，他们要求政府免费提供场地和补偿牛圈设施，以便继续饲养奶牛。但是根据当时的补偿政策，龙家的奶牛如同其他农民的牲畜一样，是属于能够带走的动产，能带走的东西农民自己处理，没有政策规定要对奶牛进行补偿。龙家修建的奶牛场经法院判决为违法占地，没有办理用地手续，不属于补偿范围。但是，为了保障国家建设的顺利进行，促使龙家尽早搬迁，复兴街道及工业园区愿意提供一定的搬迁条件，例如垫支3个月租金、提供每头牛200元搬迁费、补偿奶牛设施6万元。在政府看来，严格按照政策规定的话，他们没有任何义务提供各种搬迁条件，现在能提供的条件已经是对龙家的一种优惠。但是，对龙家人而言，他们参照的是原来老家的养殖条件。如果说以前饲养奶牛还有点利润的话，那么这部分利润很大程度上来自于以前老家免费的场地、免费的水源、丰富的草料和廉价的劳动力。奶牛饲养需要较大的场地，如果租用场地饲养奶牛的话，成本大大增加，那么利润将变得越来越薄。他们认为，政府征地应当进行等价足额的补偿，保持原有的生活和生产条件不降低，因此要求免费提供场地、支付奶牛搬迁费以及补偿奶牛场房屋及设施。但这一要求不能被复兴镇政府和工业园区接受。而且，更令龙家人感到不安的是，城市化的浪潮正像潮水一般涌来，不断挤占和压缩养殖业的空间，就算他们搬到一个新的养殖场地，恐怕不久之后同样面临再一次搬迁的命运。就像龙家二儿媳妇所说的那样："就算我们搬到龙新镇去喂了，最后也一样面临强拆。"龙家人商量后，希望政府能一次性补偿奶牛损失。

在奶牛补偿的具体金额方面，不同的人有不同的意见。龙家人希望补

— 94 —

偿的费用不仅包括奶牛的市值,而且应该适当考虑未来利益的损失,因此他们希望每头奶牛能补偿一万四五,最低也不能低于8000一头。作为补偿费的支付方,双路工业园区坚持先评估,然后根据评估价支付补偿金,他们请来了物价局进行评估,对龙家32头奶牛评估了18万。作为中间方的复兴镇政府,其领导成员也出现了不同的意见。在原复兴街道李书记看来,及时化解矛盾纠纷是更重要的问题,他说:"为了社会稳定和谐,我们要求要'尊重历史,面对现实,客观对待',这毕竟是少数,不带普遍性。要合理解决,怎么叫合理?按政策适度宽松点就解决了。我个人认为,当时解决1万块一头,他(LHX)当时绝对接受了。当时18万,每头才算6000,6000还是低了。……我当时认为这个也有点不合理。你不能看奶牛小就评估少点,毕竟他都养起的,如果不开发,那是他的。开发了就应该评高点。评估那些人翻书本本,说句老实话,解决农村一线问题,还是要基层干部从实际出发。我是长期转田坎的干部,我认为,解决农民的问题不能翻书本本。他的问题不带普遍性,应该放宽松点。我们基层解决问题是这样,带法律性、普遍性的政策,你去办了要惹发别人。个别性就是两码事了。"❶ 但是,其他一些领导成员认为,处理问题必须考虑示范效应,应当不给其他乡镇留难题,也不应当给自己处理后续类似问题留难题。原复兴街道杨主任在谈到处理纠纷问题的原则时说:"我们的处理原则是:不违背大政策、不给后面留难题。具体来说,有具体政策按政策处理,无政策有先例的,套用先例,既无政策也无先例的,就创造性地提出解决方案,但是考虑不留后遗症。"❷ 因此,在龙家的奶牛安置问题,杨主任主张不能给出太高的补偿条件,因为复兴街道范围内饲养奶牛的农民还很多,如果对龙家给出了很高的补偿标准,其他农户都会要求以此标准进行补偿,也会给其他区县政府带来很大压力。所以在座谈记录中,我们发现杨主任提出了这样的问题:"要搬迁我们即使给他租好地方,那租金谁来承担?不可能租金一辈子由政府承担。奶牛的评估价有6000元的,也有4000元的,到底按什么价格计算,我们复兴像LHX这种情况的很多,奶牛还有70~80头。"❸ 在与龙家人的访谈中,龙家的二儿媳妇也意识到了

---

❶ 访谈资料 LCM20120820。
❷ 访谈资料 YG20120220。
❸ 文档资料"法院调解 LHX 案的座谈记录"。

情理与法理：权利正义观念的冲突与调适
——以一起征地纠纷案为例

政府的这种行动逻辑："其他养牛的喂得少，一般只有 3~5 个，我们是几十个，在复兴镇基本上算最大的，在 A 区也算大的。（政府）主要是压我们，把我们压下去了他们才好走。我们不走，他们都不走。政府就是为了杀一儆百，把我们强拆下去了，其他养牛的人就会走，因为我们家的奶牛最多。"❶ 老龙讲述调解过程的时候，也发现了政府部门内部的分歧："我找街道协调三次，法院执行庭也调解了 3 次。LCM 书记三次都承认了，就是下面 YG、NJH、WAH、CDY，他们几个不承认。7 月份我第一次去找 LCM 书记，他为了避免跟他个人谈，就把 YG、NJH、WAH 等人喊到人大主席 WDG 的办公室，他们五个人，我一个人。LCM 说，老龙，一万二三的牛你喊价一万四五，我个人可以同意。其他几个人没有反对，我以为他们承认了，就去跟法院讲。在法院调解时，LCM 和 WDG 没去，YG、NJH、WAH、CDY 他们几个去的，他们几个不但不答应，他们说是代表学校来收房子。第二次，8 月几号，我又去找 LCM 说，又是喊那几个人一起。我说，7 月份牛价格高，现在价格跌了，一万四五的牛没有了，我说 1 万块一个。LCM 也认为我想解决问题，可以承认。我去和法院讲，法院通知他们几个来调解。法院以为 1 万块没得问题，但他们几个又不同意。8 月 7 号，我又去找 LCM，依然是那几个人参加。我干脆说再少点钱，8000 块钱一个。8 月 8 号法院再来调解，他们还是不同意。他们 8000 都不给，我们就没办法了。最后 8 月 19 号就强拆了。"❷

由于双方谈判的起点差距太大，虽然各方都认为自己已经作出了巨大的让步，但仍然难以达成协议。龙家认为，自己已经从一万四五一头牛的要价降低到八千元一头，不能再作出让步；而园区和复兴政府认为自己已经提供了政策以外的额外补偿，也不能再增加补偿。最终调解以失败告终。

调解失败后，法院于 2005 年 8 月 19 日上午强制执行，将龙家的奶牛 32 头（其中小牛 8 头）强制搬迁至 A 区龙新镇一处养殖场。法院强制执行后，通知龙家人去养殖场接牛，场地事宜由龙家与养殖场主协商。龙家当时正在愤懑之中，未去接牛。9 月 5 日，复兴街道再次打电话让龙家去

---

❶ 访谈资料 TYH201202122。
❷ 访谈资料 LHX201202122。

接牛。龙家人毕竟割舍不下自己的奶牛,于是去龙新镇看了自己的奶牛。到达龙新奶牛场后,龙家人发现,32 头牛少了 7 头,还有 2 头牛在生病,剩下的奶牛中还有几头不是他们家的。有了沟坝小学强拆一事后,龙家认为如果没有政府出具的正式用地的手续,他即便到龙新养牛,可能最后同样面临着强拆的命运。再加之奶牛的数量不对,龙家更是拒绝接牛。据复兴镇街道杨主任回忆,龙家的奶牛在养殖场由别人喂养了几个月后,死的死,病的病,后来复兴街道和园区商量就将其拍卖,共拍得 5 万多元钱。龙家人说,奶牛拍卖政府并没通知他们,所以拍卖的具体时间和金额他们并不是很清楚。

2005 年年底,快过年的时候,龙家人到复兴街道要求政府支付生活费。在他们看来,奶牛是他们全家的生活来源,牛被政府拉走了,他们没了生活来源,而拉走的牛每天在产奶,因此他们要求领取奶牛的奶款。当时复兴街道刚把奶牛拍卖了,他们在 5 万多元的拍卖款基础上增加了一点钱,凑足 6 万元整,付给了龙家。龙家打了领条,领条上写的是"奶款"。但是对于"奶款"二字的含义,笔者在访谈中发现,龙家和街道有不同的理解。龙家人认为,他们领取的是奶牛产奶的钱,而复兴街道认为,他们支付的是奶牛本身的钱。

七、强拆后的生活

(一) 贫困的生活与破碎的家庭

在沟坝村小学强拆时,龙家暂时栖身的沟坝村委会办公室也被一并拆除。之后,龙家人除了老龙居住的一套过渡房以及龙老大早年自己购买的一套商品房外,再无其他住所。为了减少家庭支出,在老龙居住的三室一厅的过渡房中(70 多平方米),住着老龙夫妇、老龙的二儿子一家 3 口人、老龙的三儿子和他的一对双胞胎孩子。小小的家中拥挤不堪,每个卧室摆了两张床以后,几乎只剩下过道了(见图 2-6)。由于家中实在挤不下,老龙的女儿一家和龙老幺一家只能在外面租房子住。随着时间的流逝,龙家孙子孙女们都逐渐长大,孩子们都需要一个安静和独立的学习生活空间,晚上孩子要写作业的时候,大人们就在外面到处溜达,直到孩子写完作业才能回家。龙家最迫切的希望是拥有自己的住房,但是,随着房价的飞涨,龙家附近的商品房已达到七八千元钱一平方米,龙家人靠打零工赚的钱维持房租、生活费、学费等日常生活开支已经捉襟见肘,更不要说购买商品房了。

图2-6 龙家的一个卧室

  A区公证处还存放着龙家尚未领取的近30万元的补偿款,但龙家人一直未去领取。当问及为何不去领取这笔补偿款时,龙家人回答:"必须完善他们的手续,他才能把存钱的手续给我们领钱。去签了字就意味着承认接受他们的各种补偿标准。……你要领这个钱,必须答应他的条件,领了钱其他都没得谈的了,你也不能去找他了。我家里还有这么多问题没解决,我当然不会去签这些字。"❶另外,随着时间的流逝,这笔钱对于解决龙家的各种问题已经是杯水车薪,还不如不去领这个钱,为上访多留一个"补偿安置不到位"的理由。

  由于没有住房,也没有奶牛作为生活来源,以前的财产也在两次强拆中损失殆尽,龙家的生活陷入了困境,家庭的危机也随之而来。老龙的4个儿子中,龙老大离了2次婚,龙老三和龙老幺也离了婚。龙老大的第一次婚姻虽然在第一次强拆前就离了,但与征地也有着一定的关联。据老龙的女儿洪妹回忆说:"我哥哥一二十岁就在建筑队开车,国土所经常用他的车,所以他们(老大和龙玉贤)关系就比较好。镇政府去找到国土局的龙玉贤主任让他做我们老大的工作。单独拿2万元钱给我们老大,解决一

---

❶ 访谈资料LQ201202122。

套房子，那时候2万块钱还是很值钱撒。那时候正通知搬家，该安置住房的都去签字了，我们嫂子就愿意拿这个钱，愿意去签字，但是老大是龙家的人，都是姊妹，他怎么可能去卖这个良心？就因为这样，两夫妻开始闹离婚。你说离婚征地没有关系嘛也有关系。"❶ 龙老大与第一任妻子离婚后，2004年又再婚，婚后生了一个儿子。再婚时，第二任妻子以为龙老大不仅有一套商品房，而且很快能分得一套安置住房，谁知纠纷闹了很多年，不仅房子没分到，而且龙老大还要经常照顾这个大家庭，两人为此经常发生争吵，终于在2008年离婚。离婚后她本来是把孩子留在龙家，后来看龙家照顾不过来，于是带着孩子回了娘家。龙老三和龙老幺的婚姻很大程度上跟家庭的住房和经济情况相关。在与龙家三儿媳妇的访谈中，她提到了离婚的主要原因："主要是觉得结婚这么多年了还没房子，生活没得意思得，烦得很。在沟坝村小学那时候还有个住处，大家在一起喂牛，还觉得没什么。后来连住处都没得，想起嫁给他真造孽。钱也没得一分，所有的钱包括自谋钱都拿来喂牛了，包括我原来打工的钱都没有了。"❷ 2007年离婚后，她租住在离龙家不远的一个地下室里，靠推着小车卖早点为生，因舍不得自己的双胞胎孩子，她也经常回去看看孩子，给孩子买些东西。龙老幺也于2008年离了婚，离婚后妻子杳无音信，两个孩子留给龙老幺抚养。对于龙家几个子女的离婚，政府机构和个别村民说，他们是"假离婚"，是为了向政府多要安置房。❸对于外面流传的信息，龙家人感到特别生气，他们反驳说，如果是假离婚，为什么要等到后来才离婚，早就应该在1998年征地时就离了，而且应该是5个子女一起离，为什么老龙的女儿和二儿子到现在还不离？

龙家的生活每况愈下，与此形成鲜明对照的是，龙家人对以前老家生

---

❶ 访谈资料 LZH201202235。
❷ 访谈资料 TQH20120220。
❸ 征地拆迁过程中，为了多分安置房或多得一些补偿安置款而"假离婚""假结婚"的现象比比皆是。2006年5月25日《南方周末》报道，C市人和镇，一个人口只有两万多的小镇，2005年，一共有1795对夫妻离婚。与离婚率同样高的是再婚率，再婚的条件只有一个：城镇户口，且没有住房。其中，一个名叫集乐村的村子竟然百分之九十五的夫妻离婚、再婚。这一切都源于C市1999年出台的征地补偿安置办法所暗含的信息："一、一对夫妻只能分一套房，但离了婚单独立户，就可以各分一套房，并以优惠的价格购买；二、配偶为城镇户口且无住房，可以申请多分配一间屋。"

活的怀念与日俱增。他们怀念从前团结和睦的家庭氛围、怀念月进万元的牛场、怀念家中的每件器物，至于农村生活曾经给他们带来的烦恼、痛苦，他们则采取了选择性遗忘，留在记忆里的大多是以前生活的美好片断。

"以前我们喂牛的时候，每个月结账都要结几万块。如果喂到现在的话，不说多了，少说也要上千万块了。"❶

"前些年，区里县里到我们家来耍的干部很多，他们都说，整个A区像我们这样四水归堂的大院子就此一家了。后面有山，前面有石坝，坝子前面还有树子。现在的别墅还没有我的房子好，虽然我家是土房、瓦房。……他（指老龙）妈的大床是8根柱子的，有三层围栏，比天下第一床还好得多。强拆的时候被打烂了。"❷

"八几年的时候我们第一家买了电视机，好多个生产队的人来我们家看电视，我们一天忙得不得了，那些人悠闲得很，很早就跑来看电视来了。那个时候，我们起了很多带头的作用。"❸

"你可以去了解一下，我以前那个家，是多好的一个家啊，当时没有几个家庭能像我们这个样子，当时我80年代就自己掏钱去学车，是××县自费学车的第一批人，到C市去学的。……我现在倒是有房子住，你看我的弟弟妹妹这么多人挤到一个屋里，家里什么东西都是东拼西凑的。这些椅子、家具都是从我一个开歌城的那个亲戚那里搬来的。就是这样将就过，过了有十来年了。"❹

（二）漫长的上访路

现实生活的窘迫，征地前后强烈对比所形成的相对剥夺感，这一切促使龙家将上访和申诉作为改变家庭困境的唯一出路。老龙是家里最有见识

---

❶ 访谈资料 LHX20090803。
❷ 访谈资料 WHL201202121。
❸ 访谈资料 LZH201202231。
❹ 访谈资料 LZB20120304。

和威信的人，上访、申诉的重任自然就落在老龙肩上，而家中的年轻人则通过打零工维持生计，另外，也为上访上诉提供资金支持。当然，老龙进京上访时，有时候家人也陪同前往。虽然在第二次强拆前龙家就一直通过各种方式维护自己的权益，但那时因为还要饲养奶牛，他们的维权抗争只是零星的，但第二次强拆之后，老龙就无事可干了，于是他把所有的心思都扑在"上访"上面。每周一是A区法院信访接待日，周三是A区政府信访接待日，从第二次强拆到现在，老龙每周一和周三都去信访办，风雨无阻，从不缺席，除非是生病起不了床或者去了外地上访。除了每周例行去A区区级部门信访外，老龙也去市级、中央各部门上访。老龙和家人到北京上访过三次，去过国家信访局、国土资源部、最高人民法院等部门，也曾直接向国家领导人寄送信访材料。目前，老龙已是复兴街道乃至A区政府眼中最难缠的老上访户之一。

1. "访友俱乐部"

与老龙家同时征地、同批安置的4个社的农民共计700多人，但龙家是迄今为止唯一一家尚未接受安置的农民。作为原来四个村社中唯一的养牛大户，他与村民之间缺乏共同的利益诉求，因此他在原来的群体中是作为一个"孤独者"存在的。事实上，由于村民们选择了不同的安置方式，他们已经散居到各个地方，因此原来的集体已经完全解体了。以前和龙家关系还不错的村民们最大程度上只能给予道义上的同情，除此之外，他们没有能力和动力给予实质上的帮助和支持。在整个纠纷过程中，龙家也遭受了不少的"污名化"❶，这导致龙家主动或被动地与原来的村民疏远了。但是，在与其他上访者的交流中，老龙找到了"志同道合"的感觉。

在A区每周一和周三的信访接待时间里，老龙认识了许多来自不同街道、乡镇的老上访户。他们在交谈中发现，他们有着相似的命运、相似的看法，采取了相似的抗争手段，于是这些同病相怜的老上访户们结成了一个松散的组织，笔者将其称为"访友俱乐部"。这些上访户们经常到一家一块钱可以喝一下午茶的小茶馆喝茶聊天。据老龙介绍，这些访友们都是四十几、五十几、六十几岁的人。几乎每天都有访友到茶馆喝茶，人多

---

❶ 龙家被第一次强拆时，A区电视台把龙家作为反面典型，在电视上连续播放了一个星期的报道。

时，有十来个人，人少时，五六个人。在这个小茶馆内，他们讨论和交流各种与征地拆迁相关的信息，例如最近中央又出台了些什么政策、领导人对征地拆迁发表了什么讲话、地方政府有哪些地方违法、某某诉讼官司是怎么打的、某某人的纠纷是怎么解决的、哪个律师事务所的律师比较擅长打征地官司等等。只要某一个访友找到一份相关文件，那么这份文件很快就会在访友中流传。只要一位访友发现政府某个地方存在违法行为，其他访友都回去对照自己的纠纷案，查找政府是否存在同样的违法行为。例如，老龙发现批文中的土地面积与产权证面积不符，其他访友也纷纷回去查阅自己村社的集体产权证面积和批文面积是否相符，结果发现，绝大多数的批文都存在这种情况。除了交流信息外，访友们也经常以实际行动来支援其他访友的抗争。例如，某位访友要与政府谈判解决方案，他可能会叫上他比较信任的几位访友前往助阵。某位访友打官司，需要证人，其他访友会出庭作证。例如，奶牛养殖户 XYQ 与政府打官司时，老龙和其他几位同是奶牛养殖户的上访户都出庭作证，证明当时奶牛的市场价值、奶牛养殖业的收益等事实。

这种松散的"俱乐部"形式不同于以往学者提到的抗争组织形式。于建嵘（2004）在中国中部地区的调查显示，农民的以法抗争是一种"有组织抗争"。这种组织具有以下几个特点：①具有一定数量的意志坚定的抗争精英；②具有明确的宗旨；③成员之间有一定程度的分工，客观存在领导与被领导的关系；④具有一定的决策机制；⑤具有一定的激励—约束机制。于建嵘也指出，这种自发组织还处于非正式阶段，即没有得到政府有关部门在程序上的认可，在组织形态上也尚未结构化。❶ 应星（2007）认为，在于建嵘的研究中有两大缺陷：一是他的研究有较强烈的情感介入和价值预设；二是他夸大了农民抗争的组织性，尤其是政治性。他发现，农民利益表达采用的是弱组织化的"草根动员"方式，农民群体利益表达机制在表达方式的选择上具有权宜性，在组织上具有双重性，在政治上具有模糊性，而造成这一状况的一个很大原因是农民维权行动中的"合法性困境"的阻碍。❷ 老龙等人采用的"俱乐部"形式既不同于于建嵘所说的

---

❶ 于建嵘. 当前农民维权活动的一个解释框架 [J]. 社会学研究，2004（2）：49-55.
❷ 应星. 草根动员与农民群体利益的表达机制——四个个案的比较研究 [J]. 社会学研究，2007（2）：1-23.

"有组织抗争"的方式,因为成员之间不存在分工和领导关系,也没有一定的激励—约束机制;但也不同于应星所讲的"草根动员"的组织形式,因为每个成员都是积极的行动者,都有着强烈的表达愿望,他们无需草根精英的动员。在老上访户看来,"访友俱乐部"为上访户们提供了一个交流信息、获取情感和行动支持的平台。但是,它的作用也仅限于此。由于访友们来自不同的地方、征地的时间有先有后、征地时适用的法律法规也有所不同,所以访友们也难以采取统一的集体行动。而且,这些上访户也刻意避免多人一起上访,因为一不小心就被定性为"聚众冲击国家机关""非法集会"等违法犯罪行为。这个俱乐部里的大部分访友曾一次或多次因为上访而被行政拘留。这个访友俱乐部的成员也在发生流动。据老龙介绍,那些纠纷涉及的金额较少的,一般十几万元以下的,基本上都解决了,剩下的都是金额比较大的纠纷,有些诉求金额高达上千万元。

在政府基层部门看来,分散居住、分而化之、各个击破是减少信访、化解矛盾的一条重要的经验。复兴街道办杨主任曾这样讲道:"住房安置方面存在问题。现在集中统建的方式,农民集中居住,有什么意见一呼就应,容易产生社会矛盾。安置房成为矛盾的聚集地。……如果采用住房货币补偿,让他们购买商品房,分散居住,这样不易产生大的社会矛盾。"❶因此,对于"访友俱乐部"这样的交流和沟通平台,基层政府的工作人员基本持一种否定的态度。他们认为,访友们的交流造成相互之间的怂恿和攀比,这不仅无助于信访问题的解决,反而延缓了解决的过程。双路工业园区管委会稳迁处FGS处长(范处长)如是说:

> "信访机制存在一个问题。你说信访好不好?我觉得这确实是给群众一个申诉的渠道。A区每周三是信访接待日,有了这个渠道之后,许多人聚集在一起,这相当于给他们提供了一个相互更加偏执的平台。他们交流的内容是,某人提到他的房子多少没赔,其他人就附和,说按照某某文件应该获得更高的赔偿,而他们依据的文件内容往往是断章取义的,此人一听就觉得更加有理了。他继续上访,上访转交下来,我们又要给他们解释。……比方说我们和某某老上访户谈好了一些解决方案,他回去跟其他上

---

❶ 访谈资料 YG20120220。

访户一谈，其他人说'你这个条件怎么就接受了？'他转眼又变了。上访户之间存在一个比较，他并不在于得多少，只要别人比他多得一分，他心里就不舒服。"❶

2. 流于情感宣泄的上访

自纠纷产生以来，老龙就采用过协商、复议、诉讼等方式来试图解决各种纠纷，但多次协商未果，复议维持原决定，诉讼也是屡诉屡败，最终他只能采用上访的方式。根据《信访条例》第 21 条第 3 款的规定："信访事项涉及下级行政机关或者其工作人员的，按照'属地管理、分级负责、谁主管、谁负责'的原则，直接转送有权处理的行政机关，并抄送下一级人民政府信访工作机构。"据此，每次上访的结果都是转送到复兴街道办事处和双路工业园区。既然老龙与复兴街道和工业园在上访前就无法达成和解，信访转交下来后依然原地踏步，于是老龙只能继续上访。但后期的上访常常由于是重复上访而被拒绝受理。随着时间的流逝，房价越涨越高，龙家租房的支出越来越大，龙家要求的补偿也越来越高，但是金额越大，政府解决的难度也就越大，于是陷入了一种"权益受损→投入维权→维权不成→权益进一步受损→加大维权力度和利益诉求→维权更难成功"的恶性循环。虽然无数次上访都没有效果，但直到现在，每周一和周三的信访接待日，老龙照去不误。根据老龙的叙述，每个信访接待日，他都会去登记，然后和其他信访人一起破口大骂，想骂谁就骂谁，骂完之后下周再去登记再去骂。对于老龙而言，此时的上访已经演变为"一个有过程无结果的情绪释放过程"。❷在这里，信访制度充当了一个"安全阀"的功能，通过让上访户表达不同意见和释放不满情绪来暂时维护社会的稳定。但是，就如科塞所言，"通过'安全阀机制'，目标可以被替代，使得敌意不至于指向原初的目标，但是这种替代也要由社会系统和个人付出代价：他会减轻迫使系统发生变动以适应变化了的条件的压力，并使紧张由于阻塞而在个人中积聚起来，这样就造成了毁灭性爆炸的潜在性。"❸

---

❶ 访谈资料 FGS20120228。

❷ 董海军，代红娟. 农民维权抗争的无效表达：流于过程的情感行动——对西安 Y 区征地抗争事件的解读 [J]. 人文杂志，2010 (5)：169 – 176.

❸ [美] L. 科塞. 社会冲突的功能 [M]. 孙立平等译. 北京：华夏出版社，1989：34.

第二章　纠纷案的过程叙事

在一次次上访、一次次等待、一次次失望后，龙家人感到解决的希望越来越渺茫。在访谈中，他们表达了采取更激烈的抗争方式的想法，尤其是洪妹和小彭一家这种想法更是明显。最近发生在小彭老家的征地又给小彭家重重一击。当初小彭千方百计将户口从木尔镇老家转到洪妹家，为的是能够获得征地补偿安置，但这边的补偿安置一直没有落实。现在，小彭老家所在的地方土地也被征用，由于小彭户口已不在老家，所以他又没能获得人员安置和集体资产的分配。更重要的是，C市已经普遍实行征地农转非人员养老保险制度，如果是征地农转非人员，可以获得政府高额的社会保险补贴，只需缴纳城镇企业职工基本养老保险费用总额的50%。由于小彭既不属于沟坝9社征地农转非人员，又不属于老家征地农转非人员，所以他是既没获得征地补偿，也不能享受被征地农转非人员基本养老保险的优惠待遇。两头落空的小彭和洪妹一家人，一说起征地，情绪就表现得异常激动。

> "我们一大家子在农村搞得红红火火，现在啥都没有。反正我什么都没有，要房没有房，要钱没有钱，儿子也已经长大了，不是2岁、3岁还需要照顾。反正就是什么都没有，我们也不怕。前段时间我身体莫名其妙发胖了，我以为有什么病。现在就等着哪天自己生病了或者走不动了，随便租个车子出来，撞死几十个人算了。事情弄大了就好解决了。人逼急了都是这样。"❶

---

❶ 访谈资料LZH201202231。

第三章 权利正义观念的冲突及其根源

一、两种权利正义观念冲突的表现

赵旭东曾经指出,日常纠纷、求神的活动和人们相互的评说是考察乡土社会正义观念的三个方便之门。❶ 照此说法,上文所描述的这个长达十多年的征地纠纷案则为我们考察农民和政府官员的权利正义观念提供了一个极好的素材。要考察纠纷双方的权利正义观念,需从双方诉求的内容和理由说起。

2007年2月,龙家人曾向A区区委、区政府和复兴街道提出了一份《遗留问题协调申请》,申请书中提出了14条他们认为合情合理的权利诉求(见表3-1)。2008年1月,复兴街道针对这些诉求给予了书面答复,陈述了理由及处理意见(全文见附录四)。

表3-1 龙家的诉求与街道的答复

序号	龙家的诉求	街道的答复
1	6户人共490平方米的房屋,申请产权调换	经查,你子女LZB等5户均签订了"征地补偿、住房安置协议",选择了住房货币安置方式,其住房安置款和其他拆迁补偿费用已通过A区公证处公证存入每人名下,有关部门已多次通知本人完善相关手续并领取各项费用。你本人未书面选择住房安置方式,但多次询问过你,愿货币安置住房。鉴于此,复兴街道于2002年将你的住房安置款和其他拆迁补偿费用通过公证存入方式已存入你名下,相

---

❶ 赵旭东. 乡土社会的"正义观"——一个初步的理论分析 [M] //王铭铭,王斯福. 乡土社会的秩序、公正与权威. 北京:中国政法大学出版社,1997:584、590.

第三章　权利正义观念的冲突及其根源

续表

序号	龙家的诉求	街道的答复
1	6户人共490平方米的房屋，申请产权调换	关部门也多次通知你完善手续并领取费用。在强拆前，法院听证会上协调我处为你提供周转房一套（门牌号为复兴街道一期农转非安置房3幢4-4号），时间半年，并自付租金，但你从房屋拆迁后一直居住至今，未付任何房租。 处理意见： 1. 请你户及时到我处完善征地农转非住房安置手续，我处将严格按照有关住房安置政策进行办理。 2. LZB、LZH、LZT、LQ、LJ5户，自行到A区公证处领取房屋安置款。
2	共6人的安置，6户人的财产损失赔偿	经查，你家共有农转非人员3人，已全部进行了保险安置，其母黄××因死亡退保领取了养老本金；其子女LZB、LZH、LJ、LZT、LQ共5户11个农转非人员已全部接受了人员安置，领取了安置费、土地补偿费和安置补偿费；对你孙子、孙女、女婿安置情况和财产问题作以下答复。 处理意见： 1. 1999年4月25日至30日期间，沟坝村九社农转非人员已按照市政府64号令进行了人员安置，并发放了安置费。同年12月5日至10日，按市政府令第55号规定的标准补发了人员安置费。根据55号令精神及市土地行政主管部门的解释，1999年4月30日为沟坝村九社转非人员安置的截止时间。你的媳妇TYH征地时系城镇人员，不属于征地农转非安置对象；你的孙女龙××（1999年8月7日出生）、孙子龙××（2001年1月6日出生）、孙女龙××（2001年1月6日出生）、龙××（2001年2月18日出生），均是安置完毕后出生的小孩，不属于征地农转非安置对象，因此不予农转非人员安置。 2. 1999年4月9日，经C市公安局批准沟坝村九社全体人员农转非后，你对女婿PZM的转非安置问题提出了异议，A区公安分局对此进行了复函，认为PZM不属于沟坝村九社征地农转非人员，因此不予征地农转非人员安置。

续表

序号	龙家的诉求	街道的答复
2	共6人的安置，6户人的财产损失赔偿	3. 你的孙子、孙女、女婿PZM、媳妇TYH等共6人，已依照市人民政府55号令和A区人民政府×府发〔1999〕100号文件精神，按优惠购房人员进行了货币安置，安置款已通过公证存入各户名下。 4. 6户人的财产损失问题：当时是A区人民法院于2002年7月6日依法进行了强制拆除，请你按法律程序办。
3	其中280平方米的牛房、牛场设施赔偿及补偿	经查，我处与相关部门工作人员到现场勘量，你所修的牛圈建筑面积是264.8平方米。该牛圈系政府已征用你社全部土地后，你于2000年（此处可能为笔误，准确时间应该是2001年。——作者）3月在国有土地上违章修建的，无任何建设、规划审批手续。根据C市第一中级人民法院〔2002〕C市一中行终字第264号行政判决书，已认定你在沟坝村九社所建的奶牛场建筑物系违法用地，依照C市人民政府第55号令规定不予补偿。
4	狮子山林地及林权地的补偿和补助	经查，根据原江北护林指挥部××发〔1984〕字第12号文件，狮子山3亩林地权属已明确归集体，原沟坝村七、九社应付给LHX管理报酬，但合作社认为LHX的报酬已在以前所欠的口粮款中冲抵了，所以山林在征地前划给了本社农户，征地时已进行了清理补偿兑现。 处理意见： 请你户与原沟坝村七、九社本着公平、公正原则进行协商，我处可以予以协调解决争议。
5	搬迁后奶牛的治疗费、牛奶产量下降的损失	沟坝村九社农转非后，你不按规定搬迁，法院依法按程序对你的奶牛、房屋进行强制搬迁，所以对于你所提出的要解决的问题，可以通过法律的有关规定进行解决。
6	2001年10月—2002年7月断路、水、电、草料的损失	经查：从2001年10月28日起停电是因原沟坝村九社欠缴电费，电力供应部门采取停止供电措施，是电力供应部门按其规定停电。 由于沟坝村九社被征地农转非后，该社已撤销建制，全社的村民都进行了安置拆迁。施工单位进场施工，按施工进度将道路、用水设施撤除。

第三章 权利正义观念的冲突及其根源

续表

序号	龙家的诉求	街道的答复
7	搬迁人员的过渡费至今未领取	经查：1. 我处已按住房货币安置方式，通过公证提存支付你本人的住房货币安置款，并且在强拆前提供了周转房一套供你户居住；你从房屋拆迁后一直居住至今，未付任何房租，因此不存在要计发拆迁房屋过渡费问题。 2. 你的子女 LZB、LZT、LJ、LZH、LQ 5 户，已选择了住房货币安置方式，我处已通过公证提存支付了住房安置款和一次搬迁补助费，所以也不存在计发过渡费问题。
8	用于看家的猎犬 5 只	经查，法院在强拆时的登记中没有犬只的记录。 处理意见： 请你提供养犬的依据后，按相关规定进行办理。
9	上访费和精神损失费	处理意见： 该问题不符合相关要求，没有政策依据，不予考虑。
10	2002 年建于沟坝小学的牛房、牛场设施的赔偿、补偿	（未答复）❶
11	2004 年 9—10 月两次房屋牛舍垮塌，6 头奶牛压死的赔偿，6 户人损失的财产	（未答复）
12	水、电的设施和断路的误工损失的补偿和赔偿	（未答复）
13	还我 32 头奶牛、牛场及牛奶款	（未答复）
14	望各级政府、各单位领导继续支持我们发展畜牧养殖业	（未答复）

❶ 对于龙家提出的后面几项请求，因为是由双路工业园区征地造成的，在复兴街道看来，应该由工业园区主要负责解决，所以并未作出答复。

通过上文龙家的诉求和街道的答复以及第二章的案例描述，我们可以看出，纠纷的焦点主要集中在以下几个方面：狮子山林地、人员安置、牛场设施和奶牛安置几个方面，其他一些纠纷则是由这几项纠纷派生出来的。此外，第二章所描述的复兴街道诉龙家返还过渡房的事件也是导致冲突进一步加剧的导火线。下面我们试图通过考察双方在这四个问题上的观点和理由来分析他们的权利正义观。

（一）狮子山纠纷案的情理与法律

狮子山林权的纠纷与其说是老龙家与复兴镇政府的行政纠纷，不如说是老龙与集体之间的民事纠纷，不管是复兴镇的答复、区政府的行政复议答复还是法院的判决都确认了这一法律关系。但是，为何老龙在征地前不选择直接向村集体或村民索取报酬，而是通过向政府反映问题的方式来宣称自己对狮子山的权益，在征地后，即便复议机关和法院一再告知这是他与集体之间的纠纷，他仍然提起行政诉讼并上诉？换句话说，为什么会出现民事纠纷行政化的现象？

选择不起诉集体或不直接向村民索取报酬，首先是出于情理的考虑。在1984年护林指挥部12号文件出来之后，老龙认为狮子山已经确认给他作为责任山或自留山了，但村集体并没有与他签订书面的承包合同，社员们也依旧在自己分得的那片林地上砍柴。对于社员继续在山上砍柴一事，老龙虽然觉得狮子山是自己的，但从来没有出面去制止过，对此，老龙有自己的看法："我可以不让他们砍啊，可以告他们侵占，但是一个队的，都是熟人，低头不见抬头见的，不想这么做而已。"❶ 其实，狮子山直接带来的经济效益并不明显，龙家当初在狮子山种植林木的初衷也主要是为了防止山体滑坡危害到自家的房屋。1984年，村里将狮子山划分给村民后，村民也仅仅是在年末的时候砍些柴火。为了并不明显的经济利益和村民撕破脸，这当然不是明智之举。但老龙也不是完全放弃自己的权利，他通过向政府反映问题的方式来宣称自己对狮子山的权益，这既避免了与村民直接对簿公堂的尴尬，又能给村民带来一定的心理压力，至少让村民觉得他们去山上砍柴并非完全理所应当。在访谈中，村民RXW表示，狮子山虽

---

❶ 访谈资料LHX20110710。

然被集体分了,但是龙家一直没服,他也说不清狮子山到底是什么性质,但他肯定狮子山上分得的林地和他家其他的自留地、承包地是不一样的,看到其他人到山上砍柴,他家也去砍柴。不管怎样,在狮子山的归属并不十分确定的情况下,村民到狮子山砍柴从内心上讲会觉得欠着龙家一份人情。人情是一种可交换的利益关系❶,虽然交换的价值并不一定对等,对方回报的多少也不能准确预见,但欠着的人情总是要还的,否则这在伦理和道理上是说不过去的。回报的方式因人而异、因具体情景而异,回报的价值有多有少,但无论如何,在同一个村社生活,联系如此紧密,回报的机会总是很多的。例如,龙家饲养奶牛需要草料,而农民地里都或多或少有一些用不着的青草、菜叶等,这些都是回报的资源。就如村民ZGZ所说:"开发前,我们两家关系好得很,他喂牛需要红薯藤,我们都留着给他割。"❷在狮子山的问题上,龙家避免和村民发生直接冲突,除了能获得这种直接的物质回报外,还可能避免产生更大的损失。就如小彭说言:"说老实话,那个时候我们跟周围的关系一直就搞得比较好。为什么呢?因为在农村搞养殖,关系不搞好的话怎么行?如果跟别人产生了矛盾,他给你弄点农药在草草上,这种事以前在农村不是没出现过,你说怎么办呢?"❸因此,在征地之前,狮子山纠纷在村民之间模糊的互惠关系中被弱化、被隐藏起来了。但是,征地后,原来村社的建制被撤销,农民不再从事农业生产,村民也散居在不同的地方,原来村民间的互惠关系被打破,于是矛盾再次浮现出来。

这一次的矛盾同样不是指向村民,而是指向征收土地的复兴街道办事处。老龙之所以这样做,自有他的理由。

(1) 征地行为打破了龙家和村民之间基于情理上的利益交换关系。征地之前,狮子山是龙家与村民进行人情往来的一种资源,征地后,狮子山可能灭失,龙家从而失去了一种可资交换的资源,也失去了要求确认权利的机会。当笔者问及老龙为何要去告复兴街道时,他回答:"是他(注:指复兴街道)把这个地征了的。没征地之前,这个林地还是我管着的,到

---

❶ 翟学伟. 人情、面子与权力的再生产——情理社会中的社会交换方式 [J]. 社会学研究, 2004 (5): 50-51.

❷ 访谈资料 ZGZ20120228。

❸ 访谈资料 PZM201202031。

现在还没承认是哪个的。"❶

（2）复兴街道是补偿款的直接支付者，向复兴街道要求赔偿有利于争取更大的利益。征地前有关部门对狮子山的问题做过多次处理决定，在这些处理决定中也明确指出村社集体应当支付龙家一定的报酬，但是由于集体经济的困难以及债务人众多，这笔报酬一直未能兑现。根据经验，即便老龙打赢了与村社集体的官司，恐怕也难以执行。况且，和村集体打官司只能在法定补偿的数额内划分分配比例，但是如果直接向复兴街道提出赔偿要求，有可能获得更高的补偿，即存在做大蛋糕的可能。所以笔者问小彭："你们当时为什么不去告这个集体，而是去告这个政府呢？"小彭的回答是："政府他是属于国家机构是吧，他有权力来处理这个问题。还有就是它本来就是征地方——甲方，它就有权力。并且这个钱是由它出，不是由生产队出。"❷

（3）老龙打心底里认为政府才是纠纷的真正根源。从现行的法律关系来看，复兴街道、复议机关、法院都认为狮子山的纠纷属于龙家与集体经济组织的民事纠纷，但老龙在看待这一问题时将各种历史的、政治的因素添加进来，认为政府从来都是农村土地产权变更的参与者，也是导致龙家狮子山利益受损的最终原因，因此政府应该是纠纷主体之一。而直接与农民打交道的基层政府就成为他心目中政府的化身。就如他在行政诉状中陈述的那样："因为80年代初以前，我国农村集体经济组织，一直是政社合一。1965年'四清'时'平调'我的林木，是政府行为，以后叫我管护山林也应是政府行为。1984年××县护林指挥部12号文在第4条中明确要求将这三亩山林或作LHX的责任山，或作LHX的自留山，但当时乡里的负责人就是顶着不办。以后几个文件都有政府部门的牵头参与，并对有关事项作出种种规定，这怎么能认为我纯粹是跟集体经济组织的纠纷呢？况且，复兴街道所作'处理决定'时，我所在的集体经济组织已被撤销了。"在这样一种观念的指导下，考虑到征地后狮子山很可能不复存在，老龙希望对所有的历史旧账——包括历年来所遭受的一切物质上的损失和精神上的痛苦——来个一次性清算，于是向复兴街道提出了赔偿14万余元

---

❶ 访谈资料 LHX20110710。
❷ 访谈资料 PZM20120304。

的赔偿请求。❶ 从情理上看，老龙的陈述确实是历史事实，他的遭遇也确实令人同情，而他将历史旧债归于基层政府的做法也类似民间流行的"父债子还"的想法；但是，从法理上看，行政赔偿只有在行政机关的违法行为侵犯相对人合法权益造成损害时才可能发生，即违法行为与损失之间有直接的因果关系。可是老龙要求赔偿的损失并非由复兴街道的行为直接造成，所以根本构不成法律上的行政赔偿关系，因此他的诉求无法得到支持。如果考虑到老龙身处的情景，他的想法和做法是符合情理的，但从法律上讲，他的诉求注定会因为主体的不恰当而遭遇败诉的结局。

从狮子山的案例也可以看出，征地过程中的许多纠纷其实并非完全属于征地补偿法律关系下的纠纷。征地过程之所以纠纷频发而且难以解决，原因之一是，征地行为彻底地改变了农民生产生活的环境和条件，打破了农民社区以前的互惠平衡关系，使得以前各种潜在的矛盾凸显出来，并与征地补偿纠纷交织在一起。农民从他的生活经验以及立场出发，将所有的矛盾纠纷都指向直接与其打交道的基层政府，但是，基层政府显然没有足够的资源和责任扛下所有的历史旧账。

（二）人员安置纠纷案的情理与法律

当集体的土地被征收时，集体经济组织成员有获得安置补偿的权利。根据《C市征地拆迁补偿安置办法》的规定，确定是否具有补偿安置资格的标准是征地时是否具有被征地单位的农业户籍，即以户口为相应的判断标准。根据这一规定，老龙的女婿和二儿媳妇都没能得到安置。老龙的女婿虽然结婚后长期生活在龙家，但安置时户口没有迁来，不被视为该集体的成员，所以没能得到补偿。老龙的二儿媳妇因为是非农业户口，不属于征地农转非安置对象，所以也没得到补偿。对于这样的结果，龙家觉得非常不合理。这二人虽然不具有该社的农业户口，但他们婚后一直居住在此，与龙家人一起种地养牛，依靠着这片土地维持生计，且除此之外并未获得其他有效形式的社会保障。当土地征用后，他们也就失去了赖以维持生计的资源，也失去了基本的生活保障。但是，仅仅是因为没有户口，他们不能获得任何的补偿。与此情况相似的是那些在读的大中专学生，根据

---

❶ 具体赔偿要求见第二章狮子山权属争议一节中的行政复议申请书。

情理与法理：权利正义观念的冲突与调适
——以一起征地纠纷案为例

C市1994年制定的征地补偿办法，他们因为征地时户口不在征地单位，因而也不能获得补偿安置。对于这种单纯以户口作为补偿安置资格的做法，学者们也提出了一些批评。林苇（2008）指出，户籍制度承担的应该是对公民作为一个社会主体的基本情况的确认，不能绝对将其作为对公民是否属于某一特定组织的衡量标准。而现行的征地安置补偿政策恰恰是将这种本来只作为一般衡量标准的社会身份认证拿来作为特殊财产组织的身份认证，当然有一种药不对症的感觉。❶就连参与征地补偿安置办法制定和实施的国土资源管理局的工作人员也坦承："目前的补偿制度实际上是有缺陷的，不是以与土地的联系程度作为补偿标准，而是以有无农村户籍作为标准。户口在，无地也补偿；户口不在，有地也不补偿。"❷事实上，任何一种确定标准都可能带来某些个案上的不公平。例如，如果以征地时是否拥有承包地为标准，那么土地承包后出生的孩子由于土地政策30年不变的规定未能获得承包地，他们也得不到补偿，这显然是不公平的。虽然以户籍作为确定补偿资格的标准会在某些个案上形成不公平的结果，但和实际居住地、土地承包人等标准相比，它更具有固定性和确定性，更容易识别和判定，因而也更具有操作性。对于复兴街道而言，他们的基本职责在于执行已经制定的规则。只要他们严格按照规定给予同等条件的人同等的对待，即符合条件的人都给予补偿，不符合条件的人都不给予补偿，那么他们就已经实现了形式上的正义。

对于龙家二儿媳妇未能得到安置一事，龙家虽然觉得不合理，但他们觉得至少被公平对待了，因为沟坝村九社其他购买了城镇户口的人也没得到安置。真正让老龙家感到不公平的是小彭的安置问题。早在1997年，小彭就申请将户口迁入他的妻子洪妹的户口簿上，为此，沟坝村九社还专门召开了社员代表大会。与小彭同时申请的还有该社另外一位妇女的丈夫，这位妇女曾经丧偶，申请迁移户口的是她第二任丈夫。召开社员大会前，两人都表示征地时不参与队上资产的分配，只是希望能获得国家的人员安置费。考虑到此二人迁移户口并不影响社员们的权益，大家都表示愿意卖这个人情，于是所有的社员代表都签字表示同意，村委会也表示同意并加

---

❶ 林苇. 论农村集体经济组织成员资格的界定——以征地款分配纠纷为视角[J]. 湖北行政学院学报, 2008 (3): 17.

❷ 访谈资料 ZH20090813。

盖了公章。沟坝九社的 RXW 回忆了当时的情景："那些该结婚的当然应该迁进来，那些死了男人嫁男人的都迁进来了的。李家有个人，男的死了，后来招了一个进来，赶在开发前把户口迁来，后来什么都得了。当时他们让我们签字，说只要国家的自谋钱，不分生产队的资产，结果后来还不是分了一部分。"❶ 但是，两人将申请书交到派出所之后，小彭的迁移申请未被批准，另外一人却通过了申请，并赶在人员安置前将户口迁了过来，顺利地拿到了安置款。小彭后来多次找派出所沟通，最终也于 2000 年 11 月将户口迁了进来。但是，因为户口迁移时间晚于安置时间，他也未能获得安置。根据情理，小彭结婚时间早于李家女婿，而且是初婚，他更有资格获得沟坝村九社的成员资格，但由于小彭自身以外的因素，他丧失了获得补偿的资格。❷ 对于这个结果，复兴街道虽然觉得他的情况有些特殊，但政策如此规定，他们也感觉无能为力。就如街道李书记所言："这个就不是复兴政府的事情了，户籍管理是公安局的事情。有一个户口政府就安置一个，政府是无条件安置。他把公安局都弄不动，我们敢做什么呢？我们征求过公安局的意见，公安局说不行，以上报至市人民政府的时间截止，后面的人都不安置了。"❸ 从这一纠纷看，复兴街道的做法并无过错，导致小彭未能获得补偿的根本症结在于派出所的渎职行为。❹ 按照法律的思维和逻辑，小彭应该向没有履行法定职责的公安局问责，并要求赔偿其损失。当笔者问小彭夫妇当时为什么没有起诉公安局并向公安局索赔，小彭反问道："你凭什么去起诉他呢？……那个时候，说老实话，一直都没有找到这些政策，本来就不懂这些政策！"❺洪妹的回答是："跟复兴镇扯这点皮都扯不清楚，何况还要去跟公安局扯，那更是扯不清，完全是在浪费时间嘛。"在小彭和洪妹的思维和逻辑中，公安局只是管上户口，而且最后户口确实给上了，已经实现了他们的要求，所以觉得没有什么好起诉公安局

---

❶ 访谈资料 RXW20120304。

❷ 前两年，小彭老家的土地也被征用了。小彭由于户口迁出了老家，所以在老家也没得到安置。这种两头都没着落的结果更加引发了他的冤屈感和不公平感。

❸ 访谈资料 LCM20120820。

❹ 据双路工业园区范处长介绍，户口迁入有婚迁、投靠、新生婴儿。新出生的婴儿只要在征地批文到达之前都可以上农业户口。婚迁分初婚和再婚，初婚在征地前一年结婚的可以上户口，再婚需要 3 年，投靠符合条件也可以。照此规定，小彭完全符合户口迁入的条件。

❺ 访谈资料 PZM201202231。

的，也没有感知到自己的权利受到了什么侵害；即便事后了解到自己的权利受到侵害，可能也因过了诉讼时效而失去救济的机会；相反，他们迁户口的目的是为了获得安置费，这笔钱应该由复兴镇政府给，但复兴镇政府明知小彭按理应该得安置费却不给，这是最让他们感到不公和气愤的地方。但是这种思维和逻辑因其与法律上认可的问责规则相矛盾而得不到法律的支持。

  龙家还感到不公正的地方是，他们认为有一户人家的小孩极有可能不应该得到安置，但最后却安置了。征地补偿前公安局发布户口调查报告时，村民发现有一户人家多了一个小孩的户口，出生日期就在发布报告的前几天，性别为男。村民们感觉很奇怪，因为从来不知道有这个小孩，该户主称是他新出生的小孙子的户口，是在外地出生的。但过了一年多时间，村民发现该小孩原来是个女孩。于是，龙家怀疑该小孩是补偿安置以后才出生的，但是为了获得安置，可能通过其他方式提前上了户口，导致上户口的时候性别都搞错了。龙家认为，他家女婿户口应该迁进来却没迁来，而极可能不应该获得安置的人却获得了安置，这种结果是不公平的。

  在住房安置的问题上，龙家与复兴政府的分歧主要在于安置是以批文下达时间（1999年）为期限呢还是以实际的安置时间为期限。龙家认为住房安置应当以实际安置时间（2001年6月）作为截止日期，老龙的女婿和四个孙子孙女在实际安置前因婚嫁和自然出生具有了沟坝九社的户口，政府应当对其进行住房安置。但复兴镇政府严格适用《C市征地补偿安置办法》第21条的规定："征地批文下达之日前，持有房屋所有权证和集体土地使用权证的被拆迁房屋的征地农转非人员为住房安置对象"，根据这一规定，龙家的女婿和四个孙子孙女均是征地后才取得户口，不能获得住房安置，只能按规定获得半个人的优惠购房资格。龙家人认为这样的规定明显不合理，就像小彭所说："从征地到实际安置有很长的一个过渡期间，这期间该生的小孩不可能不让出生，既然出生时没搬家也没领钱，他就不能没有房子住，应该享受住房安置。人员安置没有，毕竟那个钱是政府付了的，至少房子应该享受。"❶ 在复兴街道看来，龙家的质疑是对政策本身合理性的质疑，作为执行者，他们只能照章执行，不能随便违背。

---

  ❶ 访谈资料 PZM201202231。

(三) 牛场纠纷案的情理与法律

龙家与复兴镇政府在新建的牛场是否应当补偿的问题上也产生了分歧。复兴镇政府不给予补偿的理由是，A区国土局已经认定龙家的牛场是征地后在未办理任何建设、规划审批手续的情况下占用国有土地修建的，属于违法建筑。龙家认为，自己修建牛舍虽然没有办理书面审批手续，但由于有区、镇人民政府宣布的对奶牛的牛舍按先建房后办手续的政策，县、镇人民政府在房屋（牛舍）建好后通过召开现场交流会、给付奖金等行为认可其合法性❶，所以新建牛舍是合法建筑，在拆迁过程中应享有补偿安置的权利。但复兴街道认为，龙家的申辩理由实际上混淆了奶牛养殖的合法性与修建牛舍的合法性之间的区别。政府是鼓励发展奶牛业，但并不意味着农民可以以发展奶牛的名义随意占用已经征用的土地，至少应该经过土地权利方的批准。A区鼓励奶牛发展的文件中有"奶农按规定建设标准化牛舍占地，视为农业用地，简化各种手续，减免有关费用"的规定，但这一规定的前提是奶农在合法占有的土地上修建牛舍的行为。但是，龙家人至少在两点上提出了不同的看法。首先，修建牛舍的土地虽然被征用，但相应的补偿还未完全支付，政府也未通知什么时候搬迁，所有的农民都在继续耕种以前自己家的土地，所以土地到底属于国有土地还是集体土地是模糊不清的，在龙家人的心目中，房子还是"自己的"房子，土地也依然是"自己的"土地，以至于国土局官员询问他占的什么地时，他依然回答"本人的空地"。何况，龙家还看到其他奶农也在修建牛舍，包括已经农转非多年的XYF也在离老龙家不远的已征用土地上修建牛舍，而且还是政府帮助其整理地块的。其次，复兴镇政府通知老龙家去开会，在会上宣布了先建房后补办手续的政策，这在老龙看来已经是对他修建牛舍的一种许可，因为他认为政府应当知道他家所在的土地是被征用过了的。牛圈修好后，镇党委、政府还组织附近村社的领导和奶农召开现场交流会、参观标准化牛舍等，A区政府还组织市、区农牧渔业管理部门、卫生防疫部门到牛舍现场参观指导，区政府农办还根据《通知》的精神奖励

---

❶ 严格说来，龙家人这里所讲的合法性其实应当理解为根据情理推导的"合理性"，而不是法律意义上的"合法性"。

给原告 3000 元人民币，这些机构的人员从未提及牛舍不合法的问题，因此老龙认为这也是对修建牛舍的一种默示许可。复兴街道李书记认为，召集奶农开会并不构成一种许可，因为"鼓励农民致富，不是针对他一家人，是针对所有人，有积极性的就发展奶牛"❶；而有关部门召开现场交流会、给付奖金等行为是对其奶牛养殖行为的肯定，并不代表他们对养殖奶牛的房屋合法性的认可，对于主管畜牧养殖的部门而言，这不在他们的职权范围内。

从龙家修建牛舍的时间来看，他们修建牛舍绝不是意图通过抢搭抢建来获取更多补偿费，而确实是为了奶牛养殖所需，即没有主观上侵占的恶意，而是出于对闲置资源的利用。由于误将会议上宣布的政策视为一种具体的行政许可行为，而且他们也并不清楚土地何时会被征用，因此他们未与复兴镇政府以及用地方沟通就自行在屋子旁边修建了两间牛舍，没想到的是，牛舍修好后不久便因为用地单位施工而面临搬迁的境地。龙家花了大量的人力、物力、财力修建牛舍、完善养牛设施，并从外地购买了不少的奶牛，并储备了一些粮食和草料，在尚未收回成本的情况下就要搬迁，当然心有不甘。他们认为，修建牛舍是为了响应政府号召，而且确实也带动了一批奶牛养殖户的发展，给基层政府增添了政绩。对于搬迁造成的损失，政府至少应该给予一定的补偿。就如龙家的小儿子说的："我们的牛场，不管合法不合法，简单的合理的要求总要赔我们。他一点都不赔，这怎么可能？有些人为了 1 块钱打官司，他不是说为了那 1 块钱，是为了说明他该得。当时我们的房子赔 100 多块，就算给我们的牛场打个折，赔 50 块，我心里也觉得是赔了的。牛房一分钱都不补偿，牛的搬迁费也不赔我们。……不能说喊修就修，喊拆就拆，这毕竟投入了人力和资金。"❷ 由此可见，龙家人在界定权益时，合法与否并非唯一尺度，他们会将行为的动机、行为的社会效果等因素都考虑进来。国土资源局的工作人员在界定牛舍的性质时，仅仅关心是否有占地的行为、是否办理了相关手续，而对于修建牛舍的背景以及修建牛舍所产生的社会效果并不关心，于是作出了牛舍系违法建筑、限期拆除的处罚决定。刚刚被树立为奶牛养殖典范的龙家人在情

---

❶ 访谈资料 LCM20120820。
❷ 访谈资料 LQ20120212。

感上很难接受这一处罚决定，于是提起复议，但结果都维持了原处罚决定。龙家始终不服这一决定，并拒绝搬迁，最后导致第一次强制拆迁。

（四）过渡房返还案的情理与法律

在第一次强拆前，A 区人民法院指定复兴街道办事处提供一套住房给龙家人临时居住，居住期限为 1 个月，1 月之内不交租金。LHX 的妻子于 2002 年 7 月 29 日领取了住房钥匙。一个月后，复兴街道要求龙家搬出临时过渡房，并交付超期租金。龙家人拒绝搬出，也拒绝支付租金。于是复兴街道将龙家告上法庭。如果严格按照法律来看，复兴街道确实有权收回过渡房，并要求支付租金。作为主管过渡房的政府工作人员，及时清理和回收临时过渡房也是他忠于职守的一种表现。但是这种做法明显违背了基本的道义，因为不管什么原因，龙家人确实没有领取住房货币安置款、也确实无房可住，把他们唯一一套过渡房收回来，将使他们陷入露宿街头、无家可归的境地。

罗尔斯曾经指出："每个人都拥有一种基于正义的不可侵犯性，这种不可侵犯性即使是以社会的整体利益之名也不能逾越。"❶这种不可侵犯的正义就是正义的底线。老龙一家也有着自己的正义底线，那就是不管自己违法不违法，也不管政府的行为有没有法律依据，总应该让自己有饭吃、有屋住，即政府应当保证一家人最基本的生存权利。当地方政府的行为触犯了他们的生存权利时，就会触碰到他们正义的底线，从而引起激烈的怨恨和反抗。

虽然复兴街道最终撤销了诉讼，房屋得以暂时居住，在名义上也算是龙家人胜诉了，但这一事件深深地伤害了龙家人的情感，激发了他们心中的怒气和怨气。在访谈过程中，谈及这段经历，老龙就义愤填膺，尤其对"侵占"一说大为光火。他感觉不公的是，以前自家有宽敞的房屋、有和谐的家庭，土地被征用、房子被拆除，这一切都并非出自他的意愿，到底是谁侵占谁？这套过渡房是镇政府和法院当时主动给他的，并非他主动侵占，况且在全家 20 多口人确实无住房的情况下，还要告他侵占这套住房，

---

❶ 罗尔斯·罗尔斯. 正义论 [M]. 何怀宏，何包钢，廖申白译. 北京：中国社会科学出版社，1988：2.

这无疑是欲置他们于露宿街头、无家可归的境地。访谈时,老龙是涨红了脸、拍着桌子讲完这段话的:"2002年的7月6号强拆,2002年的11月份就告我侵占这套房子。我怎么叫侵占?你到现在为止都没安排6家人的房子,过渡房你都只安排了一家的,你说,这过不过得去?这种事情只有他们才做得出来!告了一次不说,2003年又告我侵占。"❶

在《社会冲突的功能》一书中,科塞提出了一种重要的冲突分类:现实性冲突和非现实性冲突。那些由于在关系中的某种要求得不到满足以及由于对其他参与者所得所做的估价而发生的冲突,或目的在于追求没有得到的目标的冲突可以叫做现实性冲突,因为这些冲突不过是获得特定结果的手段。相反,非现实性冲突虽然也涉及两人或更多人的互动,但它不是由对立双方竞争性的目标引起的,而是起因于至少其中一方释放紧张状态的需要。❷在复兴镇政府起诉返回过渡房之前,龙家与地方政府的冲突更多地属于现实性冲突,因为龙家的目的在于要求他认为应当获得的更多的物质利益。在这之后,龙家与地方政府的冲突掺杂了更多的非现实性冲突,老龙不断地参与各种信访,并在各种场合对地方政府及工作人员的谴责与怒骂,除了包含物质利益的诉求外,也是在宣泄他的愤怒情绪。这种情绪上的对立也使得后面的各种调解显得异常困难。

综上所述,整个纠纷过程充斥着情理与法律之间的冲突,而农民主要以情理来论证自己诉求的正当性,而基层政府主要以正式的法律规则来证明农民诉求的正当性以及自己行为的正当性。纠纷过程中双方的观点和理由可以简要归纳如表3-2所示。

表3-2 纠纷双方的观点和理由

争议事项	龙家的理由	地方政府的理由
狮子山纠纷	出于人情关系不起诉村集体;政府从来都是农村土地产权变更的参与者,属于纠纷的当事人 基层政府是国家的代理人,应对历史行为负责赔偿	狮子山纠纷属于龙家与集体的纠纷;龙家在狮子山上所遭受的损失与复兴街道并无直接的因果关系

---

❶ 访谈资料LHX201202121。
❷ [美]L. 科塞. 社会冲突的功能[M]. 孙立平等译. 北京:华夏出版社,1989:35.

续表

争议事项	龙家的理由	地方政府的理由
人员安置纠纷	实际居住并依赖该土地生活；事后补办手续；补偿机关应保证补偿结果的公正性	征地时是否具有被征地单位的农业户籍；户口迁移时间已过补偿安置时间；各司其职，各负其责，补偿机关无需对户口登记机关的行为负责
牛场纠纷	"先建设后办理手续"的会议精神；群众好评；政府奖励	土地已经征收，未经审批，有占用的事实，构成非法占地
奶牛安置纠纷	征地造成的潜在损失，应当补偿	不属于补偿范围，无政策依据
过渡房返还纠纷	无实际住房，政府应保障农民的基本居住权	选择货币安置，政府已履行安置义务，法院决定的过渡期限已到
房屋垮塌、奶牛死伤纠纷	政府未妥善安置的结果	与征地行为无直接的因果关系

二、两种权利正义观念的社会根源

（一）情理型权利正义观念的社会根源

从上述事实和分析可以看出，龙家人主要持有一种情理型的权利正义观念，这种观念主要是从情理出发来界定权利、判断公平正义并进而采取行动的。情理型权利正义观产生的基础在于传统的礼法道德文化在农村社会依然有着很深的影响。传统中国社会是一个伦理本位的社会，关于这一点，梁漱溟和费孝通等人已经做过精辟的阐述，在此无须多言。伦理社会的主导原则是情理，而不是法律，这从"父为子隐，子为父隐"的故事中可窥见一斑。《论语·子路第十三》中有记载："叶公语孔子曰：吾党有直躬者，其父攘羊，而子证之。孔子曰：吾党之直者，异于是，父为子隐，子为父隐，直在其中矣。"[1]在中国的法治进程中，虽然试图不断地用现代法治精神改造传统的伦理观念，但某些传统道德观念仍然根深蒂固，尤其

---

[1] 论语[M]. 张燕婴译注. 北京：中华书局，2006：195.

是在农村。即便是现在,很多学者也认为,在中国的语境中,正义观念并不像一般西方思想家对正义的理性界定,而恰恰是一种以情为基础的伦理本位的正义观。❶本案中,龙老大的故事最能印证这一观点。如果遵循法治和理性的原则,龙老大一家本不会卷入这场纠纷。他多年前就已脱离农村,家里的土地和房屋都交由父母兄弟打理,他不曾从中获得多少经济方面的好处。对他而言,土地征收是件好事,可以将他不曾使用的资源变现,因此在龙家6户人中,所有的补偿安置手续他都是第一个前去办理的。他本人对补偿安置也没有任何异议,因为他认为该得的东西都得到了。但是,当整个大家庭的其他5户人家因为人员安置、奶牛场纠纷、狮子山纠纷等因素拒绝领取住房货币安置款时,他也毅然加入了这一行列,即便他的第一任妻子对此持有不同的看法,甚至因此和他离婚。从法律和经济理性的角度讲,他和征地补偿机关的权利义务关系是清楚的、毫无争议的,他拒绝领取住房货币安置款并不符合个体利益。但从情理上讲,他必须站出来支援他的父母和兄弟姐妹,否则他就会被视为不孝、不义之人。为了这个情理,他也付出了一套房子的代价,原本在2001年可以买接近60平方米房子的3万多块补偿安置费现在还静静地躺在公证处。于是,原本没有争议的事情发展到现在也变成一件有争议的事情了,龙老大也从名义上的纠纷当事人变成了事实上的纠纷当事人。❷换句话说,由于情理的作用,本可以避免的纠纷出现了。

农民拥有的知识类型也决定了他更倾向于采用情理作为界定权利、判断是非的依据。由于情理是指人的通常心理和事情的一般道理,是人们日常生活中的经验规则或经验法则,因此情理的获得并不需要经过专门的培训和学习,可以说它是一种"习得的知识",即"由生活实践的逻辑所支持的、由肉体化了的日常行为惯习所承载的、由传统赋予其权威性和合法性的,并通过日常的生活实践所习得的知识"。❸而法律更多的是一种"学来的知识",即"一套由学理的逻辑所建构的、由正式的法律规则所承担

---

❶ 赵旭东. 乡土社会的"正义观"——一个初步的理论分析[M]//王铭铭、王斯福. 乡土社会的秩序、公正与权威. 北京:中国政法大学出版社,1997:564.

❷ 笔者在调查中发现,许多长期上访者之间存在着父子关系、兄弟关系、姻亲关系等血缘亲情关系,这种纠纷的家族化特征恰好表明了亲情伦理在纠纷中的作用。

❸ 强世功. 乡村社会的司法实践:知识、技术与权力——一起乡村民事调解案[J]. 战略与管理,1997(4):105.

的、由国家的权力赋予其权威性和合法性的，并通过法律教育这种正式的知识灌输体系从书本上学来的一套知识"。❶ 或许有人会对这种划分提出质疑，认为有些人没有专门学习过法律知识，但是分析起案例来也头头是道，而且他的结论与法律专业人士的结论也常常一致。出现这种结果的原因在于，法律本身就和情理有相通之处，尤其是在民法领域。不能认为自己凭借情理也分析对了一些案件，就轻率地认为法律也不过如此。在法律的专业性和技术性越来越强的今天，很难想象一个人不经过专门的培训和学习而能够系统准确地掌握法律知识。总体来看，农民缺少这种培训和学习的机会，在他的知识体系里"习得的知识"占据了更大的成分，因此，他们在日常生活中所遵循的不可能是法律的具体规定，而只能是自己在日常生活中所了解并从内心认同、理解、接受的那些人与自然如何相处的基本道理，人与人之间应如何相处的最基本的道理。

　　如前文所述，情理具有情境性、整体性、嵌套性等特征，老龙在整个纠纷过程中的表现把情理的特性表现得淋漓尽致。在确定自己在狮子山上应当获得的权益时，他会将历年来所遭受的一切物质上的损失和精神上的痛苦计算进来，而且会根据以往的经验来选择权益的诉求对象。在界定牛场的合法性时，龙家人认为，是否办理用地书面审批手续并非衡量合法性的唯一尺度，他们会将修建牛场的背景、牛场修好之后领导的参观、有关部门的奖励等众多因素作为牛场合法的依据。在牛场纠纷案中，龙家人会把国土部门、农牧部门、复兴政府的行为视为同一主体的行为。他无法理解和接受的是，对于修建牛舍和养殖奶牛这一件事情，一边是农牧部门的表扬和奖励，另外一边是国土资源部门的处罚。更让他困惑的是，他认为复兴镇政府既是征地的具体实施者，也是奶牛养殖的动员者，应当知道他家所在的土地是被征用过了的。既然复兴政府明知他是在征用的土地上修建的牛场，为何修建之初不仅不制止，而且镇上领导还到现场进行视察和指导牛舍的建设？正是这样的视察和指导行为让龙家深信复兴政府是默示许可他使用土地的。他会把有争议和没有争议的补偿项目全部都嵌套在一起，会因为个别的安置争议而拒绝领取没有争议的其他安置费用。他在向

---

❶ 强世功. 乡村社会的司法实践：知识、技术与权力——一起乡村民事调解案[J]. 战略与管理，1997（4）：105.

任何一个部门申诉时,会提出所有他认为有争议的事项,并要求一揽子解决。但是,这些依据个人生活经验和内心自然感觉而产生的观念与现代社会科层制下"各司其职、各负其责"的组织原则相冲突、也与法律仅就行为与结果之间的因果关系认定责任的理性逻辑相冲突。

(二) 法理型权利正义观念的社会根源

作为龙家对立方的行政机构工作人员主要持有一种法理型的权利正义观念。这种观念主要来自于科层制和现代法治对行政人员的要求。作为当代中国政府体制改革目标的现代法治,要求的是"法大于情"。这一源自现代西方历史经验的法治理念,在社会学上往往称为"科层主义",其所对应的法治模式,即社会学家马克斯·韦伯所说的"法制型支配"或"科层(官僚)制"。❶ 在韦伯的理论中,科层制是建立在法理型权威基础之上的组织结构和管理方式,一个理想的科层体系具有如下特征:①专门化分工。在科层制组织中,依据工作类型和目的进行分工,各个成员将接受组织分配的活动任务,并按分工原则专精于自己岗位职责的工作。②等级制组织体系。科层制组织中每个人的权威与责任都有明确的规定,官员的职位按等级制的原则依次排列。部属必须接受主管的命令与监督。③规则化管理。组织运行受规则限制,每位成员必须履行岗位职责并遵守组织规范,以保障最有效地实现既定的目标。④非人格化。科层组织中的每个人,都必须秉公办事,保持情感中立,在处理事务时,要按照统一的标准,不得掺入个人因素。⑤技术化。在科层制组织中,组织成员根据专业特长、技术能力获得晋升与加薪,并要不断学习和培训。⑥公私分明化。职务机关的财富和私人的财富完全分开,职务运作场所与住所完全分开。⑦档案制度原则。各种讨论、动议和决定以及形形色色的指示和法令,都用文字固定下来。理想的科层体系体现了科学精神、法制精神与理性精神,抛弃了经验管理过程中的人治因素,避免了任性专断和感情用事,带来了理性与效率,因此韦伯认为,纯粹的科层体制的行政管理"从技术上看可以达到最高的完善程度,是实施统治形式上最合理的形式"。❷ 虽然我国的行政管理体系尚

---

❶ 凌斌. 法律与情理:法治进程的情法矛盾与伦理选择 [J]. 中外法学,2012(1):124.
❷ [德] 马克斯·韦伯. 经济与社会(上卷)[M]. 林荣远译. 北京:商务印书馆,1997:248.

未完全具备理想的科层体制的特征,但大体上是按照科层制的组织原则在运行。科层制以法律至上为合法性的唯一原则,要求在情法矛盾时以法律取代情理。一般情况下,一个工作人员想要在这个体系中生存并得到晋升,就必须依法行事,因为选择按法律办事是比较安全的行为,最起码可以保证自己不违法,这样他就有为自己辩护的根基;违了法,他自身将陷入尴尬的境地。就如复兴街道李书记所言:"我举个例子给你听,农业园区管委会主任叶主任,征用农业园区时,征的是复兴村的土地,农民和他扯,他冒火说我征的土地不要了,市国土局把他批评了,法律是严肃的,土地是依法征的,说不要就不要了吗?农业园区还挨了通报批评的。我举这个例子,反过来说老龙的事情。我既把他当成我的村民,也把他当成我的朋友,我是实话实说。……我们私人之间过去点过来点都没有问题,但这个政策不是我说了算。"❶ 当然,如果有足够大的利益诱惑或者足够强烈的情感驱使,他也可能选择不依法行事。

科层制在实现着精确、稳定、有纪律、严肃和可靠等形式上的正义时,本身也潜藏着一些不合理的因素。韦伯本人也曾经指出,科层制存在"形式的合理性和实质的合理性的二律背反"。❷ 默顿认为,科层组织容易产生一种官僚人格,官僚人格具有以下基本特质:运用技能的灵活性不足;过度强调规则;谨小慎微、保守;非人格化的、按图索骥的思维方式。❸ 布迪厄认为官僚制存在一种"制度性自欺"(institutional bad faith)的结构冲突,即"国家的右手不知道左手在做什么,或者更糟糕的,也不想知道左手在做什么"。❹ 韩莫尔在著名的《官僚的体验》一书中,对由科层制的反功能引发的官僚主义作了更为形象的描绘。韩莫尔认为,人们常常对官僚机制有一种一厢情愿的误解,觉得官僚机制会在很多方面符合人们的想象:在社会交往方面,官僚在和活生生的人打交道;在文化方面,官僚会关心人们常常关心的问题,诸如正义、自由、压迫、疾病、救援、惩罚等等;在心理方面,官僚也和普通人一样有喜怒哀乐、恩怨情愁;在

---

❶ 访谈资料 LCM20120820。
❷ [德]马克斯·韦伯. 经济与社会:上卷 [M]. 林荣远译. 北京:商务印书馆,1997:250.
❸ Merton, R. (1940). Bureaucratic Structure and Personality. *Social Forces*, 18 (4): 560-568.
❹ Bourdieu, P. et al. (1999). *The Weight of the World: Social Suffering in Contemporary Society*. Polity Press, pp. 204-205.

语言方面，官僚与大众用的是同一种语言，大众与官僚的交往可以畅通无阻；在政治权力方面，公共官僚体系是为大众服务的，会自觉地对整个社会负责。其实，这些误解妨碍了对官僚本质的认识。在社会交往方面，官僚体系只与案例打交道，并不在乎活生生的人的感觉如何；在文化方面，官僚关心的只是控制与效益；在心理方面，典型的官僚性格是无心无肺、机械刻板；在语言方面，官僚体系倾向于另创一种"秘密语言"，官僚体系只关心信息的单向传递，并不关心信息与接受者的双向交流；在政治方面，官僚机构是典型的控制机构，会逐渐地侵蚀社会权力，直至全面统治社会。❶

本案中所描述的案例可以说是上述各种观点的极好的注脚。在人员安置案中，复兴街道只需按照公安局提供的户籍清单进行补偿，至于哪个户口该上哪个不该上，不是他们管辖的范围，他们也没有审查的义务。在牛场案中，主管畜牧养殖的机构不用关心也不想关心用来养殖奶牛的建筑物是否违法，主管土地房屋的行政机关也不用关心建筑物是否符合产业发展的需要。在过渡房诉讼案中，主管过渡房的工作人员只关心按照约定收回到期的临时过渡房，至于居住的人是不是有房可住以及这一行动将会给居住人带来什么样的心理感受也不在他的考虑范围之内。但是，这些严格按照法律或科层组织运作逻辑作出的行为明显与人们的情理相冲突。由于行政管理体系拥有公共权力，即便某些法律制度不符合情理，但它依然按照自身的程序运作下去，除非有足够大的反作用力。就像本案例所显示的那样，尽管老龙在许多方面不服政府的决定，但他几乎没能改变事件的发展进程。

值得注意的是，上述学者对科层制的批评主要是针对西方"科层化过度"而出现的问题。而处在转型期的中国，"前现代""现代"和"后现代"的社会因素并存，多重因素使得组织领域既存在过分科层化的现象，也存在科层化不足的现象。"中国一些公共组织大都具有双重异质性的组织结构，即组织的表层结构和潜层结构。它们一般都具有某些科层制特点，如专业分工、等级分层、权责限制、规章管理和评估机制等。这些大多由明文规定了的制度体系所构成的组织的表层结构，在形式上表现出一

---

❶ 转引自［美］蓝志勇. 行政官僚与现代社会［M］. 广州：中山大学出版社，2003：22.

种科层制的合理性。然而组织在实际运作中,这些原则又常常不能充分地发挥功能,有时甚至只是在形式上起着应付门面的作用。这说明组织公开宣称的原则同实际运作所遵循的原则是有一定的差异的。组织并不是唯一靠表层结构起作用,而是也受潜层结构因素的影响。"[1] 科层化不足的表现除了利欲熏心、利令智昏、以权谋私而有法不依外,还有可能是抹不开情面而有法不依。在本案例中,主管户籍的派出所人员如果严格奉行科层制的组织原则,可能就不会出现完全符合条件的小彭迁不进户口的情况。在科层组织体系下,最终结果的合法性必须依赖于各个部门行为的合法性。由于这一违法行为处于整个征地补偿的前置环节,这让后续的征地补偿机关处于一种尴尬的境地,如果给予补偿,虽然实现了个案上的公正,但违背了补偿政策;如果严格遵循补偿规则,则导致个案的不公正。

---

[1] 杨建荣. 官僚主义现象的组织社会学研究 [J]. 探索与争鸣, 2006 (10): 24.

第四章 权利正义观念的互动与调适

一、情理型权利正义观的反向运动

(一)老龙的"以法抗争"

目前许多研究者发现,农民在抗争过程中会援引有关的政策和法律条文来质疑地方政府行为的合法性,并为自己权益的正当性进行论证,学者们把农民的这种抗争策略称为"以法抗争"。❶ 现有研究主要关注农民"以法抗争"的主要方式、基本目标和组织特点,却较少关注促成这种抗争策略背后的故事,以及农民"以法抗争"的实际能力和实际效果。

通过对上述案例的描述和分析,我们可以发现,龙家与政府的纠纷很大程度上表现为两种权利正义观念的冲突。在征地之初,龙家并不知晓征地相关的法律和政策,而是凭借日常生活实践中的情理和常识来论证自己权利的正当性。但是,当以情理为特征的权利正义观念与法理型的权利正义观念发生碰撞时,由于法理型权利观念常常扮演一种"大写的普适真理"的角色,且由国家强制力保证实施,因此老龙家基于情理的权利诉求在"依法行政""按政策行事"的名义下被否决。在多次互动之后,老龙终于意识到法理型权利观念的主导地位,于是,他将以情理来论证自己权利正当性的努力转化为运用法律和政策对征地行为的合法性进行质疑。就

---

❶ 对于农民的这一抗争策略,不同的学者提出了不同的概念,如"以政策为依据的抗争"(policy-based resistance)(Li and O'Brien, 1996),"依法抗争"(rightful resistance)(O'Brien, 1996),"以法抗争"(于建嵘, 2004)。在笔者看来,在论证权利正当性的依据方面,这些概念并无多大区别,都表示农民从正式的规则中寻找权利正当性的依据,只是抗争者在组织性和政治性程度上有区别。

像老龙说的："是他（政府）先说我违法嘛，5号文件、7号文件都说我违法。……我们老百姓不说法了，他们又围着法律走，他们说是依法办理。那我们又拿什么来反驳他呢。……要讲法我们就来讲法，现在必须把是非分清楚，到底是我违法嘛还是他违法。"❶ 因此，"以法抗争"实际上是农民原初的权利正义观念遭受多次否定之后所发起的一种反向运动。在征地初期，他们并不关心、可能也没有能力关心征地行为是否符合相关法律规定，恰恰是纠纷出现后，他们发现自己处于劣势之后，才试图借助"以法抗争"策略来迂回地论证自己诉求的正当性。老龙的儿子道出了"以法抗争"的缘由："我们这个事情不扯到这个份上，我们也不会去追究这些（法律上的）事情。既然我们的事情已经整成这样了，我们不去钻（法律）也没得办法了，农民拿着也是嚼不烂。"❷ 在老龙看来，政府拒绝他所有请求的理由都是建立在征地行为合法性的基础上，如果征地行为本身违法，那么他家所遭受的一切损失都是因为违法行政所导致的后果，理应得到赔偿。因此，在纠纷的中后期，他将所有的精力都投入到寻找征地行为违法的证据上来，在老龙的申诉材料和谈话中，"征地违法"是出现频率最高的词之一。

为了寻找政府的违法之处，老龙开始收集、查阅和学习各种文件。在老龙原本就很拥挤的家中，堆积了各种资料，有《征地索赔指南》等书籍，有从中央到地方的各种征地法律文件，有从报纸杂志上复印的关于征地补偿的各种评论文章，有国家领导人的重要讲话，有法院关于征地拆迁的各种判决书等。老龙在阅读这些资料的过程中，把他认为重要的内容都用笔勾画出来，甚至抄录下来。除了自己学习外，老龙还去法院旁听征地拆迁官司，每个月要去好几回。此外，访友俱乐部的小茶馆里，各位访友也不断交流自己的学习心得。

通过查阅各种资料、旁听法庭辩论、上访人之间的相互交流，老龙提出了许多地方政府征地违法的理由，他能够比较清楚地表述而且听起来有一定道理的理由有如下几条。❸

第一，政府少批多占，化整为零，改变土地用途。老龙指出，无论是

---

❶ 访谈资料LHX20120304。
❷ 访谈资料LJ201208145。
❸ 以下内容是根据老龙口头的叙述以及散落在各个申诉状中的资料整理而成。

征用沟坝村九社的批文,还是征用上塘村三、四社、沟坝村七社的批文,批文上说是征用全部土地,但批文中的土地面积比 1997 年发放的该四个社的集体土地所有证上记载的面积均少了许多(具体差异见表 4-1),这属于征地少批多占。此外,老龙认为,这两份批文存在化整为零的问题。508 号批文征用上塘三、四社和沟坝七社的目的是为实施 C 市国际科幻世界项目所用,511 号批文征用沟坝村九社的目的是为实施 C 市国际科技学校项目,这四个社的土地都被转让给同一个使用单位——南方集团用于修建一所民办二级学院。同一个建设项目,分两个批文进行征地,这就难逃地方政府化整为零、规避审批的嫌疑。

表 4-1 批文面积与产权证面积比较

村社名称	批文面积(亩)		产权证面积(亩)		批文与产权证面积差额(亩)
	总面积	耕地面积	总面积	耕地面积	
沟坝村九社	142.527	102	174.33	102	-31.803
沟坝村七社	148.29	95	277.64	169.14	-129.35
上塘村三社	193.372	135	447	256.04	-253.628
上塘村四社	105.603	63	357.82	203.64	-252.217
合计	589.792	395	1256.79	730.82	-666.998

资料来源:根据征地批文和集体所有权证的数据整理

第二,冻结非农业建设项目期间占用耕地需国务院审批。中共中央、国务院 1997 年 5 月 18 日发布《关于进一步加强土地管理 切实保护耕地的通知》,其中明确规定:"自本通知下发之日起,冻结非农业建设项目占用耕地一年,确实需要占用耕地的,报国务院审批。解决城镇中低收入家庭住房困难户住房和安居工程以及经国家批准的重点建设项目用地,仍按原规定报批"。1998 年 3 月 29 日,中共中央办公厅、国务院办公厅发布《关于继续冻结非农业建设项目占用耕地的通知》,通知规定:"自 1998 年 4 月 15 日起至《中华人民共和国土地管理法》修改后颁布施行之前,继续冻结非农业建设项目占用耕地。确实需要占用耕地的,报国务院审批"。在老龙看来,1997 年 5 月 18 日至 1999 年 1 月 1 日《土地管理法》实施期间,非农业建设项目占用耕地需要国务院批准,但征用沟坝村的项目只是由 C 市政府批准,没有获得国务院审批,因此征地违法。

第三,征地未履行法定程序。《中华人民共和国土地管理法实施条例》

第25条第1款规定:"征用土地方案经依法批准后,由被征用土地所在地的市、县人民政府组织实施,并将批准征地机关、批准文号、征用土地的用途、范围、面积以及征地补偿标准、农业人员安置办法和办理征地补偿的期限等,在被征用土地所在地的乡(镇)、村予以公告。"复兴镇政府只是在动员大会上口头提到土地被征用一事,并未张贴征地公告和补偿安置公告。

第四,复兴镇政府不具备实施征地的资格。《中华人民共和国土地管理法实施条例》第25条第3款规定:"征地补偿、安置方案报市、县人民政府批准后,由市、县人民政府土地行政主管部门组织实施。"沟坝村九社的土地征用完全由复兴镇政府组织实施,所有文件的署名落款均是复兴镇政府,而复兴镇政府根本不具备实施征地的资格。

第五,延期支付补偿费用。《中华人民共和国土地管理法实施条例》第25条第4款规定:"征用土地的各项费用应当自征地补偿、安置方案批准之日起3个月内全额支付。"沟坝村九社土地1998年11月被征用,1999年4月为人员安置截止日期,1999年12月签订住房货币安置协议,但2001年6月才支付住房货币安置费以及构附着物补偿费,支付费用的时间大大超过法律规定的3个月期限。

在部分群众和"访友俱乐部"成员看来,老龙是最"懂法"的人,他们对老龙提出的政府征地违法的理由深信不疑,并成为这些观点的宣传者。与老龙同批征地的另外一个社的农民这样解读老龙家的纠纷案:"LHX掌握到政府的政策的,结果遭打击,搞得现在都没得房子住。……LHX去反映问题,北京都去了几回,结果被关得不得了,打得不得了。"❶老龙从这些访友们和部分社员们的理解和支持中找到了成就感和力量感,并坚定了一定要从法律上证明征地违法并名正言顺讨回自己损失的决心。在老龙看来,到底谁违法是第一重要的问题,如何补偿才是第二位的问题。

(二) 走向偏执的"以法抗争"

对于一个只有小学文化程度、六七十岁的老人而言,要准确理解和应

---

❶ 访谈资料QCH20090731。

用庞杂的法律和政策条文，确实不是一件容易的事，何况他的学习不是事前为了预测和指导自己的行为而进行的系统学习，而是事后带着一种很强的功利性去选择性地学习。任何时空中的法律都是由若干基本要素构成的，例如著名的社会法学家庞德就认为，法律是由各种规则、原则、概念和标准所组成的。❶仅仅知道某个法律规则还远远不够，如果对规则中的法律概念的含义不了解，对适用规则的基本原则不了解，那么就可能作出错误的理解。例如，老龙提出征地违法的一个理由是，根据《土地管理法》第45条的规定，征用基本农田需由国务院批准，老龙坚持认为沟坝村七、九社、上塘村三、四社的土地属于基本农田。他的理由是："我们那些田地长期都是种水稻的，怎么不是基本农田？根据实际情况，我们四个社全是一个平坝，这一千多亩地都是水地，旁边有宝圣湖，还有几个堰塘，只要秧苗一栽下去，百分之百都能收。"❷老龙是从日常生活经验出发来理解基本农田的含义，认为拥有如此良好种植条件的农田当然是基本农田，但作为一个法律概念，基本农田有其特定的含义及认定程序，它需要在土地利用规划中被予以确认。❸老龙还提出了许多他个人对某些概念的理解：批文中用的是"同意征用"而没用"批准征用"，所以不能算批准；批文中说征地的目的是实施 C 市国际科技学校项目，他对国际的用法也提出质疑："C 市算哪个国际？几十几百个国家，有一半以上才叫国际，既然你不代表国家，怎么能叫国际？"❹此外，在法律的适用原则方面，"法不溯及既往"原则是现代国家通行的一个法治原则❺，通俗地讲，就是不能用今天的规定去约束昨天的行为。但是，老龙所查询和援引的绝大部分文件是征地之后出台的。由于征地政策的整体趋势是补偿标准越来越高、征地程序越来越完善、对政府行为的规范越来越严格，当他用征地之后出台的

---

❶ [美]罗·庞德. 通过法律的社会控制·法律的任务 [M]. 沈宗灵、董世忠译. 北京：商务印书馆，1984：24.

❷ 访谈资料 LHX20120814。

❸ 国务院1994年颁发的《基本农田保护条例》中，给基本农田下的定义是："根据一定时期人口和社会经济发展对农产品的需求以及对建设用地预测，依据土地利用总体规划确定的不得占用的和基本农田保护区规划期内不得占用的耕地。"

❹ 访谈资料 LHX20120814。

❺ 当然这一原则也有例外，例如，我国刑法适用"从旧兼从轻"原则，即对于新刑法颁布以前的犯罪行为，先适用旧刑法（从旧）；如果适用新的刑法更有利于被告人的话，则适用新刑法（从轻），这就属于特殊情况下的溯及既往。

法律和政策去衡量征地时地方政府的行为，当然会发现诸多不符合现行法律政策规定的行为，于是得出了征地违法的结论。老龙看的资料越多，看的资料越新，认为自己发现政府的违法行为越多，于是越有信心进行上访和申诉，越有理由坚持自己的索赔请求。但是，某些时候这种自信是一种建立在自以为是和误解基础上的"过度自信"。这种过度自信妨碍了他以一种妥协的态度来解决各种纠纷，并让纠纷的标的额日益增大。例如，在老龙多次上访后，复兴街道曾同意改变住房安置方式，按人均18平方米的标准对龙家进行住房安置，但老龙认为征地违法，要求或者按照最新的补偿安置标准即人均30平方米的标准安置，或者恢复征地前的原状即按照原农村老家的住房面积安置，但街道李书记斩钉截铁地说："这个问题没得政策依据，办不到，这是异想天开"，于是住房安置问题就一直搁置。虽然老龙家现在急需住房，但老龙坚持说："我绝对要以我的方式去拿回我的东西，即使还过两三年不给我，我一样的不会去要那个房子。"❶

对于像老龙这种锲而不舍的"以法抗争"行为，笔者所访谈的基层官员和法院工作人员却基本上认为这是一种偏执的行为。

原复兴街道李书记："他（指老龙）断章取义的多，我也接触过他的，我本来不想说的，他习惯断章取义，他只看某一条两条，不把法条拉通了来看。你们搞法律的都懂，要把各个文件前后都贯通起来，不能只看哪一条撒。"❷

双路工业园区稳迁处范处长："很多人把上访作为一种精神寄托了。比方说LHX，他现在已经七十多岁了，如果一旦解决了，不管解决多少，他也同意了，可能他的精神状态比现在还差些。他现在已经把上访当成一个事业来办了，他已经偏执了。"

双路工业园区稳迁处范处长："A区很多老上访户我都认识，你说他没有理由吗？好像又有点理由，但确实政策巴不起。很多人都钻进去了，有点偏执了。我们给他解释文件，一份文件要通看撒，对他有利的他就记得住，对他没利的，他就不晓得，说这个文件是崴❸的。他们往往读上头的文件，按土地法应该怎么样、按国务院的政策应该怎么怎么做，但是这

---

❶ 访谈资料LHX20120304。
❷ 访谈资料LCM20120820。
❸ 方言，念wāi，意思是假的、不正确的。

个有操作性吗？没有可操作性啊。只有到了市一级、区一级的具体实施细则才有操作性。他们一是拿大文件来说，中央要求是多少，二是有利的翻给我们看，我们翻其他的给他们看，他们说要不得。甚至说征地都是违法的。如果征地违法，那后面所有的强拆都违法了，那就没法谈了。我们把征地批文翻给他看，他说文件是造假的。我们让他到市国土局去查，他曾经查过，他查到后说这是你们串通的。实际上他们对政府有一种不信任。还有，信访机制存在一个问题。你说信访好不好？我觉得这确实是给群众一个申诉的渠道。A区每周三是信访接待日，有了这个渠道之后，许多人聚集在一起，这相当于给他们提供了一个相互更加偏执的平台。他们交流的内容是，某人提到他的房子多少没赔，其他人就附和，说按照某某文件应该获得更高的赔偿，而他们依据的文件内容往往是断章取义的，此人一听就觉得更加有理了。他继续上访，上访转下来，我们又要给他们解释。"❶

对于老龙提出的几条征地违法的理由，复兴街道、国土资源局、工业园区管委会等部门分别进行了解释。

（1）对于批文面积少于集体产权证记载面积的现象，原复兴镇党委李书记是这样解释的：90年代征地时，一般不进行实地测量，而是以征地前三年村社集体上报给区人民政府的纳税面积为基准，在此面积的基础上上浮一定的比例。那些年生产队为了偷税，为了少交公粮，他们就瞒报了，所以批文中确定的面积可能会比实际面积或产权证上的面积少。况且，法律并未对批文中到底应当使用纳税面积还是产权证面积作出明确规定。此外，李书记也声明，征地面积的多少与征地补偿的多少没有直接的联系，所以批文面积与产权证面积不符并不会影响农民获得的赔偿数额。根据当时A区的土地补偿费、安置补助费标准（见表4-2），人均土地面积少的村社，补偿的倍数高一些，而人均土地面积多的村社，补偿的倍数要低一些，目的是使得不同地方的土地补偿费和安置补助费（合称货币安置费）的人均数额大致保持在同一个水平左右。政府支付赔偿费的多少直接与土地上的人口有关系，举例来说，如果人均货币安置费为2万的话，某个生产队100人400亩地，政府只要拿200万出来安置，而另一个生产队1000

---

❶ 访谈资料 FGS20120228。

个人只有 200 亩的地，政府却要拿出 2000 万元来安置。由此可见，当时征地补偿政策并不是对土地的直接补偿，而是带有普惠的性质，追求普遍范围内的平等，注重对农民基本生存的一种保障，而不能体现对等交换的特点。此外，对于农民应该获得的其他补偿，比如青苗、构附着物、住房补偿，都是据实清点和测量，跟村社土地面积也没有关系。

表 4-2　土地补偿费、安置补助费标准❶

人均耕地（亩）	耕地前三年平均年产值（元/亩）	土地补偿费倍数（倍）	安置补助费倍数（倍）	总倍数（倍）	人平土地补偿费、安置补助费总和（元）	每亩土地补偿费、安置补助费总和（元）
1.0 以上	2100	6	4	10	21000	21000
1	2100	6	4	10	21000	21000
0.9	2100	6.5	5	11.5	21735	24150
0.8	2100	7	6	13	21840	27300
0.7	2100	7.5	7.5	15	22050	31500
0.6	2100	8	9.5	17.5	22050	36750
0.5	2100	8.5	12	20.5	21525	43050
0.4	2200	9	15	24	21120	52800
0.3	2300	10	20	30	20700	69000
0.3 以下	2300	10	20	30	20700	69000

注：1. 人均耕地在表列数据之间时，土地补偿费、安置补助费倍数按插入法计算。

2. 人均耕地小于 0.3 亩时，按此表设计的计算方法，农转非人员人平土地补偿费、安置补助费不足 20700 元时按 20700 元计算。

资料来源：C 市 A 区《征地补偿安置办法》实施细则（×府发〔1999〕100 号）。

（2）对于冻结非农业建设项目期间审批权限的问题，老龙只看到一般条件下冻结期间占用耕地需报国务院审批，但没有注意到三类例外情况——

---

❶ 根据《中华人民共和国土地管理法》第 47 条的规定，征收耕地的土地补偿费，为该耕地被征收前三年平均年产值的六至十倍。征收耕地的安置补助费，按照需要安置的农业人口数计算。需要安置的农业人口数，按照被征收的耕地数量除以征地前被征收单位平均每人占有耕地的数量计算。每一个需要安置的农业人口的安置补助费标准，为该耕地被征收前三年平均年产值的四至六倍。但是，每公顷被征收耕地的安置补助费，最高不得超过被征收前三年平均年产值的 15 倍。依照本条第 2 款的规定，支付土地补偿费和安置补助费，尚不能使需要安置的农民保持原有生活水平的，经省、自治区、直辖市人民政府批准，可以增加安置补助费。但是，土地补偿费和安置补助费的总和不得超过土地被征收前三年平均年产值的 30 倍。

解决城镇中低收入家庭住房困难户住房、安居工程和经国家批准的重点建设项目用地,仍按原规定报批。根据《冻结非农业建设项目占用耕地规定》第3条的解释:"本规定所称经国家批准的重点建设项目,是指列入国务院和省、自治区、直辖市人民政府计划主管部门确定的重点建设项目名单的建设项目。"在征用沟坝村九社的批文中,明确指出"该项目已经市×府〔1998〕173号文批准列入我市重点建设项目",由于该市是直辖市,属于经国家批准的重点建设项目,因此,该项目不需要国务院审批,可以按原规定报批,即只要省、自治区、直辖市人民政府批准就可以了。

(3) 对于征地未履行法定程序的问题,A区国土资源局的答复中称:"复兴街道原沟坝村九社土地在1998年11月10日被全部征用,其建、构、附着物也是在1998年进行了清理,且在清理前召开的社员大会上宣读了征地文件和补偿安置相关文件,根据当时《土地管理法》规定未要求公告。"

(4) 对于复兴街道征地资格的问题,复兴街道李书记解释说:"当时镇人民政府也可以开发,后来2003年吧,全部规范了,县以下的人民政府不能搞开发。"❶ 在实际征地过程中,由于土地行政管理部门征地数量较大,拆迁任务非常艰巨,他们往往通过委托乡镇、街道办事处来具体实施,这不仅解决了工作人员严重不足的困难,而且能够有效地借助基层干部在村民中的个人威望和权力影响。但是,在委托代理关系中,代理人应当以委托人的名义从事法律行为,即各种文件应当由土地管理部门署名。在这一点上,复兴街道以自己名义签署各种征地协议,确实存在瑕疵。

(5) 对于延期支付补偿费的问题,复兴街道李书记也指出,补偿费中最重要的部分即人员安置费早在1999年就支付完毕,且签订征地补偿、住房安置协议时约定了树木、建构筑物等费用在住房安置时兑现。虽然住房货币安置费和其他补偿费用是2001年6月才实际支付,但支付的数额是参照支付时的房屋价格计算的,而不是按照1999年的价格计算的。换句话说,如果龙家及时领取这笔房屋货币安置费,是完全能够买到人均18平方米的住房的。李书记说:"当时房子500多块钱1个平方,所有的人都去买了房子的,由于他为奶牛棚的事情梗住了,他没去领,所以一直没安置下

---

❶ 访谈资料 LCM20120820。

去。但事隔多年，房子涨价了，那点钱是买不到房了，当时能买到。"❶ 李书记的话得到了与老龙同一个生产队的 RXW 的证实。RXW 家也选择了住房货币安置，他家于 2001 年领到住房货币安置款后很快购买了住房，当时购买的价格是 580 元每平方米。也就是说，在 2001 年，1.17 万元的住房货币补偿费可以在复兴镇买到接近 20 个平方米的商品房。当然，随着开发的推进，房价上涨很快，到 2002 年龙家强拆时，这些钱就已经买不到同样面积的住房了。

复兴街道、工业园区的工作人员反复强调，他们跟老龙解释过多次，但他听不进去，或者说虽然接受了某一个解释，但他继续从法条和政策中寻找下一个征地违法的理由。既然老龙坚持认为征地违法，也不愿意接受复兴街道和工业园区提出的解决方案，那么他们就只能等着老龙哪一天把征地行为推翻后再来协商补偿安置方案。但是，征地行为是一个行政行为，行政行为一经形成便具有公定力，在原则上应推定为合法，除非法定机关通过法定程序撤销或宣布为无效。但是，征用的土地上早已高楼林立，即便当初征地过程中有不规范之处，法院也很难作出征地行为违法的判决；行政机关或者其上级机关更不会轻易否认行为的效力。老龙的行为无疑是在用一己之力与整个汹涌的城市化浪潮对抗，对抗结果不言而喻，因此，老龙这一锲而不舍的"以法抗争"多少有些悲剧色彩。

对于龙家这种锲而不舍的抗争以及不断升级的赔偿请求，许多村民表示虽然同情他的遭遇，但也觉得他的要求有些过分了，以至于偏离了大家普遍认可的情理。下面两段访谈对话可以显示村民的这种态度。

问：你如何看待 LHX 这个事情？

答：LHX 这个事情，有他自身的问题在里头，但党和政府在处理这个问题上做法也欠妥。

问：自身问题表现在哪里？

答：我也搞不清楚怎么回事，作为社会上的旁观者，怎么说呢？麻烦！社会上的人在说，他自己要求有点高。

问：政府哪些地方不妥呢？

答：久拖不决，十几年了都不落实。中央三令五申喊解决老

---

❶ 访谈资料 LCM20120820。

上访问题、积难问题，都不给人家落实。人家一个老共产党员，七八十岁的人了，弄得人家这里跑那里跑。十几年了，给别人解决了啥子问题嘛！❶

(笔者与村民 XYF 的访谈对话)

问：你觉得他们现在这样的结局主要原因是什么呢？

答：他（LHX）主要是心太大了，想多要些钱。他的女婿、媳妇、生的娃儿，喊政府补他的钱。房子分给他，他还说要买家具。结果他不要，不要就拖到现在。

问：这些要求你们是怎么知道的呢？

答：人总是会传的嘛！一个地方开发的，你要特殊点吗？如果你这样，别人不要求也这样吗？

问：是不是因为当时他家的家具在强拆中被损坏了？

答：现在还有谁在用那些家具嘛！❷

(笔者与村民 ZGZ 的访谈对话)

对于这种不计成本、不计代价、持续上访的老上访专业户，北京大学司法鉴定室主任孙东东教授 2009 年在接受《中国新闻周刊》采访时说："对那些老上访专业户，我负责任地说，不说 100%，至少 99% 以上精神有问题，都是偏执型精神障碍。……偏执型精神障碍属于需要强制的一类，因为它扰乱社会秩序。他就坚持他的某一个观点，这个观点就是精神病的妄想症状。他们为了实现一个妄想症状可以抛家舍业，不惜一切代价上访。你们可以去调查那些很偏执地上访的人。他反映的问题实际上都解决了，甚至根本就没有问题。但是他就没完没了地闹，你怎么和他解释都不成。"❸ 此言一出，立即遭至舆论的一片谴责，孙东东教授也在数日后通过网络发表了致歉声明。笔者在调查中发现，孙教授的观点并非完全没有赞同者，笔者接触过的部分群众和绝大部分官员基本上持这种观点，甚至连多年从事征地拆迁案件审判工作的法官也如此认为："看多了这些老上访户之后，（上访）主要跟人的性格有关系。可以这样说，上访的人很多精

---

❶ 访谈资料 XYF20120228。
❷ 访谈资料 ZGZ20120228。
❸ 王婧，孙东东. 把精神病人送到医院是最大的保障 [J]. 中国新闻周刊，2009 (10): 36.

神上都是有问题的。我跟他们接触过的,他们想的做的跟一般人不一样的。"❶ 就笔者的观察和接触来看,确实有不少老上访户存在偏执的状况,但笔者不敢苟同"持续上访行为起因于精神或人格上的异常"这一观点。如果单纯观察上访过程中的行为,把上访前的生活状况和精神状况、纠纷产生的前因后果等因素剥离开去,我们很容易把精神上的异常当作其锲而不舍上访行为的一种病态原因。但这显然有颠倒因果关系的嫌疑,因为许多老上访户上访之前并没有偏执型精神障碍,反而是在纠纷产生之后或者上访之后才出现这种症状。例如,老龙的邻居们如此描述征地前的老龙及龙家人:"他们家庭很和睦,一大家人都住在一起的,这在农村还是很难得的。……他家和大家的关系处得还是不错,平时又不在生产队骑八个打五个的,还是很讲道理的。"❷ 根据老龙邻居们的描述,征地前龙家有一个和睦的大家庭,一家人都很勤劳,与左邻右舍的关系处得也还可以,也是一个很讲道理的人。根据这些描述,很难想象出老龙是一个具有偏执型精神障碍的人。正是由于纠纷过程中,他的权利正义观念不断被挑战,各种不公平感、挫折感、失落感、征地前后巨大的落差感交织和累积在一起,才会被逼成偏执狂。可以说,偏执恰恰是长期上访的一个结果而不是原因。

二、法理型权利正义观的调整

(一)观念调整的驱动力:信访治理体制下维稳的压力

一般情况下,基层政府官员主要是严格依照法律制度来行事的,因为作为科层体制中的一个"行政人",政府官员有服从法律、服从规则、服从上级的义务,他在科层制中的位置决定了他应当或必须依法行政。但是,我们也发现政府官员也经常会以情理作为行为正当性的依据,甚至会作出一些违反法律但符合一定情理的行为。那么,政府官员为何会在法律之外考虑更多的情理因素呢?

---

❶ 访谈资料 YF20120218。
❷ 访谈资料 RXW20120304。

一种解说认为，基层政府官员的素质不高，法律知识不足，缺乏依法行政的法治观念和严格执法的态度。但是，这种说法实在是小觑了基层政府官员的能力和水平。虽然很多基层官员都是土生土长的本地人，也没有太高的学历，但多年的公职生涯和行政实践早已让他们对自己领域的法律制度滚瓜烂熟，❶ 而且对于不遵守规则可能对自己造成的后果也了然于胸。此外，这种说法也很难解释为什么有的时候他们会严格遵守法律，有的时候又会适当变通。

另一种解说认为，基层官员对农民有一种同情心或对情理有一种文化上的认同。不可否认，基层政府官员确实存在着"行政人"和"普通人"的双重身份，作为科层体制中的一个"行政人"，他必须依法行政，作为一个"普通人"，他也有着"平凡人之心"，也难以摆脱情理的影响。在访谈过程中，李书记就多次提到"同情"一词，"当地政府跟老百姓是经常接触的，对百姓有些同情心，在解决问题上要客观些、合理些、宽松些"，"凭我个人，我也同情他，拖这么多年也不解决"，"我既把他当成我的臣民，也把他当成我的朋友，我是实话实说"。❷ 我丝毫不怀疑部分基层官员对农民是有着一份悲悯和同情之心的，但仅凭这份悲悯和同情就足以驱使他冒违反法律并可能因此受罚的风险吗？这显然把政府官员的行为浪漫化了。

那么，真正的原因在哪里呢？这恐怕得从我国的信访治理体制说起。

严格的依法行政虽然维护了法律的严肃性，并彰显出一定的形式正义，但它显然未能充分考虑到数千年来积淀的社会心理和正义认知，也无法使长期浸润在情理文化里的农民真正信服。就如本案例一样，虽然复兴街道反复说明自己的决定和行为都是符合政策规定的，但龙家人从未放弃过上访上诉。在多数上访者的观念里，层级越高的官员越是公正清廉、也越有可能替自己主持公道。在这一信念的导引下，信访者不断往中央集聚。据国家信访局统计，2003年，国家信访局受理群众信访量上升14%，省级只上升0.1%，地级上升0.3%，而县级却下降了2.4%；中央和国家

---

❶ 笔者在调研过程中经常惊诧于他们能够非常准确地复述出各种征地法律文件的文号和具体内容，甚至包括一些非常具体的补偿标准，这让我这个拥有博士学历而且还致力于这方面研究的人自愧弗如。

❷ 访谈资料 LCM20120820。

机关受理群众信访量上升46%，省、地、县直属部门增幅较少，有的还是负增长。国家信访局受理群众来信同比上升10.7%，接待群众上访的批次、人次同比分别上升20.6%和29.2%。2004年第一季度，国家信访局受理群众来信同比上升20.2%，接待群众上访批次、人次同比分别上升99.4%和94.9%。❶ 面对愈演愈烈的信访问题，中央一方面增大对信访工作的人力、物力投入；另一方面也通过"属地管理，分级负责"的原则将信访工作压力层层往下传递，并将信访工作政绩列入地方政府主要领导干部和公务员的考核范畴。层层下压的结果是，信维稳的压力基本上都落在了基层政府的头上。但是，基层政府经常处于一种权责利完全失衡的困境状态。一方面，上级政府给基层政府分派了繁重的维稳任务；另一方面，基层政府解决问题的资源和权力又十分有限。这种困境就像布迪厄在《世界的苦难》一书中所描述的那样，那些承担着所谓"社会功能"的基层国家工作人员和社会工作者，他们只握有一些符号资源，比如给予信念、劝说的能力，但却缺少公共资源和制度依据，只能在国家赋予的繁重的无休止的任务和十分有限的能力之间挣扎，因而国家要求他们完成的职责成为一种"不可能的使命"（impossible mission）。❷ 即便这样，面对上级考核的巨大压力，为了仕途前程，他们也不得不将维稳当作首要任务，使出浑身解数进行应对。地方政府不仅扩大编制、增设"维稳办""综治办"等机构，而且凡是进入敏感时期、或者遇到敏感事件，都要进行大规模的动员，各个部门齐上阵，力保辖区内平安无事。对于部分可能制造"麻烦"的人员，又往往采用"多跟一"的方式，实施24小时监控，有的甚至使用相当现代化的监控工具。这样的维稳方式，给基层干部带来了巨大的工作压力。❸ 笔者在A区了解到的情况基本类似。例如，老龙曾经去过北京两次，两次都被复兴街道接回来，第一次接回来之后拘留了一天，第二次接回来之后直接就让他回家了。为了防止老龙再上北京，复兴街道经常会派一些人在他家楼下转悠，密切关注龙家人尤其是老龙的行动去向。老龙

---

❶ 于建嵘. 信访的制度性缺失及其政治后果 [J]. 凤凰周刊，2004（32）：50.

❷ Bourdieu, P. etal.（1999）. The Weight of the World: Social Suffering in Contemporary Society. Polity Press, pp. 189－202.

❸ 清华大学课题组. 以利益表达制度化实现长治久安 [J]. 学习月刊，2010（9）：28. 关于基层干部在维稳过程中的压力和艰辛，可参看刘震云的小说《我不是潘金莲》，该小说对此有非常形象生动的描写。

去哪里,他们往往跟随到哪里。尤其是两会、国庆或其他重大活动期间,这些人把龙家人看得更紧。

在巨大的维稳压力下,基层政府也在不断反思和调整自己的观念和工作方式。由于在现行的上访治理体制下,上访者的矛盾纠纷从哪里来,最后他的解决还是要回到哪里去。因此,基层政府官员也意识到,与其事后花费大量的人力物力财力来摆平纠纷,不如在纠纷出现的时候就对那些"法度之外、情理之中"的诉求采取一种更加宽松和更加灵活的处理方式。复兴街道李书记说:"我是长期转田坎的干部,我认为,解决农民的问题不能翻书本本。……我想的是尽量把老百姓的事情解决好,不在周围继续闹事上访。我们国家上访是这样,上访者是哪里人,就由哪里的政府去接回来。"❶ 主管维稳和拆迁的双路工业园区范处长介绍说:"从2004年到现在,我手头上没有产生新的因征地而产生的老上访户。对于那些初次上访户,有什么诉求,我们都及时处理了。我手头上的老上访户全部是2004年前经过了司法强拆的。从内心讲,九几年的征地政策没有现在这么详细和规范,可能当时对他们的处理上就……(笔者注:言外之意是工作方式简单粗暴了些),还是反复做了几次工作,工作没做下去,后来只有通过司法强拆。所以才产生了长期上访。……一般情况下,只要政策范围允许之内,能宽的,我们做工作都能做下去,有些人漫天要价太高了,我们确实没有办法。"❷ 从上述两位基层官员的谈话中我们可以看出,促使官员进行适当变通的根本原因在于维护社会稳定的压力。处于科层制中的官员面临着维护法律的严肃性与维护社会的稳定性之间的双重压力,他们会在这二者之间进行权衡,从而选择是依法行事还是以理行事。另外,从范处长的谈话中也可以看出,在征地早期,基层官员一般都倾向于采用简单、省事的依法行政的处理方式,但是随着一些老上访户的产生,以及伴随而来的维稳压力,基层官员在对待农民的一些合理性诉求方面表现得更加灵活和宽松一些。

基层政府以前惯常使用的维稳手法就是高压,但这种行动策略往往激起农民更进一步的反弹,不但不能遏制上访反而进一步激化矛盾。目前基

---

❶ 访谈资料 LCM20120820。
❷ 访谈资料 FGS20120228。

层政府更倾向于采用柔性化的维稳方式，比如上面提到的对农民的一些法定权利之外的诉求给予酌情考虑，以求平息上访。有学者将这种方式称为"花钱买平安"的维稳模式。利益问题利益解决，比利益问题高压解决固然有所进步，但这种"花钱买平安"的维稳模式依然存在严重缺陷。"花钱买平安"的行为方式实际上无法可依，实践中全凭负责官员的个人判断，其所体现出的政府行为缺乏明确的原则性和规范性。在处理那些"法度之外、情理之中"的特殊案例时，政府花钱的首要目标也只是求得矛盾摆平。但这可能刺激民众"小闹小解决、大闹大解决、不闹不解决"的机会主义预期和行为倾向。❶

（二）观念调整的行为表现

1. 执行变通

1997年，王汉生、刘世定、孙立平等学者从制度运作和制度变迁的角度最早提出"制度变通"的概念，他们认为，制度变通是指："在制度的运作中，执行者在未得到制度决定者的正式准许、未通过改变制度的正式程序的情况下，自行作出改变原制度中的某些部分的决策，从而推行一套经过改变的制度安排这样一种行为或运作方式。"❷ 从政府间的权力关系看，制度变通是制度执行者与制度制定者进行权力博弈的一种方式；从制度变迁的角度看，制度变通是一种"自下而上"的制度创新机制；如果从法律社会学的角度来看，制度变通是一种调处法律和情理之间冲突的一种方式。

征地过程中基层政府也存在诸多变通行为。第一种变通形式是，在不违背法律规定的情况下，通过改变对事物性质的认定来调整补偿金额，从而实现农民对征地的心理预期。由于我国的征地行为是政府主导的单方行政行为，补偿安置的范围和标准不是由政府和农民协商确定的，而是事先由政府制定好的，这种制度制定的封闭性决定了征地补偿制度与农民的普遍期望存在较大差距。在补偿范围和标准确定的情况下，执行政策的基层官员不能随便改变补偿范围和标准，但他们依然拥有一定的自由裁量权，

---

❶ 应星. "气"与抗争政治：当代中国乡村社会稳定问题研究[M]. 北京：社会科学文献出版社，2011：115.

❷ 王汉生，刘世定，孙立平. 作为制度运作和制度变迁方式的变通[M]//应星，周飞舟，渠敬东编. 中国社会学文选（下）. 北京：中国人民大学出版社，2011：558.

例如对事实进行认定的权力,通过改变对事物性质的认定来变相提高补偿数额从而满足农民对土地征用的心理预期。复兴街道李书记介绍了树木清理时的情况:"至于构附着物,在清理的时候,由下面的人操作,为了解决个别人闹起来,可以把标准提高点。比方说这棵树到底是不是20公分,难道还真用绳子量吗?那好慢哦,实际上是靠目测。农民聪明得很,他跟在清理人员的屁股后面,看着自己的桃子树只有3公分的但被确定为5公分,七八公分的被确定为10公分,他们也就满足了。这些一般是就高不就低。"❶ 对于那些抢栽抢插的林木,政策规定是不予补偿的,但是工作人员在清理地里的树苗时是很难区分到底是批文下达前栽的还是下达后栽的,因此就一律视为批文下达前栽的。就如街道杨主任所说:"文件明确规定,抢搭抢建抢插不予补偿。具体操作中,一般都会适当算点,要不然工作不好做。如果过分严格,可能这些社员意见就更大了,分歧就更大了。作为农民,要开发了,他们的行为可以理解,但是不能做得太过分了。"❷ 作为普通农民,都希望在土地征用时多少能够获得一点超过法定补偿标准的利益,基层官员一般都了解农民这种心理,通过执行过程中的适当变通满足了农民的期望。但是这种变通方式是一把双刃剑,一方面它确实让部分农民感觉自己得了便宜,并积极配合征地,从而减少了纠纷;另一方面这种执行的随意性不但鼓励了部分人的机会主义预期和行为倾向,也引发了新的矛盾,例如农民经常会质疑"我的树子比他家的还大一点,为什么他家的被确定为10公分,而我家的被确定为5公分?"

第二种变通形式是,当法律没有对有关事项作出规定,而农民的要求又符合一定情理时,地方政府通过与农民谈判和协商来创造性地提出一些解决方案。这种解决方案往往是针对特定对象特定事件作出的,因此它一般不具有普遍适用性,但可能对其他事件的处理带来一定的示范作用。由于这种变通方式相当于是在创设新的规范,为了使最终解决方案获得合法性并避免创设不当的风险,基层政府必须征求相关部门的意见,并采取集体决策的方式。例如,在第二次强拆前,政府部门对奶牛作安置所提出的解决方案就属于这种情况。根据当时C市的补偿安置规定,并没有对奶牛

---

❶ 访谈资料 LCM20120820。
❷ 访谈资料 YG20120220。

安置作出明确规定，但如果不给予一定补偿，在情理上也说不过去，因此需要通过协商来提出一些解决方案。但是，这种变通方式通常会因为以下几个原因而导致流产。

（1）双方谈判基点不同。

政府谈判的基本起点是：龙家的奶牛如同其他农民的牲畜一样，是属于能够带走的动产，能带走的东西农民自己处理，没有政策规定要对奶牛进行补偿；龙家修建的奶牛场经法院判决为违法占地，没有办理用地手续，不属于补偿范围。换言之，龙家所提出的要求都不是现行征地补偿安置法律所明确加以保障的权利。但是，为了保障国家建设的顺利进行，促使龙家尽早搬迁，复兴街道及工业园区愿意提供一定的搬迁条件，例如垫支3个月租金、提供每头牛200元搬迁费、补偿奶牛设施6万元。在政府看来，严格按照政策规定的话，他们没有任何义务提供各种搬迁条件，现在能提供的条件已经是对龙家的一种优惠。

龙家谈判的起点是：政府征地应当进行等价足额的补偿，保持原有的生活和生产条件不降低，因此要求免费提供场地、支付奶牛搬迁费以及补偿奶牛场房屋及设施。而且龙家深信，政府的征地过程存在违法行为，龙家的一切损失是征地违法行为造成的，所以政府应当赔偿。在龙家要求的赔偿损失中，既包括前期的投入，也包括喂养奶牛的预期收益。

由于双方谈判的起点差距太大，虽然双方都认为自己已经作出了巨大的让步，但仍然难以达成协议。龙家认为，自己已经从14500元一头牛的要价降低到8000元一头，不能再作出让步；而政府认为自己已经提供了政策以外的额外补偿，也不能再增加补偿。

（2）行政决策的示范效应。

虽然政府的具体行政行为不像抽象行政行为那样具有普遍适用性，但它对此后类似行为的处理依然具有示范作用。原复兴街道杨主任在谈到处理纠纷问题的原则时说："我们的处理原则是：不违背大政策、不给后面留难题。具体来说，有具体政策按政策处理，无政策有先例的，套用先例，既无政策也无先例的，就创造性地提出解决方案，但是考虑不留后遗症。"❶ 因此，在龙家的奶牛安置问题上，杨主任主张不能给出太高的补偿

---

❶ 访谈资料 YG20120220。

条件，因为复兴街道范围内饲养奶牛的农民还很多，如果对龙家给出了很高的补偿标准，其他农户都会要求以此标准进行补偿，也会给其他区县政府带来很大压力。所以在座谈记录中，我们发现杨主任提出了这样的问题："要搬迁我们即使给他租好地方，那租金谁来承担？不可能租金一辈子由政府承担。奶牛的评估价有6000元的，也有4000元的，到底按什么价格计算，我们复兴像LHX这种情况的很多，奶牛还有70~80头。"❶

（3）集体决策的极化现象。

对于无章可循、无先例可参照的非常规性决策，行政机关往往采取集体决策的方式。双路园区管委会范处长介绍了处理征地拆迁特殊问题的过程："凡是没有政策依据的事，我们都不敢轻易去做，如果能够轻易去做的话，也就不存在这么多老上访户了。每处理一个老上访户，每处理一个征地拆迁的特殊问题，最起码都要通过管委会党组级会议研究，报区政府区级相关部门同意后才能实施。还有一些案子需要多个部门协调解决。"❷事实上，关于龙家奶牛的处置方案，法院执行庭、区法制办、复兴街道、双路工业园区等多个部门参与了讨论，也提出了不同的意见，最终要根据多数意见形成决策。集体决策经常会出现群体极化（Group Polarization）现象。群体极化这一概念最早由詹姆斯·斯托纳（James Stoner）在1961年研究群体决策问题时提出。群体极化是指，如果一开始群体内成员的意见比较保守的话，经过群体讨论后，决策就会变得更加保守；相反，如果个人意见趋向于冒险的话，群体讨论后得到的决策就会更加有风险。也就是说，群体讨论会得到更加极端的决策。❸ 在处理龙家奶牛的问题上，出于对示范效应和征地成本的考虑，加之在各次诉讼中法院判决的支持，大部分官员倾向于保守的补偿标准，即便有个别官员认为可以采用适当从高的补偿原则，但在集体决策的情景下，他也必须服从多数人的意见。

第三种变通方式是，法律或合同对某种情形作出了规定或约定，但严格执行法律或合约可能严重违背情理并有可能引发公愤，基层政府不行使

---

❶ 文档资料"法院调解LHX案的座谈记录"。
❷ 访谈资料FGS20120228。
❸ Stoner, J. A. F. (1961). A Comparison of Individual and Group Decisions Involving Risk. Unpublished Master's thesis, Massachusetts Institute of Technology, School of Industrial Management.

权利或变更约定的行为。例如，在本案例中，对龙家临时过渡房的处理和对安置房的处理就属于这种情况。如果严格执行过渡房使用和管理的相关规定，法院决定的过渡期限到了之后，复兴政府应当收回过渡房，但是如果这样做，将违背基本的道义，并可能引起龙家人过激的行为和群众的公愤。在这种情况下，复兴街道放弃了对过渡房的权利。住房安置也属于对这种情况的变通。龙家人本来已经选择了住房货币安置，后因各种纠纷一直未领取货币安置款，随着房价不断上涨，那些钱已经买不到住房了，导致龙家无房可住。严格来说，复兴街道已经履行了补偿安置义务，但是考虑到龙家人确实无房可住，复兴街道决定变更安置方式，给予每人18平方米的住房实物安置。之所以作出这种决定，复兴街道李书记说道："我的观点一贯是鲜明的，不管怎样，人家要有居住的地方。不管他LHX不讲理也好、蛮横也好、傲牌也好，他没去买房，总不能住露天坝。作为人民政府，还是要保证他有房子住。镇上的干部来争论这个问题，我说这个问题不会影响大的政策，一句话，我是解决他的住房，不是提高他的钱。如果LHX按照现在的房价五千、六千或八千的价格来领钱，那就不合理了。"❶老龙对于复兴街道的这种适当变通还是不满意，他要求根据最新的补偿标准即人均30平方米的标准进行安置。但是，这种要求被视为超过了可以变通的范围。李书记说："这个LHX是永远办不到的。不是政府不拿，安置有个延续性。他这个办了，原来的人全部要翻转来。……凡是安置费、住房都是统一的，复兴不可能把过去的老案全翻过来，全市农转非几十万上百万，那怎么得了？不同时期征地适用的文件都不同。这个问题他办不到，这是异想天开。……政府在哪些地方可以放宽呢？举例来说，你那个生产队是适用64号令，它绝对不会突破64号令。至于构附着物，在清理的时候，由下面的人操作，为了解决个别人闹起来，可以把标准提高点。……奶牛不是每家都有奶牛，那是特殊情况，个别情况，按政策适度宽松点就解决了。房子面积、安置费、户口这些都是大政策，是定死了的，这个没得哪个敢突破。……如果给LHX安置30平方米，那不是搬起石头砸脚啊？那把全市的矛盾都挑起来了，这是人为制造矛盾。各级政府

---

❶ 访谈资料LCM20120820。

不是为了钱,是为了全市的稳定,要惹祸,相当于推翻了原来的政策和法律。"❶ 李书记的话表明,执行中的变通是有条件的、个别性的、特殊性的、区域性的问题可以适当变通,但是普遍性的、确定性的问题(他所说的大政策)是绝对不敢也不能变通的。

2. 政策修改

通过执行中的变通,可以使法律执行的结果更符合人们情理上的预期,从而缓和法律和情理的内在张力。但是,就如上文所说,并非所有的情法冲突问题都可以通过执行变通来解决。对于那些不符合社会的普遍认知但又不方便在执行过程中进行变通的问题,往往通过政策修改来协调法律和情理的矛盾。戴维·伊斯顿认为,公共政策是一个政治系统对周围环境所提出的问题的反应。政治输入通过政治系统作用之后形成政策输出。政策输出可能产生新的要求导致进一步的循环往复,公共政策便源源不断地被产生。❷ 但是,在政策制定系统还相对比较封闭的情况下,群众的政策需求很难直接输入到政策制度者那里,因此需要一个沟通社会需求和政策制定系统的桥梁,而基层政府往往就扮演了这一角色。一般情况下,基层政府是作为一个执行机关存在的,不具有政策制定的权限,但是基层政府是与普通老百姓接触面最多、最广的一级政府,他们也是对老百姓的政策需求了解得最深刻的一个群体,因此他们在政策修改过程中扮演着将政策需求输入政治系统的桥梁作用。

1999年之前,根据C市的征地补偿政策,16岁以下的小孩是不能获得人员安置费的,政策制定者的理由是父母有抚养未成年子女的义务。这一政策规定引起了被征地农民的强烈不满,每次征地都有农民到基层政府去闹。由于这是全市的大政策,基层政府也无权变通处理,因此民怨颇深。在本书描述的案例中,包括龙家在内的沟坝村村民们也因为16岁以下的小孩未得到安置费而向复兴镇政府兴师问罪,复兴镇政府也只能无奈地向农民出示政策规定。基层官员深知这一政策的弊端,因此在政府内部的汇报和调研活动中曾多次向上级反映了这一问题。就像李书记所说:"以前16岁以下的娃儿没得安置费,理由是父母有义务抚养他。人家有一份土

---

❶ 访谈资料 LCM20120820。
❷ [美]戴维·伊斯顿. 政治生活的系统分析 [M]. 王浦劬译. 北京:华夏出版社,1999.

地,是个活生生的人,他为什么没得安置费呢?我们跟市国土局还专门为这件事情辩论过的,我们基层的意见还是起到作用的,1999年55号令就改了这个规定了,小孩生下来就有安置费,今天报(户口),昨天晚上生的就有,但今天上报,明天生的小孩就没有了。"❶ 沟坝村的村民还算幸运,在他们安置尚未完成之时,新的55号令就出台了,复兴镇政府根据新的安置办法对16岁以下的小孩补发了安置费,龙家的3个大孙子因此获得了安置费。

与此相类似的是大中专学生的安置补偿问题,这也是1999年前在C市引起农民上访的一个重要原因,笔者在调研过程中也碰见好几个这样的上访户。李书记介绍了这种情况:"以前农村的大学生读书要把户口办出去,后来国家出个文件,大学生一律不包分配,农转非时这些娃儿户口办出去了,两万块的安置费都没得到,他们才是冤枉。市人事局说不包分配了,户口应该拿回原地,以前是哪个生产队的就拿到那个生产队,我们跑到市人事局去把这些娃儿的手续拿回原地,但公安局坚持不承认,不让户口回到农村。像CY、HZ、XYF这三个人是一批的大学生,国家不包分配,他们老家开发时他们安置费都没得到,我们认为还是不合理的。以前读书户口必须迁走,又不是他自己自愿迁的,你不包分配了,户口就应该哪里来哪里去,这是天经地义的,但公安局不承认,他也有他的道理,你说怎么跟农民解释嘛!"❷ 针对这个问题,C市在1999年修改征地补偿安置办法时,明确将在校大中专学生、现役义务兵、劳改劳教人员列入人员安置的对象,从而在制度上减少了引发冲突的可能。

C市的征地补偿政策经历了1999年、2005年和2008年三次修改,从总体上看,补偿的范围越来越广、补偿的标准越来越高、土地征收的程序越来越规范。这一过程实际上是法律和情理调适的过程,是让法律越来越顺乎民心和贴近情理的过程。

3. 递推补偿

为了社会的稳定性,法律和政策一般都采用不溯及既往的原则,因此政策的修改和完善对于预防此后的纠纷和冲突有重要作用,但它对于之前

---

❶ 访谈资料 LCM20120820。
❷ 访谈资料 LCM20120820。

情理与法理：权利正义观念的冲突与调适
——以一起征地纠纷案为例

形成的矛盾和冲突无能为力。为了弥补和减轻原有政策给农民带来的利益损失以及相应的不公平感，基层政府往往会采用递推补偿平衡机制来调和征地过程中的情法矛盾。所谓"递推—补偿平衡机制"，就是指"将一个过程遗留的问题推到其他的过程中去补偿，以求得更大的过程中的平衡"❶的机制，也就是我们俗话说的"堤内损失堤外补"。

对于文中描述的这起纠纷案，在基层政府官员看来，从法律层面讲，征地补偿安置工作已经结束，他们也已经做完了所有应该做的工作，但从化解矛盾纠纷的层面看，这个故事远未结束，他们也在尽量地寻找机会抚平征地过程中可能给农民带来的不公平感。李书记说："从法律程序来讲，我们没得办得不妥的地方。如果说从以民为本的角度看，地方政府官员应当做好安抚工作的角度看，可能有些欠妥。"双路工业园区管委会范处长表达了类似的看法："从司法的角度，是经过一审、二审、终审的；从信访的角度，通过了信访的三级程序：答复、复查、复核，这三级程序都走完了的。作为政府机关来说，我们所有的程序是走完了的，从法律的层面，我们是做到家了的，我们也不怕上头哪个来查，程序我们是做到家了。但是，有些实际问题我们还是在想办法解决。"❷在第二次强制拆迁后，龙家失去了养殖奶牛的收入，考虑到龙家生活确实困难，于是复兴街道为龙家解决了几个低保指标，在过年过节的时候也会给龙家发放一点过节补贴。这些措施虽然不能从根本上解决纠纷，但是它对龙家人的情感是一种抚慰，在一定程度上避免了矛盾的激化。但是，递推补偿并不具有稳定性和可预期性，因为实施递推补偿的条件之一是，有权实施递推补偿的人必须了解前一阶段的具体纠纷过程，并且同情受补偿人在前一阶段的遭遇。但是，随着时间的推移，基层领导不断变动，详细了解纠纷过程的人越来越少，通过汇报和文档资料来了解事情经过的过程因远离了事件发生的真实情境而变得越来越形式化和规则化，因此同情的成分也越来越少。据龙家人说，李书记调走后，龙家人的低保指标也相继被取消了。最近几年，过年过节也不再有领导去慰问了。

---

❶ 刘世定. 公共选择过程中的公平：逻辑与运作——中国农村土地调整的一个案例[M]//占有、认知与人际关系——对中国乡村制度变迁的经济社会学分析. 北京：华夏出版社，2003：166.

❷ 访谈资料 FGS20120228.

三、农民关于政府层级的理想形象缘何破灭

（一）农民关于政府层级理想形象的破灭

中国大部分农民对政府层级怀有这样一种惯常的心态：层级越高的官员越可能是公正清廉的、也越有可能替自己主持公道。应星曾经在《大河移民上访的故事》中指出，在1980年，中国多数农民心中都有这样一幅国家形象："闪着神奇光辉的中央＋损公肥私的多数地方贪官＋为民做主的少数清官。"❶ 民间也流传着这样的顺口溜"村里是恶人，乡里是坏人、县里是好人、省里是亲人、中央是恩人。"一些学者的实证研究结果也显示，农民对党和中央政府的权威有较高的认同，但对晚近的干部、对基层政府和基层干部认同较低。❷ 绝大部分初次上访者也持有这种信念，因此不断向高层政府寻求救济，直至中央。

但是，许多学者注意到这样一种现象，那些经历过长期、反复上访过程的老上访户对中央政府的信任和感恩正在逐渐流失。于建嵘通过对56位第一次进京上访的农民在不同时期的对比性调查发现，刚进京上访时，农民对中央的认同是非常高的，认为"中央真心实意欢迎农民上访"的高达94.6%，而七天后则下降到39.3%；而认为"中央怕农民上访"的则从7.1%上升到58.9%；认为"中央会打击报复上访的人"从1.8%上升到60.7%。❸ 应星通过两份上访材料中民谣的对比分析揭示了上访经历让农民政治信任流失的现象。❹ 胡荣的实证研究结果显示，上访对政治信任的流失具有很大影响：上访者到达政府层次每提高一级，其对政府的信任就减少一个档次。❺ 从政府的角度看，上访过程是政治信任流失的过程，从上

---

❶ 应星. 大河移民上访的故事：从讨个说法到摆平理顺［M］. 北京：生活·读书·新知三联书店，2001：405-406.

❷ 肖唐镖. 从农民心态看农村政治稳定状况——一个分析框架及其应用［J］. 华中师范大学学报（人文社会科学版），2005（5）：15.

❸ 于建嵘. 信访的制度性缺失及其政治后果［J］. 凤凰周刊，2004（32）：51.

❹ 应星. "气"与抗争政治：当代中国乡村社会稳定问题研究［M］. 北京：社会科学文献出版社，2011：149-154.

❺ 胡荣. 农民上访与政治信任的流失［J］. 社会学研究，2007（3）：39-55.

访者的角度看，上访过程则是农民关于国家等级的理想形象不断破灭的过程。

在本案中，龙家在第二次强拆前因与复兴街道未能达成一致意见，于是向 A 区政府上访，A 区政府将信访事项转给复兴街道办处理，街道提出了一些解决问题的方案，但老龙对于复兴街道的处理结果不甚满意，于是向更高层级的政府提出复查和复核请求，希望自己的请求能够得到支持，但结果事与愿违，他所请求的事项不仅没能得到更有利于自己的支持，反而基层政府提出的一些解决问题的方案也被高层政府否决。以下三份材料分别是复兴街道办事处、A 区人民政府和 C 市人民政府的信访处理意见书。

C 市 A 区复兴街道办事处群众来信（来访）事项处理意见书

信访人姓名	LHX	性别	男	年龄	68 岁	人数	6 户 22 人
单位和住址	A 区复兴街道原沟坝九社				联系电话	××××××××	
转来或自接	区信访办	转来字号及日期	2005 字 047 号	信访时间	2005.5.23	受理日期	2005.6.1

主要诉求：
  反映安置补偿不到位，断路、停水、电，克扣我的鲜牛奶款。要求解决转非后的住房问题和奶牛场场地问题。

处理意见：
  1. 补偿依据：C 市人民政府第 64 号令《C 市征地拆迁补偿安置办法》，C 市人民政府第 53 号令《C 市土地管理规定》，C 市人民政府第 55 号令《C 市征地补偿安置办法》；A 区府发〔1999〕100 号《C 市 A 区〈征地补偿安置办法〉实施细则》。
  土地被征用，LHX 及其子女应得的：(1) 土地补偿费、安置补助费：LHX 系退养人员，1999 年 4 月办理了养老保险，其子女 11 人按 55 号令领取了人员货币安置费（土地补偿费和安置补助费）21000 元/人。(2) 地上建筑物补偿费，LHX 及其子女共 52080 元；(3) 构附着物补偿费，LHX 及其子女共 55842.51 元。(4) 住房过渡费，LHX 及其子女共 10600 元。
  补偿款的审定、发放时间：2001 年 6 月 5 日。
  已全额领取人员的安置费、原房补偿费、构附着物补偿费、住房货币安置款、一次性搬迁补助、搬家补助全部经 A 区公证处公证存入农转非户主账户（其中：LZB44862 元，LZT37702 元，LJ 47314.8 元，LZH38564 元，LQ46320.8 元，LHX164958.91 元）。集体资产、青苗费按协议付给合作社，合作社分户补偿到位。所以补偿不到位是没有依据的。
  2. LHX 2001 年未经任何有权单位批准，擅自在已征地范围（原沟坝村九社）修奶牛圈 2 间，占地 264.8m² 饲养奶牛，街道发出停工通知书，要求停止并拆除违章建筑物。国土局 2002 年 2 月 1 日向龙本人修建的牛圈作出了行政处罚决定，责令交出违法占地修建的牛舍，交出土地。但 LHX 因种种原由拒不搬迁。在这样的情况下，区法院 2002 年 7 月 6 日依法进行了强制拆除，使其牛圈搬到别处。鉴于此，当时断路、停水、电，这些情况都是 LHX 本人造成的，与街道无关。

3. 关于住房的问题：LHX未书面选定住房安置方式，街道多次征求龙本人的意见，LHX自愿选择了货币安置住房，因此不应提供过渡房。在区人民法院强拆前的听证会上，考虑到龙的实际情况，法院建议为龙提供一套强拆时的过渡房（位于复兴街道一期农转非安置房的3幢4-4，强拆时提供），并自付房租，时间为3个月，但期间LHX没付过房租。由于当时LHX选择了货币安置，没有住房是没有根据的。

4. 奶牛场场地问题。如LHX不喂奶牛，街道可按市场价收购。要继续则迁出复兴街道以外并符合规划的地区饲养奶牛，选址由他本人落实，街道可做协调工作。街道可给予一定困难补助，同时解决一年的租金。

2005年7月12日

信访人意见：

不服上访以上条款，续访。

LHX
2005.7.12

C市A区人民政府信访事项复查意见书
A区信访复查字〔2005〕18号

申请人：LHX，男，汉族，68岁，家住A区复兴街道原沟坝九社，联系电话：135……

被申请人：A区复兴街道办事处

申请人LHX 6户22人，对复兴街道办事处处理的安置补偿不到位、克扣奶牛款、解决住房和奶牛场地问题不服，于2005年7月12日向区人民政府提出复查申请，A区信访办根据区人民政府的授权进行了复查。

经查，有关补偿不到位问题，在2001年6月5日，已分别领取了土地补偿费和安置补偿费21000元/人；构建筑补偿费［LHX及子女］共52080元；构附着补偿费［LHX及子女］共55842.51元；住房过渡费［LHX及子女］10600元；有关的房屋残值费、住房货币安置款、一次性搬迁补助费、搬家补助费等全部经公证处公证存入户主账户。有关奶牛款问题，信访申请人不喂奶牛后，由复兴街道办事处按市场价收购。关于奶牛场地问题，本人可在复兴街道办事处符合规划要求的地方选址，复兴街道办事处支持，并给一定的困难补助，同时解决一年的过渡场地租金。关于住房安置的问题，信访人已选择了货币分房。

本机关认为，申请人 LHX 等 22 户所提信访复查事项，根据《信访条例》第 34 条规定，复查意见为：根据 C 市人民政府第 64 号令《C 市征地拆迁补偿安置办法》，C 市人民政府第 55 号令《C 市征地补偿安置办法》；A 区府发〔1999〕100 号《C 市 A 区〈征地补偿安置办法〉实施细则》，相关的补偿问题已全部到位，并存入了户主的账户；有关奶牛的处理问题，如不喂养奶牛由复兴街道办事处按市场价全部收购，要喂养场地由信访人在符合规划要求的地方选址，复兴街道办事处给一定的困难补助费，同时解决一年的场地过渡租金；住房安置问题，信访人选择了货币安置，不存在再给过渡费，也不存在住房安置。

申请人如对本复查意见不服，可以在收到本复查意见书之日起 30 日内向 C 市人民政府提出信访事项复核申请。

C 市 A 区人民政府
2005 年 8 月 12 日

C 市人民政府信访事项复核意见书
×府信访复核字〔2005〕200 号

申请人：LHX、LZB 等 6 人，C 市 A 区复兴街道沟坝九社。

被申请人：C 市 A 区人民政府

申请人 LHX、LZB 等 6 人不服 C 市 A 区人民政府《C 市 A 区人民政府信访事项复查意见书》（A 区信访复查字〔2005〕18 号），于 2005 年 9 月 23 日向 C 市人民政府提出复核申请。要求：赔偿损失和解决征地补偿及住房。

经查：1998 年 11 月 10 日，经 C 市人民政府×府地〔1998〕511 号文件批准将该社土地全部征用，根据 C 市人民政府《征地拆迁安置办法》第 64 号、《征地补偿安置办法》第 55 号令，A 区府发〔1999〕100 号文件的规定，LHX 及子女于 2001 年 6 月 5 日，已领取了土地补偿、安置费，构筑物补偿费、住房过渡费、房屋残值费、住房货币安置费、一次性搬迁补助费等经公证处公证后全部存入户主账户；至于奶牛的处理是：如不喂养奶牛由复兴街道办事处按市场价全部收购，要喂养场地由信访人在符合规划要求的地方选址，复兴街道办事处给一定的困难补助费，同时解决一年的场地过渡租金；住房安置问题信访人选择了货币安置。

> 本机关认为：征地行为系行政机关具体行政行为，申请人提出复核申请的信访事项，不属于行政机关信访事项受理范围。
>
> 根据《信访条例》第14条、第35条的规定，作出如下复核意见：
>
> 一、撤销《C市A区人民政府信访事项复查意见书》（A区信访复查字[2005]18号）。
>
> 二、申请人LHX、LZB等6人提出复核申请的信访事项，不属于行政机关信访事项受理范围，但信访人可向A区人民政府信访办申请调解，如不能达成调解意见，信访人应按照有关法律、行政法规的规定，通过其他法定途径向有关机关提出诉求。
>
> 本复核意见为信访事项处理终结意见。
>
> C市人民政府
2005年10月20日

（二）对理想图示破灭的解释

从上述案例可以看到，原本被农民视为亲人或恩人的高层政府为何不能帮助农民达成心愿，有时反而导致农民利益的损害？在回答这个问题之前，我们首先要区分农民上访的两种情况：第一种情况是基层政府违法行政导致农民法定权益受到损害而进行的上访，第二种情况是基层政府依法行政，但农民合乎一定情理但无明确法律保障的权益受到损害而进行的上访。在第一种情况下，农民往往能如愿以偿地获得高层政府的支持，因为高层政府支持农民的诉求不仅可以保障农民的合法权益，而且能够维护法律的严肃性、增强上级的权威性和官员队伍的廉洁性。所以，第一种情况的上访往往在一两次上访之后问题就能得到解决，一般不会形成长期的上访。但是在第二种情法冲突的情况下，高层政府却面临着形式正义与结果正义、个人权利与公共利益之间的权衡。与基层政府相比，高层政府的职能和位置决定了决策过程中法理型观念的成分更重，变通的顾虑和阻碍更大，就个案作出特殊处理的可能性就更小。在笔者所接触到的因征地而长期上访的老上访户们，他们上访的理由大多属于第二种情况。

从政府的职能看，高层政府偏重于政策制定，而基层政府偏重于政策执行。政府层级越高，管辖的范围就越广，政府所处理的事物就越具有普遍性，政府履行职能的方式就越具有抽象性和形式性，因此在高层政府的决策过程中法理型观念的成分就更重一些。而长期上访户上访的诉求往往是希望高层官员基于对他处境的同情而给予个案特别的处理和提出具体的解决方案，这种诉求与高层政府主要是制定普遍性规则的工作职能不甚匹配，所以这类诉求往往会移交到基层政府进行处理。即便高层政府有责任和意愿就某个个案作出具体的处理决定，但因为上访者的诉求往往缺乏明确的法律依据，出于对决策示范效应的考虑，他们往往会作出谨慎和保守的决定。高层政府虽然一般不直接对农民上访的问题提出明确的解决方案，但农民的上访对高层政府启动下一轮的政策修改起到了一定的作用。基层政府的主要职责在于执行政策、提出具体的解决方案，他们处理问题的灵活性和创造性更强，因此更有可能在决策中将各种情理因素包含进来。就如本案例所显示的那样，复兴街道的信访答复对龙家提出的合法性质疑进行了答复，并在没有明确政策依据的情况下根据情理对龙家奶牛安置的问题提出了具体的解决方案。在 A 区的信访复查意见书中，A 区政府只是对复兴街道的解决方案进行了简单的重复，而没有就具体问题提出更有利于上访人的解决方案。在 C 市的信访复核意见书中，充满了更多的法言法语和不关痛痒的答复，甚至以法律规定的名义将 A 区政府默认的解决方案否决，让纠纷的解决重新归于起点。对龙家人而言，C 市的信访回复不仅让本可能获得的困难补助和租金补贴归于无效，而且也让龙家人为上访而支付的一切时间、金钱、精力付诸东流。所以，从某种意义上说，高层政府并未如农民所愿成为他们的恩人，反而变成了他们的"仇人"。

　　从政府所处的位置看，基层政府更加贴近基层民众的日常生活，与民众有着千丝万缕的联系，对于纠纷产生的具体情境有更直观和深刻的认识和体会，因此情理性因素更容易进入基层政府的决策过程。高层政府拥有的决策信息主要来自书面汇报，格式化的公文往往将现实情境中那些非法律事实部分的信息筛选过滤掉了，只剩下干瘪的事件和法条，高层政府据此作出的决策当然也显得更加形式化和理性化。在本案中，如果不了解老龙在狮子山问题上所遭受的打击和痛苦，不了解龙家女婿长期在农家生活的事实，不了解龙家在奶牛养殖过程中所付出的各种艰辛，不了解修建牛舍的背景，不了解龙家在牛圈刚建成后的风光和门庭若市，不了解龙家在征地前后居住和生活条件的天壤之别，不了解征地前龙家人的和睦与征地后妻离子散的状况……我们恐怕很难理解龙家人近乎偏执的上访，也很难对龙家人产生理解和同情的心态。但是，这些信息除非与龙家人有长期而频繁的接触，或者有专门的调查研究，否则很难在格式化的公文里面表现出来。所以，高层政府依据书面审理而作出的一些符合法律规定但无助于纠纷解决的答复一点也不显得奇怪。长期在基层任职的李书记曾这样说到："区级机关下来开发的，他是按书本本，他灵活性差点，当地政府跟老百姓是经常接触的，对百姓有些同情心，在解决问题上要客观些、合理些、宽松些。"[1] 因此，对于那些"情理之中、法度之外"的诉求，如果连基层政府的解决方案都无法让上访户满意的话，那么上访户一味地寻求高层政府的支持恐怕只是一场徒劳。

---

[1] 访谈资料 LCM20120820。

第五章 土地纠纷案中的司法实践

一、"无讼"文化与司法救济

(一)传统"无讼"文化及其社会原因

儒家文化崇尚"无讼"理念,孔子作为儒家思想的创始人,是"无讼"论的奠定人和倡导者。孔子曾说:"听讼,吾犹人也,必也使无讼乎"❶,意思是我审判案件和别人没有什么不同,但是我的目标在于使人们不争讼。由于中国古代社会儒家思想处于绝对支配地位,因此"无讼"文化成为中国传统法律文化的重要特征。学者们认为,"无讼"理念作为中国传统法律文化的价值取向,有其深刻的社会原因。

首先,中国传统社会基本上是一个"熟人社会"。中国传统社会的经济基础是自给自足的自然经济、小农经济,占人口绝大多数的人是日出而作、日落而息的农民,他们对土地有着极大的依赖性。就如费孝通在《乡土中国》中所描述的那样,"向泥土讨生活的人是不能老是移动的。在一个地方出生的就在这地方生长下去,一直到死。极端的乡土社会是老子所理想的社会,'鸡犬相闻,老死不相往来'。不但个人不常抛井离乡,而且每个人住的地方常是他的父母之邦。'生于斯,死于斯'的结果必是世代的黏着。这种极端的乡土社会固然不常实现,但是我们的确有历世不移的企图,不然为什么死在外边的人,一定要把棺材运回故乡,葬在祖坟上呢?一生取给于这块泥土,死了,骨肉还得回入这块泥土。历世不移的结

---

❶ 论语[M]. 张燕婴译注. 北京:中华书局,2006:187.

果,人不但在熟人中长大,而在熟悉的地方上生长大。"❶ 在熟人社会中,人际关系错综复杂,为了维护人际关系的和睦与安宁,社会秩序主要是靠"礼治"而不是"法治"来维持的。根据费老的定义,"礼是社会公认合适的行为规范","礼和法不相同的地方是维持规范的力量","法律是靠国家的权力来推行的",而"维持礼这种规范的是传统"。维持礼治秩序的理想手段是调解和教化,而不是诉讼,而承担这种调解和教化功能的是乡土社会的乡绅或长者,费老把这种现象称为"长老统治"。至于"讼师"一类的人,在古代中国没有生存的土壤,为国人所鄙视,以至于一提起他们,大家会联想到"挑拨是非""妖言惑众"之类的恶行。例如,邓析,中国最早的律师,因教人诉讼并收取代理费,被批评为:"不法先王,不事礼义,而好治怪说……持之有故,言之成理,足以欺愚惑众"❷,最终被视为小人而被当权者杀害。

其次,中国古代社会是以家族为本位的,家国一体的社会结构。我国的封建社会是在宗法血亲关系的基础上建立起来的,宗法制就是我国古代封建社会的组织形态。宗法制产生于西周时期,它根据亲属关系的长幼,嫡庶远近来决定政治上不同的地位或权利义务,实现国家政治机器与王族的宗族组织结构合一的制度。宗法制作为一个事实的存在深刻地影响了我国的社会结构,虽然在青铜器时代我国已经进入了国家的状态,但是由于我国的国家状态不是从技术革命发展而来的,并且当时的地域原则没有完全的取代血缘原则,使得我国的社会结构一开始就是家国同构。在家国同构的格局下,家是小国,国是大家。在家庭、家族内,家长地位至尊,权力至大;在国内,君王地位至尊,权力至大。孟德斯鸠在谈到中国问题时也说:"这个帝国的构成是以治家的思想为基础的。"❸ 有学者认为:"探索中国诉讼原理,也可以从父母斥责子女的不良行为,调停兄弟姐妹间的争执这种家庭的作为中来寻求。为政者为父母,人民是赤子,这样的譬如从古以来就存在于中国的传统中。事实上,知州、知县就被呼为'父母官''亲民官',意味着他是照顾一个地方秩序和福利的'家主人'。知州、知县担负的司法业务就是作为这种照顾的一个部分的一个方面而对人民施与

---

❶ 费孝通. 乡土中国·生育制度 [M]. 北京:北京大学出版社,1998:21.
❷ 荀子 [M]. 安小兰译注. 北京:中华书局,2007:57.
❸ [法]孟德斯鸠. 论法的精神 [M]. 张雁深译. 北京:商务印书馆,1961:315.

的,想给个名称的话,可称之为'父母官诉讼'。"❶ 在家国一体的社会结构下,老百姓之间的纠纷其实是家庭不和睦的延伸。家庭家族内部成员之间由于有着割不断的血缘亲情,地方官吏在处理老百姓的争讼时就像排解家庭纠纷一样以调节为主,辅之以刑罚,以达到对无讼理想的追求。家国同构的社会特征在法律领域导致了国法与家法的混同,让"无讼"的思想深深地植根于中国老百姓和官吏的心中。

最后,乡绅阶层的存在为"无诉"社会提供了现实条件。在传统的乡土社会中存在一个重要而特殊的社会阶层,那就是乡绅。他们既为"居乡之士",是"一群特殊的会读书的人物"而被乡民所崇敬,同时作为当地人与乡民有着地方性知识上的共识。他们又为"在野之官",拥有着国家所赋予的法定特权,并因此产生了一种"非正式权力"。❷ 这种上通下达的能力使得地方乡绅在对民间纠纷的解决上扮演了权威的仲裁者的角色。就如《中国绅士》所记载的那样:"绅士一般是不掌握司法权的,但是他们作为仲裁人,调解许多纠纷。有关绅士这类事务的例子不胜枚举,故人们下这样的断言,即由绅士解决的争端大大多于知县处理的。兹举数例,据称有一生员极善调解纠纷,所以他的老家的各村庄很少有诉讼案件。还有一生员素称刚正耿直,常常为其家乡的一些家庭分家拆产排解纠纷。有一贡生据说调解纠纷十分明断,十余年来他所在的庄上竟无讼案。"❸

当然,虽然儒家思想和统治者都崇尚无讼理念,赞扬无讼社会,但"无讼"可能更多地只是一种社会理想,而不是生活实践。许多学者的研究都表明,明清时期,尤其是清代,随着人口规模的迅速扩大,中国社会的商品经济和货币经济有了很大的发展,土地交易和土地的流转极为频繁,这使得整个社会内部充满动荡和不安。这种情况表现在法律上面,便是诉讼频繁和地方行政的不堪重负。❹ 日本学者夫马进的研究发现,明清时代存在"好讼""健讼"之风,以嘉庆时期宁远县为例,虽然全县仅有

---

❶ 滋贺秀三. 中国法文化的考察———以诉讼的形态为素材 [M] //王亚新,梁治平. 明清时期的民事审判与民间契约. 北京:法律出版社,1998:16.
❷ 徐祖澜. 乡绅之治与国家权力———以明清时期中国乡村社会为背景 [J]. 法学家,2010 (6):111.
❸ 张仲礼. 中国绅士———关于其在十九世纪中国社会中作用的研究 [M]. 李荣昌译. 上海:上海社会科学院出版社,1991:66-67.
❹ 梁治平. 从"礼治"到"法治" [J]. 开放时代,1999 (1):81.

23366户人口，却居然在一年间提出了约一万份诉讼文书。❶黄宗智通过对清代诉讼档案的研究也发现，清代官方表达呈现的是这样一幅图像：①民事诉讼不多。首先是国家意识形态认为这种诉讼不应当有；②再者，一般良民是不会涉讼的，如果涉讼，多半是受了不道德的讼师讼棍的唆使；③县官们处理民事诉讼案件的时候，一般采取的是调处的方法，用道德教诲子民，使他们明白道理，不都依法律判案。但是，诉讼案件档案显示的却是不同的图像：①民事诉讼案件占了县衙门处理案件总数的大约三分之一；②诉讼当事人大多数是普通人民，上法庭多是迫不得已，为了维护自己的合法利益；③衙门处理纠纷的时候，要么让庭外的社区和亲族调解解决，要么就是法官听讼断案，依法律办事。县官极少在庭上进行调解。据此，黄宗智认为，无争无讼、调停为主只是政府在意识形态上的"表达"，法律制度运作的实际则显示了不同的图景，他将这种现象称为"表达和实践的矛盾与背离"。❷

（二）当前农村的司法需求

当我们把目光回转到当前社会，发现诉讼是如此频繁，而且呈日益增长之势。仅以行政诉讼为例，相关统计显示，在《行政诉讼法》制定的1989年，全国法院受理的一审行政案件为9934件，1990年为25667件，到了2010年，已经接近13万件。❸笔者在调研过程中发现，诉讼是农民经常选择的一种争端解决方式。在笔者访谈过的因征地纠纷而不断持续上访的老上访户中，所有的人都有过涉讼的经历，而且大部分人有多次涉讼经历，他们或者作为原告对行政机关作出的各种征地行为不服而提起行政诉讼，或者作为民事诉讼的被告而被要求拆除房屋交出土地。除了诉讼外，这些老上访户们还参与了一些非诉讼的司法程序，例如作为法院强制执行的被执行人、对法院行为进行申诉等等。一些更大范围内的调查也显示，因土地行政征收引发的"官民矛盾"越来越突出，诉讼已成为众多"失地

---

❶ 夫马进. 明清时代的讼师与诉讼制度［M］//王亚新，梁治平编. 明清时期的民事审判与民间契约. 北京：法律出版社，1998：393.

❷ 黄宗智. 清代的法律、社会与文化：民法的表达与实践［M］. 上海：上海书店出版社，2001，序言.

❸ 何海波. 困顿的行政诉讼［J］. 华东政法大学学报，2012（2）：87.

农民"的重要救济途径。征地案件已成为行政案件的"大户",成为行政审判工作的重点(见表 5-1)。例如,一份关于重庆市 2004—2007 年土地行政征收案件调查报告显示,与行政案件总体情况相比,征地案件增长幅度明显快于行政案件增长速度,例如,2007 年,行政案件比 2004 年增加 12%,但征地案件则增加了 104%。❶

表 5-1 老上访户涉讼情况统计表❷

姓名	征地时间(年)	涉讼数量(件)	涉讼主要内容
LHX	1998	5	狮子山权属、诉行政处罚决定和行政处理决定违法、被诉要求返还住房、被诉搬离沟坝村小学
LCX	1997	2	要求履行法定职责、诉行政处理决定违法
CGY	2001	4	要求履行法定职责、诉处理决定违法、诉强制执行违法、被诉交出土地
XYQ	2004	6	诉拆迁通知违法、诉补偿安置公告违法、诉行政处理决定违法、诉征地批复违法、诉拘留决定违法
LYZ	2003	2	诉强制拆迁违法、行政赔偿诉讼

司法诉讼成为征地过程中农民惯常选择的一种权利救济方式,主要有以下几个原因。

首先,法治观念作为主流意识形态的确立和普及。虽然儒家的无讼文化对国人的诉讼观念有着深远的影响,但这种观念随着社会生活的变迁不断受到冲击。以最近的一次运动为例,自 20 世纪 80 年代以来,全国范围内兴起了轰轰烈烈的"普法运动"和"送法下乡"运动,这场运动让民族心灵经历了一次现代洗礼。在这场运动中,国家除了颁布大量新的法律规范,从制度安排和机构设置层面推进基层司法建设之外,还通过宣传口号、媒体报道成功案例等各种方式来树立法律的威信、形塑人们对法律的信仰。1985 年 11 月,第六届全国人民代表大会常务委员会通过的《关于在公民中基本普及法律常识的决议》明确提出普法活动的宗旨是:为了发

---

❶ 重庆市第一中级人民法院行政庭课题组. 重庆市土地行政征收案件调查报告[J]. 西南政法大学学报, 2008(5): 114.

❷ 以上表格是根据笔者收集到的诉讼档案整理的,还有部分涉讼案件的档案未收集到,因此真实数量要大于表中的数量;此外,本表格的统计数据还不包括当事人参加的非诉讼司法程序。

展社会主义民主，健全社会主义法制，必须将法律交给广大人民掌握，使广大人民知法、守法，树立法制观念，学会运用法律武器，同一切违反宪法和法律的行为作斗争，保障公民合法的权利和利益，维护宪法和法律的实施。由此可见，普法活动的目的不仅是推广法律知识、扫除"法盲"，而且是推广法治精神，提高农民对法律系统的期望，激发农民的法律参与，让法律成为普通人可以使用的神圣"武器"。随着运动的推进，人们更为普遍地使用法律话语和法律方式来使自身的诉求合法化。正如学者苏力所言："中国应当实行法治，中国正在走向法治；无论当代中国人对中国社会的政治法律现状和走向如何评价或做什么样的预测，'法治'已经变成了一种信仰，就如先前中国人对'革命'、如今对'改革'的信仰一样。"[1]在这种背景下，通过诉讼程序严格依照法律规定解决社会纠纷被视为法治建设的一个重要内容，诉讼无须再背负沉重的历史包袱，可以在法治的大旗下、以维权的名义堂而皇之地进行。农民对于具体的法律规范和诉讼程序了解多少可能要另当别论，但至少他们知道诉讼是一条可接近的纠纷解决途径。

其次，其他纠纷解决方式的失效。理论上讲，解决纠纷的途径多种多样，除了诉讼外，还有自行协商、调解、复议、裁决等方式，但就实际情况来看，前述解决方式往往作用有限或根本进入不了农民的备选方案，因此大量的纠纷问题便涌向了被称为"社会正义的最后一道防线"的司法诉讼。自行协商是人们广泛应用的一种纠纷解决方式，因为协商解决的一个优点是，当事人双方有更大的自由，就如奥伯特（Aubert）所言："当事人经常不需要考虑以前解决方式的暗示，也不用担心纠纷解决成为以后类似纠纷解决的先例，这明显比诉讼有更大的自由。协商过程不会在社会的正常秩序上留下任何印迹。"[2]但是，成功的协商需要双方具有平等的地位，而且能自由处分自己的权利义务。征地纠纷往往不能满足这两点，因为征地过程中发生的纠纷主要是行政纠纷（即民和官之间的纠纷），二者地位的不平等往往令协商变得不可行，另外政府的行为也经常受到"公权力不可处分"的限制。调解是指在第三方的协调下纠纷当事人自愿达成协

---

[1] 苏力. 送法下乡——中国基层司法制度研究 [M]. 北京：北京大学出版社，2011：1.
[2] Aubert, V. (1963). Competition and Dissensus: Two Types of Conflict and of Conflict Resolution. *The Journal of Conflict Resolution*, 7 (1), 26–42.

议、解决纠纷的办法。调解的成功往往需要一个当事人都信任的调解者。对于普通的民事纠纷，纠纷主体之间容易找到比他们威望更高的第三者来担当调解人，例如村中德高望重的长者、村干部、人民调解委员会等机构和个人。但是征地纠纷多数属于民与官的矛盾造成的纠纷，村民往往不相信村委会和人民调解委员会能不站在政府的立场上而更多地代表自己利益，所以他们不愿意通过调解解决纠纷。行政复议属于行政机关的内部监督机制，是行政机关对下级或者政府对所属的行政机关作出的违法或者不当的具体行政行为实施的一种监督和纠错行为。由于复议机关和原行政机关存在利益关系，因此复议机关处理征地纠纷时，难免会受到政府其他部门的影响与制约，从而影响处理征地纠纷案件的公正性。虽然法律规定征地纠纷可以通过仲裁解决，但目前全国大多数农村尚未建立农村土地仲裁机构，有的虽然已经建立但因为人员和经费等原因尚未真正开展仲裁工作，仲裁在征地纠纷解决中基本上没有发挥预期作用。❶ 因此，在其他纠纷解决方式乏力甚至无效的情况下，借助与行政机关地位平等但又相对独立的司法机关的力量来解决纠纷成为农民的必然选择。

虽然失地农民经常诉诸司法力量来解决纠纷，但结果往往并非所愿。就如在本案例中所呈现的那样，龙家花费了不菲的诉讼费用，也耗费了不少的时间和精力，但司法的力量似乎并未能帮他实现预期目标，在老龙看来，某些司法判决反而加重了他们的负担。那么，导致这种结果的原因何在？司法机关到底在纠纷过程中扮演何种角色呢？

二、徘徊在情理与法律之间的司法

（一）现代法治的形式理性品质与法院的依法判决

韦伯曾经使用两条标准对法律进行了系统的分类：一是形式性，即一种法律制度是否使用内在于这种法律制度中的决策标准，这决定了系统的自治程度；二是理性，即一种法律制度是否按照一种统一的决策标准来处理所有类似的案件，这决定了该制度所确立的一般性和普遍性程度。这两

---

❶ 史卫民. 征地纠纷解决机制的探索与思考 [J]. 经济纵横，2008（9）：64-66.

条标准可以综合成四个理想形态,即①形式不理性;②实质不理性;③实质理性;④形式理性。韦伯的四个法律理想形态,不仅说明法律的内在特色,也在某种程度上描绘了法律形式的历史变迁过程,即法律形式依循着形式不理性→实质不理性→实质理性→形式理性的不同阶段前进而逐渐朝向法律的理性化。在韦伯看来,第一种形式不理性的法律表现在初民社会中解决纷争的神谕以及获得神谕所应遵守的程序。第二种实质不理性的法律表现在他所谓的"卡帝正义"(khadi - justice)的法律。"卡帝"为回教法院的法官,"卡帝正义"意味着任何制度,具有如下特色:个人服从官员之权威,而该官员无须适用法律,无须受到法律规则拘束,只需依据一般伦理原则作成判断即可。第三种实质理性的法律出现在他所谓的"家长式的法律制度"(patriarchal system of justice)或神权政治的法律制度,亦即法律系由君主或其他统治者制订,法律制订的目的在于实践伦理上的福利政策。第四种形式理性的法律来自罗马法以及潘德克顿法典(Pandects)所呈现的成文法典化的法律体系。这种成文法所展现的高度形式理性,表现在该法律制度高度的体系化,以及充分遵循对法律规范本身以及法律规范与法律行为间关系的"意义的逻辑解释"(the logical interpretation of meaning)上。❶ 韦伯认为,西方法律形式理性化的极至为欧陆法,尤其是德国法,这也是韦伯视阈中"法理型统治"即西方现代法治的基础。形式理性法主导的现代西方法治是韦伯心目中最推崇的社会秩序模式,这是因为西方资本主义的发展过程中那种"可计算性"的品性,产生了对严格形式法律与诉讼的迫切需要,同时社会理性化所要求的国家科层官僚制的形成也要求法律的体系化或法典化。❷ 法律的形式主义包括了法律的权威性和普遍适用性、法律运作的可靠性和可预计性以及法律与政治、伦理的分离等本质特征。

许多法学家对现代法治的基本特征都做过类似的描述。例如,美国批判法学派的代表人物昂格尔认为,法治的两个最显著的特点是它的普遍适用性和自治性。"一种法律秩序区别于政治和行政却恰恰因为它服从于立

---

❶ 陈聪富. 韦伯论形式理性之法律 [EB/OL]. 法律教育网,2006 - 2 - 5. http://www.110.com/ziliao/article - 20375.html.

❷ 马剑银. 现代法治、科层官僚制与"理性铁笼"——从韦伯的社会理论之法出发 [J]. 清华法学,2008(2):47 - 48.

法的普遍性目标和判决的一致性目标。人们希望法律针对着广泛确定的各种人和行为,并且在适用时不得偏袒某个人或某一阶级。在官僚法中,普遍性不过是权宜之计,而在法律制度的结构之内,它却获得了特殊的重要性,因为,正是法律的普遍性确立了公民在形式上的平等,从而保护他们免受政府的任意监护之害。"❶ 马克·格兰特在其经典的文章《法律的现代化》一文中提出了一种更具综合性的现代法概念,勾勒了现代法的 11 个明显特征:①法律对所有人都一视同仁;②现代法是事务导向的;③现代法律规范是普遍性的,其适用具有可预测性、统一性而且不带个人感情色彩;④法律系统是等级化的;⑤法律系统官僚化地运作;⑥法律系统是理性化的;⑦法律系统由专业人士操控;⑧在法庭和当事人之间存在专业化的中介人,律师取代了仅能办理一般性事物的代理人员;⑨法律系统可以被修改,不具有神圣的固定性;⑩法律系统是政治性的,它与国家勾连在一起,而国家则垄断了法律;⑪在现代法律系统中,立法权、司法权以及行政权是分离且明晰的。❷ 从上述特征可以看出,格兰特所谓的现代法实际上也与韦伯意义上的形式理性系统类似。

在以形式理性为基本特征的现代法治下,司法就像一台法律自动机器,"人们从上面放进事实和费用,以便让它从底下吐出判决和说明理由"。❸ 法院/法官往往被看成是司法这架精密设计的巨型国家机器之中按照既定规格锻造的零部件,他们无须也不应该考虑他们各自身处的千差万别的社会情景系统中的各类错综复杂的权力场域是如何运作并发生关联的;或者,内在于每一起复杂或简单、棘手或敏感的个案之中的利益冲突是在怎样的社会关系网络中进行博弈的。他们被要求承担起的艰巨使命几乎用一句简简单单的话即可概括——严格依照既定程序,无差别地适用法律。❹ 在现代法理型司法理念下,程序公正优于实体公正,普遍正义优于

---

❶ [美] R. M. 昂格尔. 现代社会中的法律 [M]. 吴玉章,周汉华译. 南京:译林出版社,2001:50-51.

❷ Galanter, M. (1977). The Modernization of Law. In Lawrence M. Friedman and Stewart Macaulay (ed.), Law and the Behavioral Science. 2nd ed. Indianapollis, IN: Bobbs - Merrill, pp. 1046 - 1060.

❸ [德] 马克斯·韦伯. 经济与社会 (下卷) [M]. 林荣远译. 北京:商务印书馆,1997:206.

❹ 陈洪杰. 从程序正义到摆平"正义":法官的多重角色分析 [J]. 法制与社会发展,2011 (2):30.

个案正义，法律真实优于客观真实，法律调整优于调整法律，服从法律而非服从民意是对法官的一般性要求。

实现现代法治是中国有识之士近百年来的追求和梦想，但追求现代法治的努力几经磨难，屡遭挫折。改革开放后，我国确立了依法治国、建设社会主义法治国家的治国方略。但是，到十一届三中全会之前，我们所面临的是几乎空白的现代法制建设，在这样一种语境下，借鉴和移植西方法律及司法制度（主要是大陆法系的法律和制度）成为我国现代法律建设的主要方式。从20世纪90年代中期开始，我国开始了庭审制度的改革，这一改革以强化程序观念、追求程序公正为主要价值取向。通过引入抗辩制模式，强化当事人的举证责任，法官的职责不再是全面收集证据，而是在庭审中指挥双方当事人及其诉讼代理人举证并相互进行质证，并在此基础上对证据加以认定。提供的证据不足，提供证据的时间不符合要求，提供证据的程序不符合要求，都会成为判决当事人败诉的合法理由，客观真实让位于法律上的真实。这一改革对于克服中国传统的司法非程序化，走向现代法治所要求的司法形式主义，无疑具有十分重大的意义。然而，依据现代法律和程序进行的司法判决常常与当事人对法院的期望相背离，不能真正起到"定分止争"的作用。我们可以从本案涉及的几个司法判决中看到这种现象。

在LHX诉复兴街道对狮子山的处理决定一案中，LHX不服复兴街道处理决定的真正原因是，他认为复兴街道作出的山林林木和附着物赔偿费偏低，不足以弥补这几十年来他对狮子山付出的劳动以及因为狮子山林地他所遭受的精神上的痛苦（如党籍处分等）。他提起诉讼的目的是希望法院能撤销原处理决定，责令复兴街道作出更有利于他的补偿决定，甚至希望最好法院能够直接作出有利于自己的补偿决定。在法院庭审过程中，法官指出LHX要求的十几万元赔偿不是复兴街道的决定直接造成的损失，不属于行政赔偿的范畴，于是LHX撤回了行政赔偿的请求。法院审查的重点就落在了复兴街道的处理具体是否合法的问题上。法院根据相关法律规定对复兴街道的行政主体资格、作出决定的事实和法律依据等事项进行了审查。审查的结果认为复兴街道第一项决定——"维持狮子山林地归集体所有"——的决定合法；而第二项决定——山林林木及附着物赔偿费——的决定因为超越职权、适用法律不当而被依法撤销（详情参见附录四）。事实上，复兴街道如果严格依照征地补偿安置办法，每亩林地最多只能补偿2200元，而依照《C市林地保护管理条例》每亩可以补偿3000元，但《林地保护管理条例》调整的是征用、占用林地的单位或个人与国家的关系，而不是政府与被征地农民的关系。从结果上看，复兴街道超越职权并错误适用法律对LHX而言是更有利的，复兴街道作出这个决定是与林业局协商的结果，目的也是希望尽量增加一点对LHX的补偿，从而确保征地顺利进行。但法院关注的是复兴街道的行政行为是否合法，至于行为的结果是否更有利于化解征地纠纷显然不是他们首先关心的问题。于是，这个补偿决定以行政主体超越职权、适用法律不当而被撤销。法院的判决是严格按照法定程序进行的，而且也确实担负起了对行政机关及其工作人员依法行使职权的监督职责，但判决的结果却与龙家的期望背道而驰。这一判决结果让龙家原本可能拿到的6300元林地补偿化为泡影，而且法院认为复兴街道无权对林地补偿作出处理决定也让龙家失去了重新找复兴街道进行处理的理由，而法院指出的解决之道——对村社集体提起民事诉讼，这是龙家不愿意而且经验证明也是不可行的一条路。LHX认为，一审判决不但没有保护他的合法权益，反而损害了他的合法权益，加重了他的经济负担，完全背离了行政诉讼保护弱者的司法原则。LHX不服，提出了上诉，但二审法院确认的事实和证据与一审法院一致，作出了维持原判的决定，并判决由LHX负担所有的诉讼费用。

在LHX诉A区国土资源局行政处罚决定一案中，LHX不服处罚决定的理由主要是，行政处罚决定未考虑他修建牛舍的背景以及牛舍修好后所取得的良好的社会效果。为了证明自己的理由，LHX也举出了一些证据（详情参见附录四）。但行政诉讼审查的是被诉具体行政行为的合法性问题，即证据应当围绕行政机关是否具有行政主体资格、是否有管辖权、认定事实是否错误、适用法律是否正确、程序是否合法等问题展开。龙家提供的证据仅能在一定程度上表明自己占地是事出有因的，不能从法律上构成对行政处罚决定违法的抗辩。因此，法院经过审查认为，LHX提供的证据与案件没有关联性，不能作为定案的依据。但是，作为执法机关的行政机关与作为司法机关的法院在知识结构上具有更多的相似性，他们分享着同一套知识体系，因此在客观事实与法律事实的区分上、在证据的合法性与关联性的认识问题上，他们的看法更倾向于一致。作为被告的A区国土局出示了证明自己行政行为合法的各项证据,法院认定其具有真实性、合法性、关联性,予以采信。因此,法院作出了维持原处理决定的判决。龙家不服,提出上诉,二审法院确认的事实和证据与一审法院一致,作出了维持原判的决定。

法院依法判决难以满足农民预期的原因在于:

第一,农民基于情理的诉求往往超越了法院依法判决能够提供保护的范围。农民的很多权利诉求是综合了历史的、政治的、社会的、伦理的、道德的各种因素而形成的权利诉求,这些诉求在情理上或许有一定的合理性,但是它很可能不在现行法律保障的权利范围之内。农民提起诉讼时,他期望的是法官个人对他处境的同情和对他个案的特别处理。而现代大陆形式主义法律传统的出发点是有关权利和权利保护的普遍原则。它要求所有的法庭判决都必须通过"法律的逻辑",从法定权利原则推导出来。农民的情理型权利正义观念是把各种不同因素纵横交错地嵌套起来,而现代法律是通过把相互牵连、相互重叠的多种关系构成的情境隔离开来,通过"一个抽象的法律前提向一个具体的'事实情形'的适用"来形成"具体的司法判决"。❶换句话说,司法机关对政府行政行为的审查只是一种合法性审查,它只要求政府机关的行为符合法律的规定即可,对于行政行为的合理性并不做判决。事实上,农民基于情理提出的诉讼请求往往是一个合理性问题而不是合法性问题,他们的诉求难以在正式的审判过程中得到支持。如果法官严格按照现代法律的程序和逻辑进行审判,农民情理上的诉求得不到支持是必然的结果。

第二,农民在以证据制度为基础的现代法理型审判制度面前处于劣势地位。法院的司法判决是建立在证据制度上的,政府机关运作必有记录的办公特征和完善的档案制度决定了它更有条件保留和重现现代司法体系认可的证据,而农民明显缺乏这方面的意识、知识和技术,所以政府机关所主张的观点和提供的证据更能得到法院的支持。例如,老龙在狮子山一案的庭审辩论中指出,村社曾经决定将三亩林地作为龙家的自留山,并提供了一系列证人的名字。但是,他未能提供村社决定的书面会议记录,也未

---

❶ 郭星华,隋嘉滨. 徘徊在情理与法理之间——试论中国法律现代化所面临的困境[J]. 中南民族大学学报(人文社会科学版),2010(2):119.

能提供证人的证言或邀请证人出庭作证。法院认为老龙提供的证人未出庭作证，无法进行质证，所以老龙想证明的事实无法予以确认。

在上述两个判决中，如果从形式法治的角度看，法院的做法实现了规则之治，似乎并无不妥之处；但是从纠纷解决的角度看，这两个判决不但无助于纠纷解决，反而起到了火上浇油的效果。在行政诉讼中，法院的判决只是对争议的行政行为作出"合法/违法"非此即彼的判断，但隐藏在争议背后的安置问题、补偿问题并没有得到真正解决，结果导致"案结事不了"，农民变本加厉地上访和申诉。对于这种结果，法官经常会感到很无奈："因为司法权和行政权，他是不同性质的一个权力，司法权只是一个判断权，判断政府的行为是不是合法的，他并不是一种决定权，不是说针对一种事实状况就可以直接代替行政机关作出决定。"❶

（二）依理调解的历史与现实动因

法官不仅仅是一个"法律人"，同时也是一个"自然人""社会人"，他总是生活在特定的社会结构与文化环境之中的，传统司法文化、现实的治理需求、个人在权力结构中的位置等因素都会影响他处理案件的方式。恰如霍姆斯所言，在法律决定过程中，"被感受到的时代需要，流行的道德和政治理论，公认的或无意识的对公共政策的直觉知识，甚至法官与他们同胞所持有的偏见，在确定支配人们的规则应该是什么的时候，都比演绎推理显得更重要。"❷这一说法也许夸大了其他因素对法官的影响，但它确实提醒我们法律并非法官审判的唯一知识来源，而依法判决也并非结案的唯一方式。大量调查和研究显示，目前我国司法实践中，法官依据情理的调解行为大量存在。在民事诉讼领域，调解作为一种优良传统和成功经验已经获得学界和实务部门的普遍认可，存在大量调解行为不足为奇，但是在行政诉讼领域，虽然现行《行政诉讼法》明确规定"人民法院审理行政案件，不适用调解"，但行政审判实践中，以"协调""和解"等形式进行变现的调解一直存在。这一看似与法治相背离的现象，其实有着诸多历史和现实的原因。

---

❶ 访谈资料 YF20120218。

❷ Holmes, O. W. (1963). The Common Law. Boston: Little Brown, p. 1.

传统司法注重"无讼""息讼""调处"等特征在今天的司法制度及其运作中,仍然若隐若现地存在着。研究传统司法特征的文献很多,我们可以从这些研究中大致勾勒出传统司法文化的图景:①集权而非分权。传统中国基层的政府结构最明显的特点是它没有任何分权的安排,州县官所承担的是一种综合性的职能,现代意义上的立法权、行政权、司法权完全是由州县官一人来总揽的。②审判知识的儒家化和伦理化。由于科举取仕以儒家学说为主导标准,准备考试的过程也成为考生潜移默化的儒家化过程。儒家的政治哲学以及相关的治理学说在这个过程中成为某种"肉体化"的记忆,从而对未来的权力行使形成某种潜在但未必是无力的制约。❶ ③注重实体正义。中国传统法律文化中有重实体轻程序的特点。在这样传统法律文化影响下,中国的老百姓对清官的秉公办案没有任何程序方面的要求,关于清官的传诵,多是一些断案结果公正的评论。甚至对采取主动查案、其他并不合法的手段获得证据的行为还会大加赞赏。这个想法深入人民的意识里,甚至有些清官、侠义情结。司法自然也没有过多程序上的要求。④"父母官诉讼"。从诉讼的形态看,中国诉讼的形态不同于欧洲的"竞技型诉讼"——"具有承认两个相互对立的主张中某一方为正当而作出判定的结构",而是一种"父母官诉讼"。在这种诉讼形态下,"根据'情理',融通无碍地寻求具体妥当的解决就是地方官的职分","听讼并不以使尽了程序的手段而终结。它拥有的是对事实本身当事者已不再争执时即告终结的构造,而以这一特定争讼的平息为目的"。❷ 如果说上述司法特征主要是指明清以前的司法传统,那么共产党在陕甘宁边区所开创的马锡五审判方式,❸ 以及由此推动的人民调解则成为新中国法律制度中影响最

---

❶ 贺卫方. 中国的司法传统及其近代化 [M] //苏力, 贺卫方. 20 世纪的中国: 学术与社会(法学卷). 济南: 山东人民出版社, 2001: 176–179.

❷ [日] 滋贺秀三. 中国法文化的考察——以诉讼的形态为素材 [M] //王亚新, 梁治平. 明清时期的民事审判与民间契约. 北京: 法律出版社, 1998: 13, 15.

❸ 马锡五审判方式是指在 1943 年期间, 马锡五同志在兼任陕甘宁边区陇东分庭的厅长期间, 创立的一种以调解为主要特征的司法模式, 他以实事求是为准则, 以便民、利民为目标, 不拘于开庭等一系列特定复杂的法律程序, 而是深入到田间地头, 甚至大树之下, 处处体现了为人民调解纠纷, 为人民服务的宗旨。解决了累计的多年诉案, 被当地人们誉为"马青天", 后来马锡五的这种审判方式也被人们亲切地称为"马锡五审判方式"。(参见李岩、马锡五审判方式对现代司法制度的影响 [J]. 法制与社会, 2012 (12): 121.)

为深远的主要传统之一，这一传统直至今天仍然影响着中国的司法实践。❶从某种意义上说，当下各种以解决纠纷为目的的依理调解行为可以视为传统司法文化在今天的体现和延伸。

依理调解的另外一个原因是法律制度本身存在缺陷。由于立法的社会参与程度低、法律的科学性和操作性不强等因素，某些法律本身难以得到社会的普遍认同，包括法官本人的认同。法律制度本身的缺陷主要表现在：①立法空白点多,立法严重滞后；②部分规定太过原则和抽象,缺乏可操作的具体适用标准；③不同层级的法律之间、同一层级的不同部门规定之间相互冲突；④立法与社会普遍的价值观相偏离。在这些情况下，法官往往难以直接适用法律规则，或者直接适用法律规则将有违社会和法官个人的公正观念，于是根据情理来调解纠纷就成为法院的一种自然选择。在访谈中，一位经常审理征地拆迁案件的法官这样说明调解的理由："法律本身是一个恶法，但是调解允许你讨价还价，法院是一个讨价还价的平台，但讨价还价的规则不是法律，而是一个公平。因为法律本身是一个恶法，通过法院讨价还价这个平台来实现这个公平。"❷

尽管传统司法文化的影响不可忽视，法律本身的缺陷也会让法官依理调解，但法院及法官在现实生活中所感受到的治理需求和压力恐怕才是促使他们依理调解的更直接的驱动力。在中国当代政治结构中，国家机构虽然在职权范围上有所分工，但由于党组织对各种权力机构的渗透和有效控制，国家政治系统的各个部分仍然具有高度的同构型和整合性。由于不存在法律和政治的分化性结构，法律与司法必须积极主动为党和国家的大局服务，法官在行使审判权审理案件的同时，还要承担大量的政治功能。在目前矛盾冲突频发的转型时期，能否有效化解矛盾、避免矛盾激化成为评价法官工作能力的重要指标，也与法官的奖金、评优等切身利益直接挂钩。法院按照理性、逻辑和法律对权利的界定以及严格的程序规则作出的"非黑即白"式的判决，常常与当事人的权利正义观念相冲突，不能让当事人真正息讼罢诉，有时反而可能将当事人之间的矛盾转化成当事人和法

---

❶ 强世功. 权力的组织网络与法律的治理化——马锡五审判方式与中国法律的新传统[M]//强世功. 调解、法制与现代性：中国调解制度研究. 北京：中国法制出版社，2001：204-205.

❷ 访谈资料 YF20120218。

院之间的矛盾。当事人轻则对法官、法院和法律产生不信任,上诉和反复申诉;重则有抵触情绪,拒绝履行判决义务,转而向党委、政府上访谋求问题的解决;一些案件的当事人甚至可能采取自杀等过激行动,引发严重的社会后果。这对以维护社会稳定为主要职能的法院而言会被认为是工作失误,法官的工作能力甚至个人的品德将受到否定评价,还会面临媒体舆论抨击、党委政府的批评、人大代表的质询,甚至有被司法追诉的危险。这些对于法官来说都是一种风险。❶小说《我不是潘金莲》一书生动地刻画了作为第三方的纠纷裁决者如何被卷入纠纷并丢官降级的过程。在小说《我不是潘金莲》一书中,主人公李雪莲最初控告的对象只是她负心的丈夫,但因为控告过程中有关机关和人员未能有效地解决她和她丈夫的纠纷,于是这些本来作为第三方的人员也通通成为她控诉的对象:市长、县长、法院院长、法院专委、法院法官全都被列入她的"该杀名单",这些人最终也因她的上访而被撤职降级。虽然这是小说,但现实中不乏这样的原型。在本案例中,自从法院根据A区国土局的申请第一次强制拆除龙家的房屋和牛场后,老龙就从未停止过对法院及执法人员的控诉,并向法院提出了如下赔偿要求:"(1)赔偿家庭财产损失费;(2)奶牛场损失费25000元;(3)赔偿我保护牛舍的大竹猎犬(5只)费1500元;(4)赔偿我住房360平方米,奶牛场260平方米;(5)"7·6"事件无家可归的租房费;(6)"7·6"事件后的上访费、误工、交通、印刷材料费。"❷在老龙的各种申诉书里,老龙使用下述词汇来描述实施强制拆迁的法官:目无党纪国法、目无上级领导、以权代法、以权压法、知法犯法、共产党的败类。但是,在法院和法官看来,他们实在是承受不起这样的罪名,执行生效的法律判决是他们的法定职责,征地补偿安置问题与他们毫无关系,但因强制执行之前补偿安置纠纷未得到真正的解决,所以即便强制执行是依法进行的,但结果还是让法院变成了龙家人眼中的赔偿义务人和历史罪人。为了让自身不再陷入不必要的麻烦之中,法官在判案和强制执行中,就不得不考虑如何采用更有效的办法推进问题的解决。因此,在龙家的第二次强制拆迁中,法院一改第一次强拆时简单格式化的处理方式,而是耐

---

❶ 吴英姿."乡下锣鼓乡下敲"——中国农村基层法官在法与情理之间的沟通策略[J].南京大学学报,2005(2):68.

❷ 参见《确认强制拆迁违法申请书》。

心地组织了9次座谈会,并邀请了复兴街道、双路工业园区、区法制办等相关部门共同商讨解决问题的方案。虽然这次调解最终仍然以失败告终,但龙家人看到了法院在强拆前的各种努力,所以,即便沟坝村小学最终仍然被强制拆迁了,但龙家人也没有再对第二次强制拆迁提出申诉。

在当下中国社会结构的现代性转型以及由此带来的传统制度和现代制度夹杂、并存的司法场域里,法官总是在法律与情理之间徘徊、在规则治理与纠纷解决之间徘徊,这两种行为模式都是他们真实生活的写照。那么,到底哪一种占据着主导地位呢?不同的学者对此有不同的回答。据苏力教授的观察:"在中国,基层法院法官在处理问题时一个主要的关注就是如何解决好纠纷,而不是如何恪守职责,执行已有的法律规则。……法官完全是实用主义导向的。他/她们在当地各种条件的制约或支持下,权衡各种可能的救济(法律的和其他的),特别是比较各种救济的后果,然后作出了一种法官认为对诉讼人最好、基本能为诉讼人所接受并能获得当地民众认可的选择。在这里,诉讼根据、法律规定的法官职责,有关的程序规定和实体规定都不那么重要,重要的是把纠纷处理好,要的是结果好,能'保一方平安';有关法律规定往往只是法官处理问题的一个正当化根据,是一个必须考虑甚或是在一定条件下必须有意规避的制约条件。"❶而方乐却指出:"尽管人情关系、政治压力、制度结构、政策形势等经济、文化和社会资本都是法官可利用的资源,但是有一点却不容否认,即司法及其判决最底线、但也最重要的因素还依然是法律。"❷吴英姿的研究也发现:"法官并非对所有出现法与情理相冲突的案件都采取沟通策略,除非这种冲突成为法官裁判(或执行)的障碍。换句话说,法官采取沟通策略其实是被迫的。在访谈中,就我提出的'你在审理案件时,主要考虑法律,就事论事地作出裁判,还是兼顾情理,彻底解决当事人的纠纷'的问题时,法官们的回答几乎是一致的:主要是就事论事地作出裁判,当事人矛盾激化时才考虑彻底解决纠纷。"❸笔者的调研也支持后一种

---

❶ 苏力. 送法下乡:中国基层司法制度研究(修订版)[M]. 北京:北京大学出版社,2011:133.

❷ 方乐. 转型中国的司法策略[J]. 法制与社会发展,2007(2):63.

❸ 吴英姿. "乡下锣鼓乡下敲"——中国农村基层法官在法与情理之间的沟通策略[J]. 南京大学学报,2005(2):65.

看法。笔者访谈的法官说:"做协调工作其实是很麻烦的,还跑过去,把人都喊过来,然后苦口婆心的跟他们说,我有的时候就是调解来调解去,觉得烦了,案子多,压力又大,就结案了,有的时候不想调解。但是就是那些年纪比较大的法官,特别是女法官,比较喜欢做调解。"❶ 换句话说,在一种自然的、无压力的状态下,法官一般都会采取依法审判的处理方式,只有面对那些大案要案时,法官才会更多地从情理的角度进行调解。"我们收到案子要审查一下,是否要写大要案专报,就是报到上级法院、报到政法委,大要案内部审查有三个标准:一是100人以上的;二是市主要领导有批示的;三是有群体事件、不稳定苗头因素的。要给上级机关备案。这个过程就很复杂了,各种各样的力量都有。"❷

或许是目前维持社会稳定的形势太过于严峻,目前的主流话语几乎一边倒地沉浸在行政诉讼调解所带来的良好社会效果之中,而对于诉讼调解可能带来的风险和弊端明显探讨不足。如果单纯从纠纷双方的角度看,行政诉讼调解确实化解了双方的矛盾,解决了问题,但是从更广阔的视野看上去,调解可能存在交易成本外部化的问题,即这种纠纷的解决极有可能建立在对公共利益或第三方利益被侵害的基础之上。在访谈中,法官曾提到这样一个案例:"当时按说只能补三千多一平,但是他闹得太凶了,××区政府觉得遭不住,最后法院都被他闹得遭不住了,最后搬迁的时候,就给他很好的条件。本来三十万的房子就补了八十万。"❸ 这种一味以平息纠纷为导向的行政诉讼调解实际上给公共利益带来了一定的损失,对于那些接受法定补偿后自动搬迁的农民也是不公平的。行政诉讼调解可能面临的另一个风险是,以纠纷解决为目标导向的行政诉讼调解弱化了司法对行政权力的监督功能,为少数政府官员损公肥私、贪污腐化打开了方便之门。但缺乏规制的行政诉讼调解可能带来的最大风险是对我们孜孜以求的法治理想和法治原则形成巨大冲击,使法律的稳定性、可预见性、权威性受到挑战。赵晓力就曾经流露出这样的担忧:"倘若我们发现中国基层司法的主要运作逻辑既不是法治的逻辑,也不是礼治的逻辑,而是治理的逻辑;不是规则导向的,而是结果导向的,是实用主义甚至机会主义的,我

---

❶ 访谈资料 YF20120218。
❷ 访谈资料 YF20120218。
❸ 访谈资料 YF20120218。

们如何在这样的逻辑上提炼一套关于规则的理论——因为实用主义和机会主义本来就不是遵守规则，而是利用规则。如果这样的司法理论或者法学理论不是关于规则的，而是关于反规则甚至是潜规则的，那它还是司法理论或者法学理论吗？"❶ 因此，如何对行政诉讼调解进行有效规制、使其能在法治的框架内运行是我们目前面临的一个紧迫的任务。

---

❶ 赵晓力. 基层司法的反司法理论？——评苏力《送法下乡》[J]. 社会学研究，2005(2)：223.

第六章　结论与建议

一、结　论

本书描述了一起长达十多年的征地纠纷案。在这起纠纷案中，案件当事人多次通过行政复议、行政诉讼、上访等方式寻求救济，相关部门也多次组织协调解决纠纷，但纠纷仍旧像雪球一样越滚越大。那么纠纷扩散的过程和机制是怎样的呢？

通过仔细考察纠纷的过程和纠纷主体行动的目的及理由，我们可以发现纠纷主体持有不同的权利正义观念（见图6-1）。农民首先是以情理作为论证自己的权利和判断公平正义的依据，即持有情理型权利正义观；而政府官员和法官共享着一套知识和权利正义观念，主要以正式的法律规则

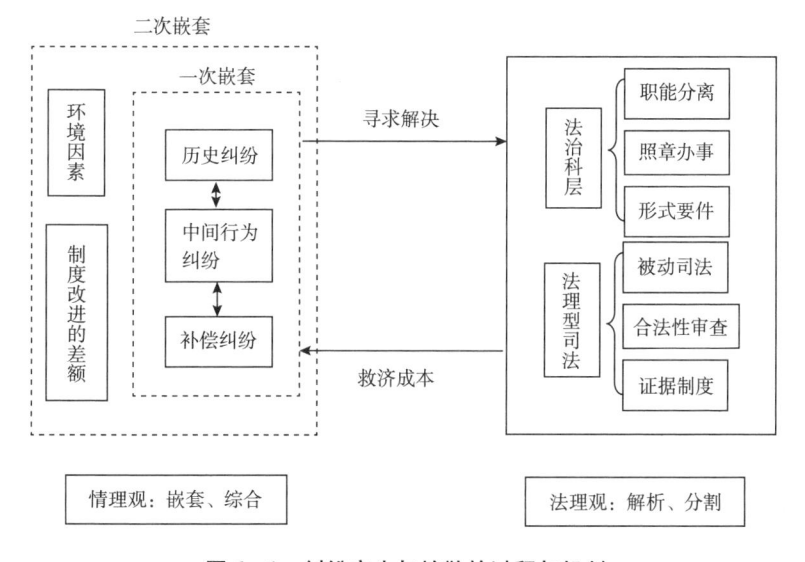

图6-1　纠纷产生与扩散的过程与机制

作为界定农民权利和判断公平正义的基本依据，即持有法理型的权利正义观。二者观念的差异主要源于所处的社会位置的差异和知识结构的差异。情理更加强调特殊性、情境性、伦理性、多元嵌套性，而法律更加强调普遍性、确定性、抽象性、形式性等特征。农民与基层政府的纠纷恰恰根植于情理和法律这两个同时作为权利和正义的"正当性基础"的竞争与冲突。

征地过程中的许多纠纷其实并非完全属于征地补偿法律关系下的纠纷。由于征地行为彻底地改变了农民生产生活的环境和条件，打破了农民社区以前的互惠平衡关系，使得以前村庄内各种潜在的历史纠纷凸显出来（如狮子山纠纷）。征地补偿的顺利实施往往依赖于其他机关的依法行政，其他机关的渎职行为（如龙家女婿的户口问题）可能导致补偿结果的不公。情理观的嵌套性和结果导向性促使农民将所有历史的、政治的、社会的、伦理的、道德的因素添加进来作为论证自己权利正当性的基础，并将补偿纠纷、历史纠纷、中间行为产生的纠纷杂糅起来作为一个整体寻求救济。由于民间调解力量的缺乏，农民将所有纠纷解决的希望投向行政机关及司法机关。

法理观的运作过程是把相互牵连、相互重叠的多种关系构成的情境割离开来，从中抽取符合法律规定的法律事实，使之类型化，并由职能相互分离的机构分别处理的过程。法理型观念在行政科层制中表现为职能分离、照章办事、追求形式要件等特征；而在司法过程中则表现为被动司法、仅对行政行为合法性进行审查、强调证据制度等特征。农民的整体性诉求因与行政机关各司其职、各负其责的职能分离主义相冲突而得不到有效回应；农民基于历史的、社会的、伦理的、道德的因素而提出的一揽子诉求要么因为超越某一机关的职权范围，要么因为不符合法律认定的直接因果关系，要么因为缺乏足够的法律依据而得不到支持；农民希望司法机关就具体的纠纷提出具体的解决方案，这一愿望因与司法机关被动司法的理念和行政诉讼的司法变更权有限原则相悖而落空；农民保留和重现现代司法制度认可的证据的意识、知识和技术的不足导致某些合法的权利诉求也得不到支持。

农民投入了大量的时间、精力和金钱来寻求对权利的救济，但因为上述各种原因，纠纷得不到有效的解决。对农民而言，那些已经投入的时间、精力和金钱成为新的损失,与之相伴的还有维权不成而带来的愤懑、挫折、屈辱等情感上的损害。于是农民将花费的救济成本与原来的争议事项捆绑起来,向更高层级的机关提出更多的权利诉求。救济期间因外界环境因素引起的损失(如奶牛场的两次垮塌、房价的飞速增长)、补偿政策改进之后与原政策之间的差额也成为农民下一次诉求的内容。随着农民上访的层级越高,高层政府法理型观念的成分越来越重,加之农民的利益诉求不断升级,最终诉求得到支持的可能性也越来越小。于是农民的维权陷入了一种"权益受损→投入维权→维权不成→权益进一步受损→加大维权力度和利益诉求—维权更难成功"的恶性循环。

当两种权利正义观念发生碰撞时,法律因为强制力的支撑而占据优势地位,因此农民基于情理的诉求屡屡遭到拒绝,但两种观念碰撞的过程也是相互调适的过程。屡次受挫的农民转而寻求法律的支持,但由于缺乏系统的法律知识和法律思维训练以及强烈的功利性学习目的,使得他们的"以法抗争"走向一种偏执的状态,建立在自以为是和误解基础上的"过度自信"妨碍了他们以一种妥协的态度来解决各种纠纷,也让他们逐渐偏离了公众所普遍认可的情理。政府机构虽然拥有强制力执行法律,但信访治理体制下维稳的压力和官员本身的多重角色也促使他们通过政策变通、政策修改、递推补偿等方式使得结果更加贴近情理。但是,由于资源的限制、决策体制的限制以及对变通示范效应的考虑,这些权变方式容易流产,且它们本身也是一把双刃剑,在预防和解决一部分纠纷的同时可能又引发了另外一些矛盾和纠纷。规则之治与纠纷解决同是司法机关的两大功能,为了取得二者之间的平衡,法院也经常在情理和法律之间徘徊。但无论如何,依法行政与依法判决始终是大部分政府官员和法官在常态下的一种观念和行为模式。

二、预防和解决纠纷的建议

征地行为是一个非常复杂的过程,包含了地方政府、村民、村集体、开发商等多重主体,需要经历征地审批、征地公告、征地补偿登记、补偿安置方案公告、实施安置方案等多个环节,涉及农民的住房、生计、社会关系网络等各个方面,其中任何一种关系、任何一个环节、任何一个方面处理不当都会导致纠纷的出现。因此纠纷的预防和解决也是一个系统的工程，需要坚持预防和救济并重的原则，从制度完善、信息公开、公众参与、乡村治理、农民法治观念培养等方面预防征地纠纷的产生，通过协商、调解、仲裁、行政裁决与诉讼等多元方式解决因征地产生的纠纷和信访问题。关于预防和解决纠纷的措施，许多学者已经提出了很多意见和建议，❶ 笔者在此不一一赘述。结合上述案例以及本书探讨的主要问题，笔者主要就以下几个方面谈谈自己的思考。

（一）完善征地相关法律制度，制定符合情理的法律

本书所描述的这起纠纷案不能仅仅视为一起简单的利益纠纷案，它揭示了中国法治进程中面临的一个基本困境——情理与法律的不协调。因此，纠纷的预防和解决实际上依赖于我们在实践中如何处理情理与法律的关系，或者更具体地说如何协调和处理实质正义与形式正义、自然权利与法定权利的关系。古希腊哲学家亚里士多德对法治曾经有一个著名的阐释："法治应该包含两重意义：已成立的法律获得普遍的服从，而大家所服从的法律又应该是本身制定得良好的法律。"❷ 这段话可以做两个层面的理解："已成立的法律获得普遍的服从"表达的是一种形式正义观念，"大家所服从的法律又应该是本身制定得良好的法律"表达的是一种实质正义观念，所以法治应当同时包含着对实质正义和形式正义的要求。

法律应当是良法，这就要求在法律的制定阶段应当注重吸收"情理"的因素。哈贝马斯曾经说过："一种法律秩序只有当不与道德规则相矛盾的时候，才是合法的。"❸ 也就是说一项正义的法律制度必须符合社会情理。因此，法律的制定必须向普通老百姓所认同的基本道理靠拢，向老百姓所奉为基本行动规则的"常识""常理""常情"靠拢，向普通民众所认同的常识、常理、常情中所包含的善恶观、价值观靠拢。要实现这一目标，法律就不能仅仅是少数人或少数部门闭门造车的结果，而应当设置通告、评论等程序性环节，让公众通过充分的辩论来达致某种共识。这一过

---

❶ 具体的观点可以参见本书第一章的综述。
❷ 亚里士多德. 政治学 [M]. 吴寿彭译. 北京：商务印书馆，1965：199.
❸ 哈贝马斯. 在事实与规范之间：关于法律和民主法治国的商谈理论 [M]. 童世骏，译. 北京：生活·读书·新知三联书店，2003：130.

程实质上就是哈贝马斯所主张的建立在交往理性和商谈论基础上的民主立法过程。民主立法过程不仅实现了公民的政治参与权利，而且提供了一个事先让公众了解法律、熟悉法律的机会，从而为公众自觉自愿遵守法律提供了基础。

目前的征地程序实际上剥夺了失地农民的主体性权利，我们可以通过重设程序来赋予农民在征地过程中的参与权。目前的征地程序为：征地审批→征地公告→征地补偿登记→补偿安置方案公告→实施安置方案→供地。而在现行的征地程序下，政府的征地审批决定在前，征地补偿费用的确定在后。政府的用地申请一旦被批准，它就是一个生效的行政行为，它便具有被推定为合法有效的公定力、不得随意被改变或撤销的确定力以及由国家强制力保障其内容得以实现的执行力。面对已然生效的征地决定，农民只有服从的义务，而没有说"不"的权利。在这种情况下确定征地补偿费用的数额，无疑让政府拥有了一种先占的优势。既然农民不得不卖地，那么政府就无须考虑农民的出价策略，政府也就相应拥有了压低标准的砝码。

要改变目前这种单方强制定价的模式，保障农民的参与权，必须从立法上改变征地的程序，可以新增一个预公告的程序，并将"征地补偿费用的确定"置于"政府的征地决定"之前。换言之，政府征地决定的生效要件之一是农民和政府对于补偿费用已经达成协议。这种思路与国土资源部征地制度改革研究课题组的意见高度契合。根据他们的观点，现行的征地程序应改为"申请征地→预公告→协商补助安置→报批→审查批准→公告→实施补偿安置→供地"。❶ 通过增设协商补助安置程序，可以让农民行使补偿定价的参与权；通过增加预公告程序，告知农民预征地的范围、建设和种植的限制期，让农民对自己的生产生活预先有安排有计划，从而避免上述案例中龙家因为不知土地的具体使用时间而继续投资的行为。当然，如果因为征地未被批准，由有关政府或单位对实际造成的损失给予补偿。

（二）严格执法，增强执法人员的法律信仰

法律一旦经过合理程序并得到了充分理由的支撑，就必须当作有效

---

❶ 国土资源部征地制度改革研究课题组. 征地制度改革研究报告 [R]. 国土资源通讯, 2003 (11): 48-55.

之法或合法之法，以强制力实施，直到发现其中的缺陷并通过商谈程序和重新论证而予以修改和纠正。在法律的具体适用过程中，如果发生法律的形式正义和实质正义的冲突，笔者倾向于追求形式正义。原因在于，人类理性认识的有限性决定了法所诉求的实质正义往往只具有相对性，而形式正义才是确定的和具有可操作性的。就如博登海默所言："正义有着一张普洛透斯似的脸（a protean face），变幻无常。随时可呈现不同形状并具有极不相同的面貌。当我们仔细查看这张脸并试图解开隐藏其表面背后的秘密时，我们往往会深感迷惑。"❶ 纯粹法学派的代表人物凯尔森则直接宣称："人类理性只能达到相对的价值，就是说不能使一种价值判断来排除相反的价值判断的可能性。绝对正义是一个非理性的理想，即人类永恒的幻想之一。"❷ 既然诉求实质很困难甚至不可能，那么法律所能够维护的首要的正义只能是形式上的，即"一以贯之地将法律适用于所有的人，将法律本身所承载的实质正义平等地施加于一切人，无论此种实质正义是否是终极自恰的。倘若所有的人无一例外地在享用她所带来的益处的同时平等地承担她的恶果，那么这即是法律所能实现的最基本的正义。丧失了这种基本正义，'法律是正义的化身'则只可能具有偶然性"。❸ 所以，在法律适用过程中，如果法律不能满足人们道德、伦理和心理上的要求，只要法律没有违背最基本的人类共同的道德准则，就应当严格按照法律规定办事。因为法律的形式理性的品格，会使社会公平的可能性增至最大；而注重案件的特殊事实，强调个别正义和实质平等，反而会削弱法治的基础，使公平的可能性减至最小。这在我们这样一个缺乏形式理性传统的国家更是如此。❹ 当然，坚持法律适用过程中的形式正义并不是要否定实质正义存在的价值，因为民主的立法商谈过程是一个持续和开放的过程，这一阶段的冲突和矛盾恰恰成为下一次法律修改和完善的动力。

本案例还折射出法治进程中的另外一个重要问题——法律信仰的问

---

❶ [美] E. 博登海默. 法理学. 法律哲学与法律方法 [M]. 邓正来译. 北京：中国政法大学出版社，1999：252.

❷ [奥] 凯尔森. 法与国家的一般理论 [M]. 沈宗灵译. 北京：中国大百科全书出版社，1995：9.

❸ 岳丽. 法的形式正义与实质正义的冲突与解决 [D]. 重庆：西南政法大学，2002：20。

❹ 吴增基. 现代法治的形式理性品格 [J]. 华东政法学院学报，2000（6）：6.

题。著名法学家伯尔曼曾经说过:"法律必须被信仰,否则它将形同虚设。"❶我们追求的法治应当是作为物质要素的法律制度和作为精神要素的法律信仰的统一体。在法律制度层面,我们国家正在以惊人的速度出台各种各样的法律文件,❷但与立法数量和速度不相匹配的是,不管是政府官员还是普通百姓,基本上将法律视为一种工具,而没有形成对法律的信仰。就如我们在本案例中看到的那样,对农民而言,只有在情理行不通的情况下才会去了解、学习和运用法律,而运用法律的目的主要是看政府有没有违法,而不是衡量自己的要求是否有法律依据;基层政府虽然在依据法律衡量农民应得的权益,但是却并非时刻用法律来约束自己的行为(例如,补偿款的延期支付)。每一方都要求对方的行为和诉求符合法律规定,对自己不符合法律规定的行为和诉求则以"事出有因""情有可原"进行搪塞,于是,法律成为扣在别人头上的紧箍咒,情理则成为挂在自己身上的挡箭牌。真正的法治需要人们对法律的信仰,而信仰法律的过程也就是一个"作茧自缚"的过程,即自觉把法律规范内化为个人行动准则的过程。在我们这样一个缺乏现代形式的理性法传统的国度里,要培养公众对法律的信仰有许多事情要做,如加强对法律的普及与宣传,让普通民众更多地了解和理解法律及其运作逻辑;但首当其冲的一点是,增强公职人员特别是执政党及其成员的守法观念,是培养公民法律信仰的前提和有效保证。笔者在调查中发现,许多老上访户之所以"锲而不舍"地上访上诉,是因为他们认为政府在征地过程中存在违法或不当之处,他们同时也表达过这样的观点:"如果征地的所有环节都是合法的,那我们就自己认栽。"换句话说,如果政府机关能够坚持绝对的形式正义,严格用法律约束自己的各种行为,即便结果可能是不正义的,农民也愿意承担这种不正义的后

---

❶ [美]伯尔曼. 法律与宗教[M]. 梁治平译. 北京:生活·读书·新知三联书店, 1991:28.

❷ 据统计,自1979年至1993年,全国人大及其常委会共制定了248部法律和若干有关法律问题的决定,国务院颁布了700多件行政法规,30个省、自治区、直辖市人大及其常委会制定或批准了3000多个地方性法规;此外,国务院各部委和有关地方人民政府也制定了数以千万计的行政规章。1995年2月28日,第八届全国人大常委会第12次会议一天之内通过了《检察官法》《法官法》《警察法》等7部法律。从1994年至1995年,全国人大及其常委会几乎平均每13天制定一部法律,国务院大致平均6天左右制定一件行政法规,地方立法亦呈快速推进态势,其中某省会城市政府一夜间出台8部规章。(数据引自范进学. 论法律信仰危机与中国法治化[J]. 法商研究, 1997(2):1-2)

果。于是,一个有趣的现象出现了,形式正义与实质正义的冲突导致纠纷,但是更加纯粹的形式正义也蕴含着解决冲突的因素。

(三) 加强征地过程中的信息沟通与协调

农民与地方政府在征地过程中掌握的信息是非常不对等的,大部分农民对土地征用的用途、程序、补偿范围、补偿标准等信息知之甚少。在信息沟通不畅的情况下,农民会用自己的生活逻辑来预期和安排各项活动,当后来发现法律法规与自己的预期和正当观念不一致时,抵触、反感的情绪就会滋生。事实上,孔祥智等人的研究表明,农民在土地征用中掌握的信息越充分,其内心对失去土地的抵制越小,转让土地的倾向越高;农民在征地过程中获取的信息越充分(赋予较多的知情权),其要求的补偿标准越低。❶因此,在土地征用过程中,强化宣传、及时公布信息有利于减少征地纠纷。

征地单位在征地前应搜集与征地相关的法律法规、政策文件,并编撰成小册子分发给拟被征地的农民,让农民事先了解征地的政策,明白自己的权利义务,这有利于农民形成合理的预期,并减少农民不必要的担心。这种事先的学习是比较客观和全面的,它和农民在纠纷出现后的选择性学习不一样,选择性学习容易出现偏差,因为农民是带着情绪和目的去学习的,他只会学习对自己有利的部分。此外,在公告方面,可以把工作做得更细致一些,比方说除了在人群集中的地方进行公告外,还应当将公告发送到每户农民家庭,并让农民签收。这些行为看起来增加了征地过程中的成本,实际上可以大大减少纠纷,减少后期的诉讼维稳等成本。

除了农民与地方政府之间应当保持良好的信息沟通以外,政府机构各部门也应当建立良好的沟通协调机制。随着社会公共事务的日益繁杂,政府部门的分工日益细化,这种专业分工、功能分割、层级节制的政府组织结构体现了效率的原则和理性的价值,但同时也带来了政府服务的分裂性,形成了"碎片化"政府管理模式。"碎片化"政府管理模式存在以下弊端:(1)造成组织流程的分割。一个完整、连贯的业务流程往往被分割

---

❶ 孔祥智,顾洪明,韩纪江. 我国失地农民状况及受偿意愿调查报告 [J]. 经济理论与经济管理,2006 (7):57-62.

成许多支离破碎的片段，形成相互隔离的部门壁垒，增加各个业务部门之间的交流难度，使得整个过程运作时间长、协调成本高，还容易造成多头指挥，使下属无所适从。(2) 形成了部门利益的局限。每个部门都有自身的利益追求和目标，在执行任务时，各部门往往从本部门的工作和利益出发，精心构思自己的行为，只注重局部环节而缺乏整体协调，忽视了政府的整体使命和目标，甚至使本部门的目标凌驾于政府整体目标之上。(3) 低效的公共服务。从功能上讲，碎片化的治理存在着让其他机构来承担代价、互相冲突的项目、重复导致浪费并使服务使用者感到沮丧、在对需要作出反应时各自为政、公众无法得到服务等问题。❶在本书案例中，"碎片化"管理的弊端表现得非常明显。管理户籍的公安机关与征地的部门不能有效配合；国土资源部门与农林渔牧部门基于各自的部门利益对同一个事件（修建牛舍）作出了截然不同的裁决；工业园区管委会与复兴镇政府就奶牛赔偿问题相互推诿；就连身处政府机构最末端的镇政府工作人员也没有一个人能完整地陈述龙家所有的纠纷事项。然而，作为普通农民，他们是把所有的事情作为一个整体来看待的，"碎片化"的政府管理模式显然无力回应这种整体性的诉求。

"整体型政府"正是针对政府管理模式中日益严重的"碎片化"问题而提出的一种新型治理模式。根据波利特（Pollitt）的界定："整体性政府表达了这样一种愿望，就是取得水平和垂直层面上的协作性思考和行动。通过这些协作，我们可以获得以下好处：排除相互破坏与腐蚀的政策情境，更好地联合使用稀缺资源，促使某一政策领域中不同利益主体团结协作，为公民提供无缝隙而非分离的服务。"❷构建整体型政府需要从机构、信息资源、业务流程、服务与沟通渠道等方面加以整合。❸就征地过程而言，与征地相关的国土、农业、公安、工商、民政、水电等部门，应当以联合小组、特别工作小组、跨部门计划等形式整合成新的部门，用以协调和解决征地过程中的社会问题。各部门的信息资源应当实现全方位共享，征地信息应当及时告知相关部门，避免公告以后依然出现户籍迁移和新建住房、农业投资等行为，同时，补偿安置工作也要以户籍信息和产权信息

---

❶ 唐兴盛. 政府"碎片化"：问题、根源与治理路径 [J]. 北京行政学院学报，2014 (5).
❷ Christopher Pollitt. Joined–up Government: a Survey [J]. Political Study Review, 2003 (1): 35.
❸ 谭海波，蔡立辉. 论"碎片化"政府管理模式及其改革路径 [J]. 社会科学，2010 (8): 12.

等作为基本的依据。在流程的设计上，也要尽量减少土地闲置的时间和农民迁入新房之前的过渡时间。在服务上，尤其是过渡期间，可以联合社区、公益组织等，尽量为农民提供生活、孩子上学、就业、心理辅导等方面的帮助，减少征地对农民生活的影响，让他们尽快适应征地以后的生活。

（四）发挥社工专业优势，积极介入征地信访工作

1. 社会工作介入征地信访的必要性

快速的工业化、城市化过程引发了大量的征地纠纷，一些纠纷引发了农民的长期和重复上访。面对巨大的征地信访压力，地方政府最常见的两种信访治理方式是压制和花钱买平安，但这两种方式经常让地方政府陷入困境。在压制为主要特征的信访治理模式下，地方政府很容易风声鹤唳、草木皆兵，形成一种社会政治不稳定的恐惧感，任何正常的鸡毛蒜皮的小矛盾小冲突都可能被认定为造成不稳定的大问题与大事件，甚至不惜动用暴力工具。这种压制往往激发了更多的不满情绪，导致更加激烈的反抗和冲突。所以这种高压维稳模式不仅无助于矛盾化解，反而造成警民对立、干群对立，不断制造新的社会矛盾和冲突，使维稳工作很容易陷入一种"摁下葫芦浮起瓢"的恶性循环和"越维越不稳""治标不治本"的怪圈。与压制相对应的另外一种信访治理模式是"花钱买平安"的模式。这种模式从短期看确实起到了解决矛盾纠纷的效果，但这种维稳模式依然存在严重缺陷，一方面这种行为方式实际上无法可依，实践中全凭负责官员的个人判断，其所体现出的政府行为缺乏明确的原则性和规范性；另一方面这可能刺激民众"小闹小解决，大闹大解决，不闹不解决"的机会主义预期和行为倾向。

从上述分析可以看出，传统的国家直面个人的、以行政管理手段为主的信访治理模式存在一定弊端，急需运用新的社会管理理念、知识、技术、方法和机制等对传统信访治理模式进行改造、改进和改革。作为一门科学和专业的综合性服务活动，社会工作无疑是第三方力量介入信访工作的主要担纲者。在社会管理创新的视角下，社会工作以第三方的角度介入上访群体，通过专业的理念和方法来关心上访群体，了解其需要和面临的问题，帮助其解决面临的苦难和问题，疏解其负面情绪，促进其融入社区

和社会,从而避免因过激行为导致恶性事件,缓和上访群体和政府之间的矛盾冲突,有利于维护社会稳定和社会和谐。

2. 社会工作介入征地信访的可行性和优势

(1) 社会工作中立、非官方化的身份优势。

征地纠纷大部分属于农民与地方政府之间的纠纷,而现在的复议、裁决、诉讼、信访等纠纷处理方式都是属于国家机关直面农民的方式。这些方式具有权威性、强制性,对巩固国家权威有巨大的塑造作用,但对于纠纷的真正解决,效果却不一定明显。在上述案例中,龙家经历了多次的复议、诉讼与信访,但是结果并不理想。事实上,当国家直面社会,社会上的各种抱怨、意见和非理性情绪会直接抛向国家,国家一来无力处理好每一个问题,二来国家和社会毕竟立场不同,在很多问题的处理意见和沟通方式上无法做到真正一致,甚至在很多情况下会引起不必要的冲突。❶此外,上访农民也会认为纠纷处理机构与作为当事人一方的政府机构之间是"官官相护"的,不容易信任工作人员。而社会工作机构一般为民间组织,采取非官方化方式运作,一般定位为非营利性的服务机构,致力于社会关系的调适与和谐社会的构建。这种运作方式和处事方法,更易于被信访者所接受和信赖。信访者也更愿意跟他们分享自己的心理过程和诉求,同时也希望能切实从他们那里得到些帮助,从而给自己更大的心理安慰和鼓励。

(2) 社会工作平等、尊重和接纳的核心理念。

由于信访工作具有较强的行政性和指令性,并且受中国传统的"官本位"思想影响,上访者作为求助者,难免有低人一等的感觉,可能会形成自卑感,这种自卑感往往有可能成为他们采取非正规途径解决问题的原因。平等、尊重和接纳是社会工作者的核心价值理念,把社会工作引入基层信访工作,将每位公民视为人格和尊严平等的生命个体,一视同仁、不加歧视地对待,在不妨碍他人和社会秩序的前提下,充分尊重他们的意志和权利,接纳、包容他们的价值观念和行为方式,正是社会工作的优越性所在。平等地对待上访者,首先表现在工作者和上访者处于平等的地位,而不是将他们视为"刁民""无理取闹者"。尊重是人与人交往的首要条

---

❶ 吴越菲. 信访社会工作:社会理性秩序的助推器 [J]. 检察风云, 2012 (18).

件，是建立良好人际关系的前提。尊重上访者，在信访工作中的最主要表现是对上访者的接纳和尊重上访者的自决。接纳首先体现在对上访者的做法、价值观的理解。个人自决原则是社会工作的基本原则之一，是对每个人与生俱来的尊严的尊重。自决权的行使意味着工作者不应该把上访者所有的事情都包揽下来，而是要培养上访者自我解决问题的能力，尊重上访者的自我决定。

（3）社会工作对情感和情绪的多元调控手段。

就如上述案例所揭示的那样，征地过程中的纠纷不仅仅是经济利益的纠纷，更有公平正义观念的冲突，还有情绪和心理方面的因素。上访者的许多诉求是位于"法律之外，情理之中"的，信访部门作为国家机构必须依照法律和相关制度来办理。这就使得信访答复通常是以法的语言和制度化的话语来书写的。这就和老百姓对于情和理的诉求相冲突，特别是对于现有制度无法正式处理的事情，法、情、理三者的妥协就更困难了。上访者和有关部门总是各执一词，由于"语言"不同，两者很难进行真正的沟通，信访就往往陷入窘境。于是，过激的表达，长时间的信访慢慢形成，政府和信访者之间的误会、差异和相互指责越来越严重，甚至形成一道难以跨越的鸿沟。

同理式的倾听和沟通是社会工作者必备的专业技能，这种沟通技能对于疏导上访者的情绪助益良多。面对信访人员的过激行为或者不良情绪，社工通过个案的情绪辅导、情绪管理小组、人际关系沟通讲座等专业沟通方式，让上访者尽量表达自我和释放情绪，引导上访者情绪的合理回归。在疏导了上访者的情绪之后，上访者与地方政府的沟通和谈判才可能正常进行，纠纷也才可能得到合理解决。

在实践中，上海、浙江、广东等地已经引入社会工作力量来介入征地信访工作，取得了一定的效果（杨云革，2010；吴越菲，2012；季海忠，2013；吴同、陈蓓丽，2015；等）。当然，作为一项新的协商沟通机制，社会工作介入征地信访还存在一定的问题，需要不断进行完善。但不管怎样，这是一种值得尝试、值得期待的制度。

参考文献

[1] [奥]凯尔森. 什么是正义？[J]. 现代外国哲学社会科学文摘，1961（8）.

[2] [奥]凯尔森. 法与国家的一般理论[M]. 沈宗灵译. 北京：中国大百科全书出版社，1995.

[3] 白俊超. 我国现行农村土地制度存在的问题和改革方案研究[J]. 经济问题探索，2007（7）.

[4] 陈聪富. 韦伯论形式理性之法律[EB/OL]. 法律教育网，2006－02－05. http：//www.110.com/ziliao/article－20375.html.

[5] 陈洪杰. 从程序正义到摆平"正义"：法官的多重角色分析[J]. 法制与社会发展，2011（2）.

[6] 陈涛. 个案研究"代表性"的方法论考辨[J]. 江南大学学报：人文社会科学版，2011（3）.

[7] 陈向明. 社会科学中的定性研究方法[J]. 中国社会科学，1996（6）.

[8] 陈向明. 质的研究方法与社会科学研究[M]. 北京：教育科学出版社，2000.

[9] 陈忠林：法理与情理——中国法治理想走火入魔？[EB/OL]. http：//www.21ccom.net/articles/zgyj/fzyj/2011/0716/39722.html.

[10] 重庆市第一中级人民法院行政庭课题组. 重庆市土地行政征收案件调查报告[J]. 西南政法大学学报，2008（5）.

[11] [德]阿克塞尔·霍耐特. 为承认而斗争[M]. 胡继华译. 上海：上海人民出版社，2005.

[12] [德]哈贝马斯. 交往行动理论[M]. 洪佩郁，蔺青译. 重庆：重庆出版社，1994.

[13] [德]哈贝马斯. 在事实与规范之间：关于法律和民主法治国的商谈理论[M]. 童世骏译. 北京：生活·读书·新知三联书店，2003.

[14] [德]鲁道夫·冯·耶林. 为权利而斗争[M]. 胡海宝译. 北京：中国法制出版社，2004.

[15] [德]马克斯·韦伯. 经济与社会[M]. 林荣远译. 北京：商务印书馆，1997.

[16] [德]马克斯·韦伯. 论经济与社会中的法律[M]. 张乃根译. 北京:中国大百科全书出版社, 1998.

[17] 丁彩霞, 王瑞娟. 非正常上访的主要原因分析[J]. 内蒙古师范大学学报:哲学社会科学版, 2014 (1).

[18] 董海军."作为武器的弱者身份":农民维权抗争的底层政治[J]. 社会, 2008 (4).

[19] 董海军. 塘镇:乡镇社会的利益博弈与协调[M]. 北京:社会科学文献出版社, 2008.

[20] 董海军, 代红娟. 农民维权抗争的无效表达:流于过程的情感行动——对西安Y区征地抗争事件的解读[J]. 人文杂志, 2010 (5).

[21] 董海军. 依势博弈:基层社会维权行为的新解释框架[J]. 社会, 2010 (5).

[22] 杜国明, 杨建广. 我国征地纠纷解决机制的构建[J]. 求索, 2007 (6).

[23] 段坤君, 段建南. 征地补偿争议原因分析及解决对策——以湖南省郴州市为例[J]. 新远见, 2008 (12).

[24] [法]古斯塔夫·勒庞. 乌合之众:大众心理研究[M]. 冯克利译. 北京:中央编译出版社, 2000.

[25] [法]孟德斯鸠. 论法的精神[M]. 张雁深译. 北京:商务印书馆, 1961.

[26] 范进学. 论法律信仰危机与中国法治化[J]. 法商研究, 1997 (2).

[27] 范忠信, 郑定, 詹学农. 情理法与中国人:中国传统法律文化探微[M]. 北京:中国人民大学出版社, 1992.

[28] 方乐. 司法的"场域"分析[J]. 法律科学, 2006 (1).

[29] 方乐. 转型中国的司法策略[J]. 法制与社会发展, 2007 (2).

[30] 方乐. 超越"东西方"法律文化的司法——法制现代性中的中国司法[J]. 政法论坛(中国政法大学学报), 2007 (3).

[31] 方乐. 司法行为及其选择的文化注释——以转型司法中的中国法官为例[J]. 法律科学, 2007 (5).

[32] 费孝通. 乡土中国·生育制度[M]. 北京:北京大学出版社, 1998.

[33] 费孝通. 中国绅士[M]. 惠海鸣译. 北京:中国社会科学出版社, 2006.

[34] 冯耀云. 成因、策略与理论取向:农村征地冲突问题研究述评[J]. 社会发展研究, 2016 (1).

[35] [古希腊]亚里士多德. 政治学[M]. 吴寿彭译. 北京:商务印书馆, 1965.

[36] 甘满堂. 探析当前农民有组织就地对抗性抗争——以福建沿海三起对抗性抗争集体行动案例为研究对象[M]//肖唐镖. 社会稳定研究:城乡之间. 上海:学林出版社, 2011.

[37] 国土资源部征地制度改革研究课题组. 征地制度改革研究报告 [R]. 国土资源通讯, 2003 (11): 48~55.

[38] 郭星华, 陆益龙. 法律与社会——社会学和法学的视角 [M]. 北京: 中国人民大学出版社, 2004.

[39] 郭星华, 邢朝国. 从送法下乡到理性选择——乡土社会的法律实践 [J]. 黑龙江社会科学, 2010 (1).

[40] 郭星华, 隋嘉滨. 徘徊在情理与法理之间——试论中国法律现代化所面临的困境 [J]. 中南民族大学学报（人文社会科学版）, 2010 (2).

[41] 郭正林. 当代中国农民政治参与的程度、动机及社会效应 [J]. 社会学研究, 2002 (3).

[42] 段玉裁. 说文解字注 [M]. 上海: 上海古籍出版社, 1981.

[43] 何海波. 困顿的行政诉讼 [J]. 华东政法大学学报, 2012 (2).

[44] 贺卫方. 中国的司法传统及其近代化 [M] // 苏力, 贺卫方. 20 世纪的中国: 学术与社会（法学卷）. 济南: 山东人民出版社, 2001.

[45] 胡荣. 农民上访与政治信任的流失 [J]. 社会学研究, 2007 (3).

[46] 胡文靖. 社会冲突理论视野里的农村征地纠纷 [J]. 山东农业大学学报, 2006 (3).

[47] 黄文艺. 为形式法治理论辩护——兼评《法治: 理念与制度》 [J]. 政法论坛, 2008 (1).

[48] 黄宗智. 清代的法律、社会与文化: 民法的表达与实践 [M]. 上海: 上海书店出版社, 2001.

[49] 季海忠. 信访群体的社会工作介入研究 [D]. 武汉: 华中农业大学, 2013.

[50] 强世功. 乡村社会的司法实践: 知识、技术与权力——一起乡村民事调解案 [J]. 战略与管理, 1997 (4).

[51] 强世功. 调解、法制与现代性: 中国调解制度研究 [M]. 北京: 中国法制出版社, 2001.

[52] 孔祥智, 顾洪明, 韩纪江. 我国失地农民状况及受偿意愿调查报告 [J]. 经济理论与经济管理, 2006 (7).

[53] 李斌, 连宏萍. 征地政策、权利意识与政府工作策略的调整——基于 C 市 QY 社区失地农民的调查 [J]. 探索与争鸣, 2008 (4).

[54] 李昌平. 中国土地制度变迁与 "三农" 兴衰 [J]. 炎黄春秋, 2007 (6).

[55] 李德满. 十年来中国抗争运动研究述评 [J]. 社会, 2009 (6).

[56] 李怀. 城市拆迁的利益冲突: 一个社会学解析 [J]. 西北民族研究, 2005 (3).

[57] 李红波, 谭术魁, 彭开丽. 诱发农村土地冲突的土地法规缺陷探析 [J]. 经济体

制改革，2007（1）．

[58] 李红波．现行征地程序缺陷及其改进研究［J］．经济体制改革，2008（5）．

[59] 李岩．马锡五审判方式对现代司法制度的影响［J］．法制与社会，2012（12）．

[60] 梁伟．失地农民权益流失成因及防治措施［J］．晋阳学刊，2007（4）．

[61] 梁治平．从"礼治"到"法治"［J］．开放时代，1999（1）．

[62] 梁治平．法意与人情［M］．深圳：海天出版社，1992．

[63] 梁治平．法律的文化解释［M］．北京：生活·读书·新知三联书店，1998．

[64] 林苇．论农村集体经济组织成员资格的界定——以征地款分配纠纷为视角［J］．湖北行政学院学报，2008（3）．

[65] 凌斌．法律与情理：法治进程的情法矛盾与伦理选择［J］．中外法学，2012（1）．

[66] 刘迪平，陈媛媛，刘强．寻租、晋升、二元农地产权与地方政府征地行为的逻辑思考［J］．商业研究，2008（8）．

[67] 刘世定．公共选择过程中的公平：逻辑与运作——中国农村土地调整的一个案例［M］//占有、认知与人际关系——对中国乡村制度变迁的经济社会学分析．北京：华夏出版社，2003．

[68] 刘太刚．公共利益的认定标准及立法思路——以公共利益的概念功能为视角［J］．国家行政学院学报，2012（1）．

[69] 刘震云．我不是潘金莲［M］．武汉：长江文艺出版社，2012．

[70] 刘宗劲．中国征地制度中的公共利益：异化、反思及超越［J］．当代经济研究，2009（10）．

[71] 论语［M］．张燕婴译注．北京：中华书局，2006．

[72] 陆益龙，杨敏．关系网络对乡村纠纷过程的影响——基于CGSS的法社会学研究［J］．学海，2010（3）．

[73] 罗昶，梁洪明．当前农村征地纠纷的制度性分析［J］．云南大学学报：法学版，2009（6）．

[74] 吕焱．农村集体土地征收引发社会冲突的成因及对策［J］．调研世界，2010（1）．

[75] 马剑银．现代法治、科层官僚制与"理性铁笼"——从韦伯的社会理论之法出发［J］．清华法学，2008（2）．

[76] ［美］E. 博登海默．法理学．法律哲学与法律方法［M］．邓正来译．北京：中国政法大学出版社，1999．

[77] ［美］L. 科塞．社会冲突的功能［M］．孙立平等译．北京：华夏出版社，1989．

[78] ［美］R. M. 昂格尔．现代社会中的法律［M］．吴玉章，周汉华译．南京：译林

出版社，2001.

[79] [美] 埃里克森. 无需法律的秩序 [M]. 苏力译. 北京：中国政法大学出版社，2003.

[80] [美] 伯尔曼. 法律与宗教 [M]. 梁治平译. 北京：生活·读书·新知三联书店，1991.

[81] [美] 戴维·伊斯顿. 政治生活的系统分析 [M]. 王浦劬译. 北京：华夏出版社，1999.

[82] [美] 德尔伯特·C. 米勒, 内尔·J. 萨尔金德. 研究设计与社会测量导引 [M]. 六版. 风笑天等译. 重庆：重庆大学出版社，2004.

[83] [美] 克利福德·吉尔兹. 地方性知识——阐释人类学论文集 [M]. 王海龙，张家瑄译. 北京：中央编译出版社，2000.

[84] [美] 蓝志勇. 行政官僚与现代社会 [M]. 广州：中山大学出版社，2003.

[85] [美] 罗·庞德. 通过法律的社会控制·法律的任务 [M]. 沈宗灵，董世忠译. 北京：商务印书馆，1984.

[86] [美] 欧文·戈夫曼. 污名：受损身份管理札记 [M]. 宋立宏译. 北京：商务印书馆，2009.

[87] [美] 乔纳森·特纳. 社会学理论的结构（第七版）[M]. 北京：北京大学出版社，2004.

[88] [美] 史蒂文·瓦戈. 法律与社会 [M]. 梁坤，邢朝国译. 北京：中国人民大学出版社，2011.

[89] [美] 约翰·罗尔斯. 正义论 [M]. 何怀宏，何包钢，廖申白译. 北京：中国社会科学出版社，1988.

[90] [美] 詹姆斯·C. 斯科特. 弱者的武器 [M]. 郑广怀等译. 南京：译林出版社，2007.

[91] [美] 詹姆斯·C. 斯科特. 农民的道义经济学：东南亚的反叛与生存 [M]. 程立显等译. 南京：译林出版社，2001.

[92] 秦晖. 价值关怀与实证研究 [N]. 南方周末，2010-10-20.

[93] 清华大学课题组. 以利益表达制度化实现长治久安 [J]. 学习月刊，2010（9）.

[94] 邱梦华. "讨价还价"：国家与农民间的利益博弈过程——以R村电价纠纷的个案为例 [J]. 中共浙江省委党校学报，2004（2）.

[95] 屈群苹. 谋利型上访的生成机理及其有效治理 [J]. 行政与法，2014（2）.

[96] 瞿长福. 谁来守住耕地底线 [J]. 中国土地，2004（4）.

[97] 瞿同祖. 中国法律与中国社会 [M]. 北京：中华书局，1981.

[98] [日] 夫马进. 明清时代的讼师与诉讼制度 [M] // 王亚新，梁治平. 明清时期

的民事审判与民间契约. 北京：法律出版社，1998.

[99] [日] 滋贺秀三. 中国法文化的考察——以诉讼的形态为素材 [M] //王亚新，梁治平. 明清时期的民事审判与民间契约. 北京：法律出版社，1998.

[100] [日] 滋贺秀三. 清代诉讼制度之民事法源的概括性考察——情、理、法 [M] //王亚新，梁治平. 明清时期的民事审判与民间契约. 北京：法律出版社，1998.

[101] 史卫民. 征地纠纷解决机制的探索与思考 [J]. 经济纵横，2008（9）.

[102] 帅启梅. 农村征地过程中的利益冲突及结果——以湖南省邵东县 L 村为例 [J]. 湖南农业大学学报，2008（4）.

[103] 苏力. 法治及其本土资源 [M]. 北京：中国政法大学出版社，1996.

[104] 苏力. 关于能动司法与大调解 [J]. 中国法学，2010（1）.

[105] 苏力. 送法下乡——中国基层司法制度研究 [M]. 北京：中国政法大学出版社，2011.

[106] 孙立平. "过程—事件分析"与当代中国农村国家农民关系的实践形态 [M] //清华社会学评论特辑. 厦门：鹭江出版社，2000.

[107] 孙立平. 博弈——断裂社会的利益冲突与和谐 [M]. 北京：社会科学文献出版社，2006.

[108] 孙立平. 社会转型：发展社会学的新议题 [J]. 开放时代，2008（2）.

[109] 孙笑侠. 法治、合理性及其代价 [J]. 法治与社会发展，1997（1）.

[110] 孙笑侠. 法的形式正义与实质正义 [J]. 浙江大学学报：人文社会科学版，1999（5）.

[111] 谭术魁. 中国频繁暴发征地冲突的原因分析 [J]. 中国土地科学，2008（6）.

[112] 谭海波，蔡立辉. 论"碎片化"政府管理模式及其改革路径 [J]. 社会科学，2010（8）.

[113] 谭术魁，涂姗. 征地冲突中利益相关者的博弈分析——以地方政府与失地农民为例 [J]. 中国土地科学，2009（11）.

[114] 谭术魁，齐睿. 中国征地冲突博弈模型的构建与分析 [J]. 中国土地科学，2010（3）.

[115] 唐兴盛. 政府"碎片化"：问题、根源与治理路径 [J]. 北京行政学院学报，2014（5）.

[116] 田先红. 从维权到谋利——农民上访行为逻辑变迁的一个解释框架 [J]. 开放时代，2010（6）.

[117] 田先红. 当前农村谋利型上访凸显的原因及对策分析 [J]. 华中科技大学学报，2010（6）.

[118] 汪晖，黄祖辉. 公共利益、征地范围与公平补偿———从两个土地投机案例谈起［J］. 经济学（季刊），2004，4（1）.

[119] 汪雄涛. 明清判牍中的"情理"［J］. 法学评论，2010（1）.

[120] 王福生. 政策学研究［M］. 成都：四川人民出版社，1991.

[121] 王汉生，刘世定，孙立平. 作为制度运作和制度变迁方式的变通［M］//应星，周飞舟，渠敬东编. 中国社会学文选（下）. 北京：中国人民大学出版社，2011.

[122] 王洪伟. 当代中国底层社会"以身抗争"的效度和限度分析［J］. 社会，2010（2）.

[123] 王婧. 孙东东 把精神病人送到医院是最大的保障［J］. 中国新闻周刊，2009（10）.

[124] 王丽. 征地补偿制度问题及失地农民的权益保障［J］. 农业经济，2007（6）.

[125] 王铭铭，王斯福. 乡村社会的公正、秩序与权威［M］. 北京：中国政法大学出版社，1997.

[126] 王思斌. 多元嵌套结构下的情理行动——中国人社会行动模式研究［J］. 学海，2009（1）.

[127] 王晓毅. 夹缝中的表达［J］. 江苏行政学院学报，2005（2）.

[128] 王晓毅. 冲突中的社会公正——当代中国农民的表达［EB/OL］. http://www.docin.com/p-243311130.html.

[129] 韦政通. 伦理思想的突破［M］. 成都：四川人民出版社，1988.

[130] 温铁军. 征地与农村治理问题［J］. 华中科技大学学报：社会科学版，2009（1）.

[131] 吴长青. 从"策略"到"伦理"——对"依法抗争"的批评性讨论［J］. 社会，2010（2）.

[132] 吴同，陈蓓丽. 专业社会工作介入信访的运作机制以及发展困境［J］. 华东师范大学学报（哲学社会科学版），2015（2）.

[133] 吴毅. "权力—利益的结构之网"与农民群体性利益的表达困境［J］. 社会学研究，2007（5）.

[134] 吴英姿. "乡下锣鼓乡下敲"——中国农村基层法官在法与情理之间的沟通策略［J］. 南京大学学报，2005（2）.

[135] 吴越菲. 信访社会工作：社会理性秩序的助推器［J］. 检察风云，2012（18）.

[136] 吴增基. 现代法治的形式理性品格［J］. 华东政法学院学报，2000（6）.

[137] 吴增基. 论现代法治的形式理性价值取向——兼与罗峰先生商榷［J］. 法学评论，2003（2）.

[138] 肖唐镖. 从农民心态看农村政治稳定状况——一个分析框架及其应用 [J]. 华中师范大学学报：人文社会科学版, 2005 (5).

[139] 谢立中. 结构—制度分析、还是过程—事件分析？[M]. 北京：社会科学出版社, 2010.

[140] 谢艳, 秦启文, 王勇. 征地补偿模式的经济学分析——基于不完全信息下的议价模型 [J]. 中国土地科学, 2008 (10).

[141] 邢朝国. 农地征用过程中的结构洞 [J]. 学习与实践, 2009 (1).

[142] 徐亚文, 李晓奋. 徘徊在规则之治与社会现实之间的当代司法——对"能动司法"的理论与实践的若干反思 [J]. 中南民族大学学报（人文社会科学版）, 2010 (6).

[143] 徐祖澜. 乡绅之治与国家权力——以明清时期中国乡村社会为背景 [J]. 法学家, 2010 (6).

[144] 荀子 [M]. 安小兰译注. 北京：中华书局, 2007.

[145] 杨建荣. 官僚主义现象的组织社会学研究 [J]. 探索与争鸣, 2006 (10).

[146] 杨立新. 法理与情理 [N]. 检察日报, 2007-06-10.

[147] 杨秀琴, 阮伟致, 江华. 我国农村征地纠纷产生的制度经济学分析及其对策研究 [J]. 南方农村, 2005 (1).

[148] 杨云革. 上访群体的社会工作介入及其反思 [D]. 上海：华东理工大学, 2010.

[149] 尹利民. 策略性均衡：维权抗争中的国家与民众关系——一个解释框架及政治基础 [J]. 华中科技大学学报（社会科学版）, 2010 (5).

[150] 应星. 大河移民上访的故事：从讨个说法到摆平理顺 [M]. 北京：生活·读书·新知三联书店, 2001.

[151] 应星. 草根动员与农民群体利益的表达机制——四个个案的比较研究 [J]. 社会学研究, 2007 (2).

[152] 应星. "气场"与群体性事件的发生机制——两个个案的比较 [J]. 社会学研究, 2009 (6).

[153] 应星. "气"与抗争政治：当代中国乡村社会稳定问题研究 [M]. 北京：社会科学文献出版社, 2011.

[154] 于建嵘. 利益、权威和秩序：对村民对抗基层政府的群体性事件的分析 [J]. 中国农村观察, 2000 (4).

[155] 于建嵘. 农民有组织抗争及其政治风险——湖南 H 县调查 [J]. 战略与管理, 2003 (3).

[156] 于建嵘. 当前农民维权活动的一个解释框架 [J]. 社会学研究, 2004 (2).

[157] 于建嵘. 信访的制度性缺失及其政治后果 [J]. 凤凰周刊, 2004 (32).

[158] 于建嵘. 中国信访制度批判 [J]. 中国改革, 2005 (2).

[159] 于建嵘. 土地问题已成为农民维权抗争的焦点——关于当前我国农村社会形势的一项专题调研 [J]. 调研世界, 2005 (3).

[160] 于建嵘. 农村群体性突发事件的预警与防治 [J]. 中国乡村发现, 2007 (1).

[161] 于建嵘. 抗争性政治：中国政治社会学基本问题 [M]. 北京：人民出版社, 2010.

[162] 喻文光. 行政诉讼调解的理论基础与制度建构 [J]. 华东政法大学学报, 2013 (1).

[163] 岳丽. 法的形式正义与实质正义的冲突与解决 [D]. 重庆：西南政法大学, 2002.

[164] 翟学伟. 人情、面子与权力的再生产——情理社会中的社会交换方式 [J]. 社会学研究, 2004 (5).

[165] 章剑生. 征地程序的改革与完善 [J]. 中国行政管理, 2012 (7).

[166] 张静. 转型中国：社会公正观研究 [M]. 北京：中国人民大学出版社, 2008.

[167] 张文显. 法理学 [M]. 北京：法律出版社, 1997.

[168] 张友祥. 失地农民权益损失的成因与对策 [J]. 山东工商学院学报, 2006 (2).

[169] 张仲礼. 中国绅士——关于其在十九世纪中国社会中作用的研究 [M]. 李荣昌译. 上海：上海社会科学院出版社, 1991.

[170] 赵德余. 土地征用过程中农民、地方政府与国家的关系互动 [J]. 社会学研究, 2009 (2).

[171] 赵树凯. 乡村治理：组织和冲突 [J]. 河北学刊, 2003 (6).

[172] 赵晓力. 关系—事件、行动策略和法律的叙事 [M] // 王铭铭, 王斯福. 乡村社会的公正、秩序与权威. 北京：中国政法大学出版社, 1997.

[173] 赵晓力. 基层司法的反司法理论？——评苏力《送法下乡》[J]. 社会学研究, 2005 (2).

[174] 赵旭东. 乡土社会的"正义观"——一个初步的理论分析 [M] // 王铭铭, 王斯福. 乡土社会的秩序、公正与权威. 北京：中国政法大学出版社, 1997.

[175] 折晓叶. 合作与非对抗性抵制——弱者的"韧武器" [J]. 社会学研究, 2008 (3).

[176] 周飞舟. 生财有道：土地开发和转让中的政府和农民 [J]. 社会学研究, 2007 (1).

[177] 周红云. 乡村治理的合法性来源：村民直选抑或传统权利——以江西两个村的调查为例 [M] // 何增科. 城乡公民参与和政治合法性. 北京：中央编译出版社, 2007.

[178] 周其仁. 农地产权与征地制度——中国城市化面临的重大选择 [J]. 经济学（季刊）, 2004 (4).

[179] 周永坤. 信访潮与中国纠纷解决机制的路径选择 [J]. 暨南学报：哲学社会科学版, 2006 (1).

[180] 资金星. 我国农村土地制度文明冲突的症结、表征及解决设想 [J]. 中共山西省委党校学报, 2009 (2).

[181] Alston, L. J., Libecap, G. D. & Mueller, B. (2000). Land Reform Policies, the Sources of Violent Conflict, and Implications for Deforestation in the Brazilian Amazon. *Journal of Environmental Economics and Management*, 39 (2): 162 – 188.

[182] Aubert, V. (1963). Competition and Dissensus: Two Types of Conflict and of Conflict Resolution. *The Journal of Conflict Resolution*, 7 (1): 26 – 42.

[183] Bourdieu, P. et al. (1999). The Weight of the World: Social Suffering in Contemporary Society. Polity Press.

[184] Cai, Y. (2003). Collective Ownership or Cadres' Ownership? The Non – agricultural Use of Farmland in China. *The China Quarterly*, 175, 662 – 680.

[185] Cai, Y. (2004). Managed Participation in China. *Political Science Quarterly*, 119 (3): 425 – 451.

[186] Cai, Y. (2008a). Local Governments and the Suppression of Popular Resistance in China. *The China Quarterly*, 193, 24 – 42.

[187] Cai, Y. (2008b). Social Conflicts and Modes of Action in China. *The China Journal*, 58, 89 – 109.

[188] Chan, N. (2003). Land Acquisition Compensation in China: Problem & Answers. *International Real Estate Review*, 6 (1): 136 – 152.

[189] Ding, C. (2003). Land Policy Reform in China: Assessment and Prospects. *Land Use Policy*, 20 (2): 109 – 120.

[190] Felstiner, W., R. Abel, and A. Sarat. (1981). The Emergence and Transformation of Disputes: Naming, Blaming, Claiming. *Law and Society Review*, 15, 631 – 654.

[191] Galanter, M. (1977). The Modernization of Law. In Lawrence M. Friedman and Stewart Macaulay (ed.), Law and the Behavioral Science. 2nd ed. Indianapollis, IN: Bobbs – Merrill.

[192] Gallagher, M. E. (2006). Mobilizing the Law in China: 'Informed Disenchantment' and the Development of Legal Consciousness. *Law & Society Review*, 40 (4): 783 – 816.

[193] Guo, X. (2001). Land Expropriation and Rural Conflicts in China. *The China Quar-*

terly, 166, 422 - 439.

[194] Hotte, L. (2001). Conflicts over Property Rights and Natural - resource Exploitation at the Frontier. *Journal of Development Economics*, 66 (7): 1 - 12.

[195] Ho, P. (2003). Contesting Rural Spaces: Land Disputes, Customary Tenure and the State. In Chinese Society, Change, Conflict and Resistance, edited by Elizabeth Perry and Mark Selden, 2nd edition. London and New York: Routledge.

[196] Hummel, R. P. (1994). The Bureaucratic Experience: A Critique of Life in the Modern Organization. New York: St. Martin's Press.

[197] Kelsen, H. (1957). What Is Justice? Berkeley and Los Angeles: University of California Press.

[198] Li, L. & O'Brien, K. J. (1996). Villagers and Popular Resistance in Contemporary China. *Modern China*, 22 (1): 28 - 61.

[199] Lipsky, M. (1977). Toward a Theory of Street - level Bureaucracy, Theoretical Perspectives on Urban Politics, Englewood Cliffs: Prentice - Hall.

[200] Michelson, E. (2007). Climbing the Disputes Pagoda: Grievances and Appeals to the Official Justice System in Rural China. *American Sociological Review*, 72, 459 - 485.

[201] Michelson, E. (2008). Justice from Above or Below? Popular Strategies for Resolving Grievances in Rural China. *The China Quarterly*, 193, 43 - 64.

[202] Merton, R. (1940). Bureaucratic Structure and Personality. *Social Forces*, 18 (4): 560 - 568.

[203] Nadre, W. & Toddeds, H. (1978). The Disputing Process. Columbia University Press.

[204] O'Brien, K. J. (1996). Rightful Resistance. *World Politics*, 49 (1): 31 - 55.

[205] O'Brien, K. J. & Li, L. (2004). Suing the Local State: Administrative Litigation in Rural China. *The China Journal*, 51, 75 - 96.

[206] O'Brien, K. J. & Li, L. (2006). *Rightful Resistance in Rural China*. Cambridge University Press.

[207] Perry, E. J. & Selden, M. (2003). *Chinese Society: Change, Conflict and Resistance*. London: Routledge.

[208] Pollitt, C. (2003). Joined - up Government: a Survey. *Political Study Review*, 1, 34 - 49.

[209] Read, B. L. (2003). Democratizing the Neighborhood? New Private Housing and Home - owner Self - organization in Urban China. *The China Journal*, 49, 312 - 359.

[210] Reny, M. E. (2008). Explaining Variance in Patterns of State Reaction to Religious

and Land – related Protests in Contemporary China. http: //www. cpsa – acsp. ca/papers – 2008/Reny. pdf.

[211] Rooij, B. V. (2007). The Return of the Landlord: Chinese Land Acquisition Conflicts as Illustrated by Peri – urban Kunming. *Journal of Legal Pluralism*, 55, 211 – 240.

[212] Smelser, N. J. (1962). *Theory of Collective Behavior*. New York: Free Press.

[213] Stoner, J. A. F. (1961). A Comparison of Individual and Group Decisions Involving Risk. Unpublished Master's thesis, Massachusetts Institute of Technology, School of Industrial Management.

[214] Tong, Y. & Lei, S. (2010). Large – scale Mass Incidents and Government Responses in China. *International Journal of China Study*, 1 (2): 487 – 508.

[215] Yep, R. & Fong, C. (2009). Land Conflicts, Rural Finance and Capacity of the Chinese State. *Public Administration and Development*, 29, 69 – 78.

附录一 龙家纠纷案的主要事件时间表

事件 \ 主体 \ 时间	龙 家	复兴镇政府	法 院	市政府/区政府	国土资源局	复兴镇小学
1989	开始饲养奶牛					
1997.11.5	小彭申请入户口					
1998.11.10				市政府批准征地		
1998.12–1999.1		对土地、房屋及其地上附着物进行登记清理				
1999.4.13		发放17496元人员安置费		市政府颁布新的《征地补偿安置办法》		
1999.8.7	龙老幺的女儿出生					
1999.12		补发3504元安置费，与农民签订住房货币安置协议				
2000.11.14	小彭户口迁入					

— 201 —

续表

时间 \ 主体事件	龙家	复兴镇政府	法院	市政府/区政府	国土资源局	复兴镇小学
2001.1.6	龙老三的双胞胎孩子出生					
2001.1.16	龙老幺的儿子出生			区政府出台《关于加快奶牛产业化建设的通知》		
2001.2.18	新建264.8m²牛舍，购买十几头奶牛					
2001.2—2001.3		通知农民领取住房货币安置款和构筑物补偿款，住房货币安置款11700元/人				
2001.6.22		要求农民搬迁				
2001.9	要求复兴街道处理狮子山林地问题					
2001.9.19		作出关于LHX反映集体林地遗留问题的处理决定				

附录一 龙家纠纷案的主要事件时间表

续表

事件 时间 主体	龙家	复兴镇政府	法院	市政府/区政府	国土资源局	复兴镇小学
2001.10.15	向区政府提出狮子山复议申请					
2001.10.19				区政府作出不予受理狮子山复议申请的决定		
2001.10.28	龙家被断水、断电、断路					
2001.11.3	向区法院提起狮子山案行政诉讼					
2001.11.10					国土局对龙家土地违法案立案调查	
2001.12.24			一审法院判决维持复兴街道处理决定第一项，撤销第二、三项			
2002.1.15	提出狮子山案上诉					
2002.1.27			二审法院判决维持原判			
2002.2.1					作出5号处罚决定和7号处理决定	

续表

时间	龙家	复兴镇政府	法院	市政府/区政府	国土资源局	复兴镇小学
2002.3	向区政府提出处罚决定的复议申请					
2002.4.21				区政府复议维持处罚决定		
2002.5.3	向法院提出撤销处罚决定的诉讼					
2002.6.20		将龙家的住房货币安置款、构附着物补偿款存入公证处				
2002.6.21		向法院提起先予执行申请书				
2002.6.26			一审法院判决维持处罚决定			
2002.7.6			法院强制拆除龙家房屋及牛舍,将奶牛迁至沟坝村小学			
2002.7.29		提供龙家过渡房一套				

— 204 —

附录一 龙家纠纷案的主要事件时间表

续表

事件\主体\时间	龙 家	复兴镇政府	法 院	市政府/区政府	国土资源局	复兴镇小学
2002.10.22		起诉龙家侵占过渡房，要求龙家搬出过渡房，并给付租金				
2002.11.2	起诉法院强拆违法					
2002.12.5			确认强拆合法			
2004.4.27		撤回对龙家侵占过渡房的诉讼				
2004.9.20	沟坝小学的房屋垮塌6间					
2004.10.2	房屋第二次垮塌，1头奶牛死亡，5头受伤					
2005.1.25						诉龙家侵占沟坝村小学
2005.4.11			判决龙家交出沟坝小学房屋			
2005.5.16			法院强拆沟坝小学，将奶牛迁至龙新镇一奶牛场			
2005.8.19						向法院申请强制执行

附录二 被访人员目录

编号	类别	姓名	文中称呼	被访者信息
1	龙家人	LHX	老 龙	纠纷案的主人公
2		WHL		老龙的妻子
3		LZB	龙老大	老龙的大儿子
4		LZH	洪 妹	老龙的女儿
5		PZM	小 彭	老龙的女婿
6		LZT	龙老二	老龙的二儿子
7		TYH		老龙的二儿媳妇
8		LJ	龙老三	老龙的三儿子
9		TQH		老龙的三儿媳妇（已离婚）
10		LQ	龙老幺	老龙的小儿子
11	村民及村社干部	LHD		沟坝村9社社长
12		ZGH		沟坝村9社社员
13		RXW		沟坝村9社社员
14		ZGZ		沟坝村7社社员
15		QCH		上塘村4社社员
16		XYF		1997年农转非，2001年在政策鼓励下开始养奶牛
17	政府、法院及园区人员	YG	杨主任	2002~2006年复兴街道副主任，现任主任
18		LCM	李书记	2002年前复兴镇镇长，2002~2006年复兴街道书记
19		FGS	范处长	双路工业园区管委会稳迁处副处长
20		ZH		国土分局规划耕保科科长
21		YF		C市第一中级人民法院行政庭法官
22	其他上访人员	LCX		开办了塑料颗粒加工厂、肠衣加工厂，30多个工人
23		CGY		奶牛养殖户，曾饲养了70多头奶牛
24		LYZ		奶牛养殖户，曾饲养15头奶牛、60头羊
25		XYQ		奶牛养殖户，20多头奶牛

附录三 文档资料目录

征地补偿安置相关材料

集体土地所有证（沟坝七、九社，上塘三、四社）（1997年12月3日）

C市人民政府关于复兴镇人民政府实施C市国际科技学校项目工程征用土地的批复（简称511号批文）（1998年11月10日）

C市人民政府关于复兴镇人民政府实施C市国际科幻世界项目工程征用土地的批复（简称511号批文）（1998年11月11日）

集体财产补偿协议（1999年1月19日）

复兴镇派出所关于沟坝村9社征地农转非的调查报告（1999年3月24日）

征地农转非退养人员养老安置协议书（1999年4月26日）

征地农转非人员货币安置协议书（1999年12月7日）

征地补偿、住房安置协议（1999年12月7日）

领取住房货币安置款通知（2001年6月22日）

补偿款公证书（2002年6月21日）

行政协调申请书（2002年12月13日）

A区国土资源局对LHX征地上访提出有关问题的答复（2004年2月10日）

复兴街道办事处群众来信（来访）事项处理意见书（2005年7月12日）

复查申请书（2005年7月25日）

A区人民政府信访事项复查意见书（2005年8月12日）

C市人民政府信访事项复核意见书（2005年10月20日）

行政复查申请书（2007年8月5日）

LHX等6户遗留问题协调申请（2007年2月15日）

复兴街道办事处关于 LHX 反映问题的答复（2008 年 1 月 21 日）
沟坝村 9 社社员代表座谈记录（1997 年 11 月 4 日）
户口迁移申请（1997 年 11 月 5 日，1998 年 5 月 4 日，2000 年 3 月 9 日）
关于 PZM 农转非户口有关问题回函（2001 年 9 月 12 日）

狮子山案相关材料
土地房产所有证（1953 年 2 月 4 日）
狮子山草图（1979 年 5 月 15 日）
LHX 党籍摘抄材料（1981 年 1 月 23 日）
关于对 LHX 同志要求解决山林权属及林木管理报酬的批复（1984 年 6 月 12 日）
关于解决 LHX 管理集体林地等遗留问题的会议纪要（1988 年 12 月 29 日）
复兴街道办事处关于 LHX 反映集体林地遗留问题的处理决定（2001 年 9 月 19 日）
行政复议申请（2001 年 10 月 15 日）
行政复议不予受理决定书（2001 年 10 月 19 日）
行政诉状（2001 年 11 月 3 日）
法院庭审笔录（2001 年 12 月 4 日）
一审行政判决书（2001 年 12 月 24 日）
二审行政判决书（2002 年 2 月 27 日）
申诉书（2005 年 1 月 17 日）

牛场案相关材料
复兴镇人民政府关于加快复兴优质奶牛基地建设的意见（2000 年 12 月 25 日）
A 区人民政府关于加快奶牛产业化建设的通知（2001 年 1 月 16 日）
C 市种畜禽引进申报审批表（2001 年 3 月 7 日）
复兴街道办事处关于 LHX 奶牛圈搬迁的情况说明（2002 年 1 月 10 日）
A 区国土资源局案件询问笔录（2002 年 1 月 15 日）
牛舍勘测笔录（2002 年 1 月 15 日）
A 区国土资源局案件讨论笔录（2002 年 1 月 24 日）

LHX 安置及奶牛搬迁事宜座谈会（2002 年 1 月 26 日）

土地违法案件调查报告（2002 年 1 月 30 日）

A 区国土资源局土地违法案件行政处罚决定书（2002 年 2 月 1 日）

A 区国土资源局土地管理行政处理决定书（2002 年 2 月 1 日）

A 区人民政府行政复议决定书（2002 年 4 月 21 日）

行政诉状（2002 年 4 月 29 日）

行政诉讼答辩状（2002 年 6 月 7 日）

一审行政判决书（2002 年 6 月 26 日）

二审行政判决书（2002 年 10 月 25 日）

行政申诉状（2002 年 12 月 13 日）

第一次强拆相关材料

A 区国土资源局关于申请先予执行的情况说明（2002 年 6 月 17 日）

强制执行申请书（2002 年 6 月 21 日）

非诉行政执行裁定书（2002 年 6 月 25 日）

执行公告（2002 年 7 月 1 日）

法院执行局听证调查执行争议笔录（2002 年 7 月 2 日）

执行笔录（2002 年 7 月 6 日）

财产清单（2002 年 7 月 6 日）

执行费裁定书（2002 年 7 月 19 日）

过渡房钥匙收条（2002 年 7 月 29 日）

结案说明（2002 年 8 月 13 日）

确认强制拆迁违法申请书（2002 年 11 月 2 日）

调查记录（被调查人：沟坝村村支书）（2002 年 12 月 5 日）

询问记录（被询问人：LHX）（2002 年 12 月 6 日）

决定书（2002 年 12 月 6 日）

申诉书（2005 年 1 月 25 日）

过渡房返还案相关材料

复兴街道办事处诉 LHX 民事诉状（2002 年 10 月 22）

民事裁定书（中止审判）（2002 年 12 月 3 日）

庭审笔录（2003年8月19日）

复兴街道办事处申请撤销给付租金的请求（2003年8月26日）

复兴街道办事处撤诉申请书（2004年4月27日）

民事裁定书（2004年4月27日）

沟坝小学相关材料

C市青年报："六间房屋瞬间垮塌"（2004年9月21日）

复兴街道办事处关于LHX"六间房屋瞬间垮塌"的新闻相关情况说明（2004年9月21日）

A区国土资源局关于复兴街道沟坝村四社滑坡的调查报告（2004年9月21日）

崩塌、滑坡、泥石流等地质灾害防治避险明白卡（2004年9月21日）

拆迁避险通知（2004年9月21日）

房屋安全隐患处理意见书（2004年9月23日）

申诉书（2004年9月30日）

双路工业园区管委会信访事项处理意见书（2006年10月27日）

民事诉状（复兴小学诉LHX）（2005年1月18日）

答辩状（2005年2月1日）

庭审笔录（2005年3月16日）

民事判决书（2005年4月11日）

再审申请书（2005年7月17日）

强制执行申请书（2005年5月26日）

执行通知书（2005年5月30日）

执行笔录（2005年6月8日至8月8日）

结案说明（2005年8月20日）

法律、法规及其他规范性文件

《中华人民共和国土地管理法》（1987）

《中华人民共和国土地管理法》（1999）

《中共中央国务院关于进一步加强土地管理切实保护耕地的通知》（1997）

《中华人民共和国土地管理法实施条例》（1991）

《中华人民共和国土地管理法实施条例》（1999）

《国务院关于深化改革严格土地管理的决定》（2004）

《关于完善农用地转用和土地征收审查报批工作的意见》（2004）

《C 市土地管理规定》（1999）

《C 市征地拆迁补偿安置办法》（1994）

《C 市征地补偿安置办法》（1999）

《C 市人民政府关于调整征地补偿安置标准做好征地补偿安置工作的通知》（2005）

《C 市人民政府关于调整征地补偿安置政策有关事项的通知》（2008）

《C 市 A 区〈征地补偿安置办法〉实施细则》（1999）

《C 市 A 区征地补偿安置实施细则》（2005）

《C 市 A 区人民政府贯彻 C 市人民政府关于调整征地补偿安置政策有关事项的通知的实施意见》（2008）

附录四　几份重要的文档资料

一、狮子山案一审行政判决书

原告 LHX，男，生于 1937 年 2 月 13 日，汉族，A 区人，农民，住 A 区复兴街道沟坝村原九社。

委托代理人倪跃昆，生于 1959 年 10 月 19 日，白族，云南省河庆县人，个体工商户。

被告 C 市 A 区人民政府复兴街道办事处，住所地：A 区复兴化家湾。

法定代表人龚长江，主任。

委托代理人 PHQ，复兴街道办事处干部。

原告 LHX 诉被告 A 区人民政府复兴街道办事处（原复兴镇）2001 年 9 月 19 日作出的"关于 LHX 反映集体林地遗留问题的处理决定"，于 2001 年 11 月 8 日向本院提出诉讼。本院受理后，依法组成合议庭，于 2001 年 12 月 4 日、2001 年 12 月 24 日公开开庭审理了本案。原告 LHX、委托代理人倪跃昆、被告委托代理人 PHQ 到庭参加诉讼。本案现已审理终结。

原告诉称：土改时我分得原复兴镇沟坝村九社狮子山的三亩山林，1965 年"四清"运动时所有权收归集体所有。但是其后的二十多年中，该山林一直由我管理，我依法对三亩山林享有使用和收益的权利。被告的处理决定，混淆了所有权和使用权的概念，并且对我管理山林的报酬及我所种植的树木的赔偿解决也不合理，因此请求撤销被告的处理决定。

被告辩称：1965 年"四清"，集体将狮子山三亩山林收回，是针对的林地的使用权和林木的所有权和使用权，因为林地的所有权依法属于国家和集体，不存在个人所有。因 1965 年至 1982 年，LHX 对山林进行了一定的看护和管理，被告对其报酬问题进行了合理的考虑；但对原告 LHX 的要求的树木的赔偿问题处理意见，没有法律依据，是不恰当的。并且 LHX 与沟坝九社之间关于林木报酬与赔偿问题是民事纠纷，被告有权进行处理，对处理决定不服，原告只能就原纠纷提起民事诉讼，而不能对政府提起行政诉讼请求。

被告向本院提举以下证件：1. 1990 年 LHX 反映材料。2. LHX 的林地权属争议书。以此证据证明 LHX 要求解决林权争议的事实。3. 1984 年原××县护林指挥部文件。4. 1988 年会议纪要。以此说明争议林地权属一直属集体，并未确权给 LHX 的事实；LHX 从 1965 年至 1982 年，对山林进行了一定管理的事实及有关部门、领导对 LHX 管理山林的报酬问题曾作过解决的事实；

（一）被告向本院提举作出处理决定的法律依据：

1.《林木林地权属争议处理办法》（中华人民共和国林业部第 10 号令）第 3 条：处理林权争议，应当尊重历史和现实情况，遵循有利于安定团结，有利于保护、培育和合理利用森林资源，有利于群众的生产生活的原则。以此作为处理争议山林权属争议的法律依据。

（二）被告还向本院提举具备行政主体资格的法律依据：

1.《林木林地权属争议处理办法》（中华人民共和国林业部第 10 号令）第 4 条：林权争议由各级人民政府依法作出处理决定。

2.《中华人民共和国森林法》第 17 条第 2 款：个人之间、个人与单位之间发生的林木所有权和林地使用权争议，由当地县级或者乡级人民政府依法处理。

以上作为被告具有处理林权争议的主体资格依据。

3.《民间纠纷处理办法》（1990 年 4 月 19 日司法部令第 8 号发布）第 3 条：基层人民政府处理民间纠纷的范围，为《人民调解委员会组织条例》规定的民间纠纷，即公民之间有关人身、财产权益的其他日常生活中发生的纠纷。以此作为被告处理 LHX 管理山林报酬及林木的赔偿问题的主体资格依据。

本院依职权提取以下证件：×府地（1998）511 号文"关于复兴镇人民政府实施 C 市国际科技学校项目工程征用土地的批复"，该证据证明沟坝九社于1998年11月被原复兴镇人民政府征用，同时建制已撤销。

在庭审质证时，原告对被告提举的事实证据1~4本身的真实性无异议。但对证据3、4所证明的问题有异议，认为按1984年原××县护林指挥部的12号文件精神，狮子山的三亩林地已确定给原告作自留山或责任地，并且1983年左右经村、社讨论同意将狮子山作为原告的自留山，并提供对此事实作了口头证实的证人的姓名：王锡彬、陈有余、张光明、陈远发。但这几位证人未出庭作证。被告对原告的异议提出辩驳意见，认为1984年护林指挥部文件及1988年的会议纪要已明确争议林地权属维持1965年"四清"时的现状，归集体所有，不再变动。并未确定给原告作自留山或责任地。

对被告提举的作出处理决定所依据的法律原告有异议，认为应以《林木林地权属争议处理办法》第7条作为处理的依据："尚未取得林权证的，下列证据作为处理林权争议的依据：（一）土地改革时期，人民政府依法颁发的土地证；（二）土地改革时期，《中华人民共和国土地改革法》规定不发证的林木、林地的土地清册；（三）当事人之间依法达成争议处理协议、赠送凭证及附图；（四）人民政府作出的林权争议处理决定；……第12条："土地改革后营造的林木，按照'谁造林，谁管护，权属归谁所有'的原则确定其权属，但明知林地权属有争议而抢造林木或者法律、法规另有规定的除外。"

原告对被告的行政主体资格无异议。

原、被告对本院依法提取的证据×府地（1998）511号文"关于复兴镇人民政府实施C市国际科技学校项目工程征用土地的批复"无异议。

经庭审质证，原、被告对以下事实无异议：原复兴镇沟坝村九社狮子山在土地改革时由原告分得，1965年"四清"时，收归集体。从1965年至1982年原告对山林进行了一定管理和看护。本院对以上事实予以确认。

本院认为：被告提举的证据1、2，证明了原告要求解决林地权属争议的事实，具有合法性、真实性，本院予以采信。证据3、4证实有关部门及领导对争议林地及林木管理报酬问题所作处理的事实，客观、真实、合法，本院予以采信。

因原告列举的证人王锡彬、陈有余、张光明、陈远发未到庭，无法进行质证。对其证明的事实不予确认。

本院根据以上有效证据及原、被告无异议的事实，认定以下事实：

原复兴镇沟坝九社狮子山的三亩山林，在土地改革时由原告分得。1965年"四清"运动，社里将这三亩山林收归集体所有。之后一直未确权给任何人。从1965年起至1983年原告均对狮子山进行了一定管理和看护。此后原告多次向有关部门反映要求将狮子山分给其作自留山或责任山，以及要求解决看护山林的报酬和树木的赔偿问题。1984年，原××县护林指挥部下发江护法（84）字第12号文件，对LHX反映的问题给复兴乡人民政府作出批复：一、明确复兴沟坝九组狮子山三亩山林的权属在1965年"四清"时已归集体，应当维护1965年的决定。二、关于1979年以前的山林管理报酬问题，由生产队（沟坝九组）如数付给LHX山林管理报酬等费用计245.12元。三、1979年以后山林管理报酬问题，按龙管理的79根树子折价395元，三、七分成，龙得118.5元。四、由集体与LHX同志共同协商，或作责任山、签订管理合同，或作自留山处理给LHX同志植树造林。但此处理意见未兑现。1988年，原××县副县长杨××召集有关部门开会研究解决这一问题，达成处理意见（会议纪要），仍明确狮子山三亩山林权属归集体；1978年以前的LHX的山林管理报酬维护江护法（84）字第12号文件，由沟坝七、九社付LHX报酬245.12元；1979年至1982年的山林管理报酬，按其管理的79根树木折价395的10%计为39.50元，由复兴乡政府支付给LHX等等。原告未接受此解决意见，仍多次向有关部门反映，要求明确山林的权属及林木的管理报酬问题。被告A区人民政府复兴街道办事处针对LHX反映的问题，于2001年9月19日作出处理意见：一、原沟坝村九社狮子山三亩林地的权属于1965年时明确归集体所有，不再变动。二、山林的管理报酬，以1988年杨××副县长解决的会议纪要为准，支付LHX山林管理报酬计本息为518.13元。三、由LHX分得山林林木和附着物的赔偿费6300元等等。原告对此处理意见不服，申请复议。A区人民政府于2001年10月19日作出不予受理决定。理由是：处理决定对山林权属问题的处理是重复处置行为；处理决定的（二）、（三）项是LHX与集体之间的民事纠纷，不属于行政复议范围。

原A区复兴镇沟坝村九社集体土地已于1998年11月被复兴镇人民政府依法征用，原沟坝村九社的建制同时撤销。

本院认为：根据《林权争议处理办法》第 4 条的规定：林权争议由各级人民政府依法作出处理决定。及《中国人民共和国森林法》第 17 条第 2 款的规定：个人之间、个人与单位之间发生的林木所有权和林地使用权争议，由当地县级或者乡级人民政府依法处理。对 LHX 与沟坝九社之间的林权争议，被告作为 A 区人民政府的派出机关，有权作出处理，具备行政主体资格。原复兴镇沟坝九社狮子山的三亩山林，于 1965 年 "四清" 时其权属收归集体，应是指林木的所有权、使用权及林地的使用权归集体所有。因为集体林地的所有权毫无疑问一直是属于集体的。1965 年至 1982 年，LHX 对山林进行了一定的管理，但集体并未明确将狮子山的三亩林地给 LHX 作责任山或自留山，并且责任山和自留山的划分必须根据现行林业政策，联系本地实际情况，由集体经济组织的成员讨论通过。原沟坝九社的集体土地已被依法征用，如现将山林的权属问题再作变动，必将造成不利的影响，因此被告遵循《林木林地权属争议处理办法》第 3 条的规定，结合历史和现实情况，作出维持 1965 年 "四清" 时关于山林权属的处理不再变动的处理意见，其事实清楚，既尊重历史，又有利于现实，应予支持。LHX 从 1965 年至 1982 年，对山林进行了一定的管理，应当得到一定的报酬，但按《民间纠纷处理办法》第 3 条规定：基层人民政府处理的民间纠纷为公民之间的有关人身、财产、权益和其他日常生活中发生的纠纷。LHX 与集体之间因山林管理的报酬问题，不属于被告处理的民间纠纷范畴。因此，被告处理决定的第（二）项，属被告超越职权的行为；《C 市林地保护管理条例》第 27 条，是征用、占用林地的单位或个人应当缴纳的补偿费、补助费、植被恢复费的标准。被告适用该法条对 LHX 作出山林林木及附着物的赔偿是适用法律不当的，且无给付主体，事实不清；因此，根据《中华人民共和国行政诉讼法》第 54 条第（1）、（2）项之规定，判决如下：

一、维持被告 A 区人民政府复兴街道办事处 "关于 LHX 反映集体林地遗留问题的处理决定" 的第（1）项；

二、撤销被告 A 区人民政府复兴街道办事处 "关于 LHX 反映集体林地遗留问题的处理决定" 的第（1）、（2）项；

本案受理费 100 元，其他诉讼费 200 元，共计 300 元，由原告、被告各负担 150 元。

如不服本判决，可在判决书送达之日起 15 日内，向本院递交上诉状，并按对方当事人的人数提出副本，上诉于 C 市第一中级人民法院。

审　判　长：×××
代理审判员：×××
代理审判员：×××
2001 年 12 月 24 日
书　记　员：×××

二、牛场案一审行政判决书

原告 LHX，男，1937 年 2 月 13 日生，汉族，C 市 A 区复兴镇街道原沟坝村九社村民，住该社。

委托代理人 LJ，男，1972 年 3 月 12 日生，汉族，C 市 A 区复兴镇街道原沟坝村九社村民，住该社（系 LHX 之子）。

委托代理人 LZH，女，1966 年 3 月 14 日生，汉族，C 市 A 区复兴镇街道原沟坝组村九社村民，住该社（系 LHX 之女）。

被告 C 市 A 区国土资源局，住所地：C 市 A 区双龙大道 213 号。

法定代表人曾凡友，局长。

委托代理人 XSZ，该局监察执法中队干部。

委托代理人 ZJS，C 市 A 区人民政府复兴街道办事处国土管理所干部。

原告 LHX 不服被告 C 市 A 区国土资源局（以下简称 A 区国土局）2002 年 2 月 1 日 A 区国土监（2002）5 号行政处罚决定，于 2002 年 5 月 3 日向本院提起行政诉讼。本院于 2002 年 5 月 29 日受理后，依法组成合议庭，于 2002 年 6 月 18 日公开开庭审理了本案。本案原告 LHX 及其委托代理人 LJ、LZH，被告 A 区国土局委托代理人 XSZ、ZJS 到庭参加了诉讼。本案现已审理终结。

被告 A 区国土局 2002 年 2 月 1 日 A 区国土监（2002）5 号处罚决定认定，LHX 于 2001 年 3 月未经批准占据国有空地 264.8 平方米，其行为违反了《中华人民共和国土地管理法》第 2 条第 3 款的规定，依据该法第 76

条第1款的规定，决定责令龙某某在接到处罚决定书七日内拆除在非法占用的264.8平方米土地上的建筑物和其他设施。

原告 LHX 诉称：原告全家是合法的奶牛养殖专业户，于2001年3月在自己房屋相邻的空地建牛舍用地264.8平方米。原告建牛舍的行为虽未按规定办理用地、建设手续，但这是根据C市A区复兴镇人民政府（现更名为C市A区人民政府复兴街道办事处）召开会议时宣布的先建设后办理手续这种非书面批准方式而进行的合法行为。被告认定原告"未经批准占国有空地264.8平方米建牛圈"作出 A 区国土监（2002）5号处罚决定，事实不清，证据不足。且被告作出处罚决定前，未按我国《行政处罚法》的规定对原告进行告知，违反法定程序。故请求撤销被告作出的 A 区国土监（2002）5号《土地违法案件行政处罚决定书》，诉讼费由被告负担。

被告 A 区国土局辩称：原告未经批准擅自占地建设牛圈，其违法建筑理应拆除。被告作出的行政处罚决定事实清楚，证据确凿，适用法律正确，程序合法，请求法院予以维持。

被告举示证据（一）组证明其作出行政处罚决定所确认的事实：1. ×府地（1998）511号文。2. 2002年1月15日对原告 LHX 的询问笔录。3. 2002年1月10A区复兴街道办事处关于 LHX 奶牛圈搬迁的情况说明。4. 2002年1月16日 A 区复兴街道办事处证明。5. 2002年1月26日 LHX 安置及奶牛搬迁事宜座谈会记录。6. 2002年1月15日勘测笔录。以此证据证明原告 LHX 所在地 C 市 A 区原复兴镇沟坝村九社全部土地于1998年11月10日征用。原告未办理建设用地手续，于2001年3月擅自在该社修建牛舍，非法占用国有土地264.8平方米的违法事实存在。

被告举示证据（二）组：1. 立法呈报表。2. 2002年1月15日对原告的询问笔录。3. 案件讨论笔录。4. 调查报告。5. A 区国土监（2002）5号行政处罚决定书及送达回证。以此证据证明其对原告作出处罚决定经过了立案、调查、告知、讨论研究，形成调查报告作出处罚决定书并送达原告的法定程序，其处罚程序是合法的。

被告举示其有执法主体资格依据：《C 市土地管理规定》第63条第1款规定"土地违法案件由违法案件所在地的土地行政主管部舒门管辖"。

被告举示作出处罚决定的法律依据：1.《中华人民共和国土地管理法》

第 2 条第 3 款：任何单位和个人不得侵犯、买卖或者以其他形式非法转让土地。……2.《中华人民共和国土地管理法》第 76 条第 1 款：未经批准或者采取欺骗手段骗取批准，非法用土地的，由县级以上人民政府土地行政主管部门责令退还非法占用土地……

庭审质证时，原告对被告举证的证据（一）均有异议，并举示如下文件依据：×府发（2001）11 号文《C 市 A 区人民政府关于加快牛奶产业化建设的通知》。原告举示如下证据：1. 国家计委简政放权、五类投资，取消审批的报纸复印件。2. 工商执照及工商登记行政管理费收据。3. C 市种禽引进申报审批表。原告以此依据和证据证明原告一家养殖牛奶有合法的工商登记手续。原告修建牛舍是响应政府开办牛奶场的号召可以先用地，没有违法占地。4. 2001 年 5 月 23 日原 A 区复兴镇人民政府通知。原告以此证明牛舍是在建好后，复兴镇人民政府才告知其违法建筑，应拆除。被告对原告举示的文件没有异议，但认为与本案无关。认为原告证据 1~3，只能证明其养殖奶牛是合法的，不能证明其修建牛舍用地合法，亦与本案无关。被告对原告举示证据 4 没有异议。

原告对被告举示的证据（二）真实性没有意见，但认为被告对原告的告知不是书面的，处罚程序违法。被告对原告的异议予以辩驳，认为其在 2002 年 1 月 15 日对原告的询问笔录中已履行了告知义务，而且向原告进行了多次口头告知。

原告对被告举示的法律依据有异议：认为其不是非法用地，不应适用被告举示的法律依据。

原告对被告执法主体资格没有异议。

经庭审质证，本院认为被告举示的事实和程序方面的证据（一）和（二）符合证据的客观性、关联性和合法性，依法予以采信。原告举示的证据 4，被告对其真实、合法性没有异议，本院予以采信。原告举示的×府发（2001）11 号文和证据 1~3 与本案没有关联，不作为定案依据。

本院根据以上有效证据认定以下事实：原告 LHX 系 C 市 A 区原复兴镇沟坝村九社社员。1998 年 11 月 10 日，经 C 市人民政府×府地（1998）511 号文批复，沟坝村九社全部土地被征用为国有，并撤销该社制，全社社员转为非农业户口。2001 年 3 月，原告为扩大奶牛养殖规模，未办理用地、建设手续，擅自在自家房屋相邻的空地上修建牛舍，非法占有国有土地264.8平方米。被告收到举报后，立案查处，于2002年2月1日根据《中华人民共和国土地管理法》第2条第3款、第76条第1款的规定作出A区国土监（2002）5号《土地违法案件行政处罚决定书》并于当日送达原告。原告不服该处罚决定，向C市A区人民政府提出复议，A区人民政府于2002年4月21日作出维持原行政处罚决定的复议决定。原告要求撤销A区国土监（2002）5号行政处罚决定书于2002年5月3日诉至本院。

本院认为：根据《C市土地管理法规定》第62条第1款规定，被告有权查处本辖区内的土地违法案件，具有行政执法主体资格。原告未经批准修建牛舍非法占用国有土地264.8平方米的违法事实清楚，证据充分，其行为违反了《中华人民共和国土地管理法》。被告根据该法第2条第3款和第76条第1款的规定，作出责令原告拆除在非法占有的土地上的建筑物和其他设施的处罚，适用法律正确，被告对原告的违法行为经立案调查，在对原告的询问笔录中履行了告示义务后，作出处罚决定并送达，其程序合法。根据《中华人民共和国行政诉讼法》第54条第（1）项之规定，判决如下：

维持被告C市A区国土资源局2002年2月1日作出的A区国土监（2002）5号土地违法案件行政处罚决定书。

本案受理费100元，其他诉讼费200元，合计300元，由原告LHX负担。

如不服本判决，可在判决书送达后15日内，向本院递交上诉状，并按对方当事人的人数提供副本，上诉于C市第一中级人民法院。

审　判　长：×××
审　判　员：×××
代理审判员：×××
2002年6月26日
书　记　员：×××

三、第二次强拆前的调解座谈记录

第一次谈话记录

时间：2005年6月8日

地点：A区人民法院执行庭一科

参加人：法院执行庭人员，老龙

问：给你发的执行通知书和传票收到没有？何时收到的？

答：收到的，是6月5日下午5时收到的。

问：复兴中心小学校起诉你返还财产（房屋拆迁）一案，我院于2005年4月11日作出（2005）A区法民初字第459号判决，你是何时收到本院判决的？

答：是2005年4月11日上午收到的判决，我没有签字。

问：你对判决是什么意见？

答：判决与我无任何关系，我在沟坝中心校住，是复兴镇和法院2002年7月强拆安排我住的，不是我非法占学校的房。当时我都不同意去，水电进出都不方便。

问：（2005）459号案你上诉没有？

答：我没有上诉，他们剥夺我的上诉权。

问：（2005）459案你没有上诉，已经发生法律效力，原告（申请人）已于5月26日以中心校的名义申请法院执行，要求你按判决将中心校的房屋归还学校。你是什么意见？

答：我与中心校没有任何关系，占校舍是复兴街道强拆时安排我去住的。

问：你占用校舍有多少平方米？

答：学校未垮的校舍我都用起的。做牛圈两间，存放饲料一间，自建搭建的牛棚还有近200平方米。

告：现在法院判决已生效，要求你搬迁归还校舍，你有啥意见？根据开发需要，沟坝小学校舍处不适合养牛，最终是要搬迁，你找好地方没有？

答：我找不到地方，要求复兴街道给我找地方。如果不要我养奶牛，给我买断也可以，在合适的地方找地我自建也可以。

问：你的转非安置补偿费解决没有？

答：没有去领，复兴与我没有详细结算。

问：如果要搬迁你有什么要求？

答：给我合理的赔偿，买断也可以，现在价格不好说。

审告：今天就暂时谈到这里，有什么情况与你电话联系。你的问题比较复杂，一时也说不清楚。你的问题该向有关部门和有关领导反映解决，特别是区府、街道办事处的主要领导，否则对你是不利的。

问：上述笔录读你听了有无错？

答：无错。

告：请你签名。

第二次座谈记录

时间：2005 年 6 月 9 日下午

地点：A 区复兴街道办事处三楼会议室

参加人：（1）法院执行局 FRL 局长、YL 科长、CZL、PGJ 记录；（2）区法制办：周承学主任；（3）复兴街道办事处：杨主任、WAH 司法员、PHQ 街道办司法员、游主任、WDG、郭主任、CFL；（4）工业园区参加人：CDY

杨主任：今天下午我们坐下来协商一下关于 LHX 家强制搬迁案的情况。

FRL：下面由承办该案的法官介绍一下该案的情况。

CZL：介绍案情……LHX 案是 2002 年由国土局申请强制执行，法院强制拆除了被执行人 LHX 的非法占用地，当初由复兴街道办找地方，将 LHX 搬迁到复兴沟坝小学。2004 年复兴沟坝小学起诉要求 LHX 返回占用的房屋，现在复兴沟坝小学已申请强制执行。昨天我们把 LHX 通知到法院，他提了一下几个要求：（1）要政府赔偿他第一次强制搬迁房屋的损失；且政府要对其农转非进行安置；（3）如果政府不让其继续喂养奶牛，那就要赔偿其奶牛损失费；（4）要搬迁，现在的奶牛场也要进行赔偿。

FRL：本周二 LHX 一家人来到法院反映情况，我们接待后，对 LHX

反映的问题进行梳理，就有以上几项。

杨主任：我们找LHX，他提出两个问题：（1）要对以前的安置进行解决。我们同意按以前的政策解决。（2）搬迁奶牛场。我们也同意找地方。我们给他找到沙坪，奶牛场也给他建好，最后找到LHX。LHX又不同意这两点意见。起诉后，我们也找过LHX。LHX提出要我们赔偿150万元；我们又到龙新去给LHX找奶牛场，我们先垫三个月的租金，以后由他自己负责。

PHQ：当时我们是按照政策安置了LHX的。LHX是领劳动力安置，没领农转非安置费，我们将此转存到公证处。

FRL：对LHX的奶牛进行补偿没有？

PHQ：没有政策规定要对奶牛进行补偿，LHX的奶牛是在农转非前就喂养的，农转非后也在喂养。

FRL：对LHX的奶牛到底该不该喂，不喂又怎样赔偿，政策没有明确规定。

CDY：市府55号令有规定，对农转非户，带得走的东西自己处理。

复兴街道：LHX这个人完全没有诚意解决问题。在这之前，我们多次找过LHX，跟他协商都没有结果。

WDG：我们找LHX谈过多次，明确给他讲，要继续喂奶牛，牛须在规划外，在复兴肯定不行；搬迁奶牛的场地由政府租，租期三年来的租金政府承担，以后LHX承担。实际上LHX不想离开复兴。如果LHX不喂牛，政府用市场价买断他的奶牛。

YL：农转非安置既然已经解决，就不扯这个问题。法院搬迁的东西既然LHX在用，也不去管他。

FRL：我认为按一次性买断LHX的奶牛这种方法解决问题最好，把他的奶牛拿去评估，最后的价格略高于市场价。

杨主任：要搬迁我们即使给他租好地方，那租金谁来承担？不可能租金一辈子由政府承担。奶牛的评估价有6000元的，也有4000元的，到底按什么价格计算。我们复兴像LHX这种情况的很多，奶牛还有70~80头。

CFL主任：LHX这个人不讲道理，我们政府找过他协商过多次，每次都没有结果。我们政府也给他找过喂奶牛的地方，LHX就是不愿搬出复兴。为了解决问题，我们将LHX的奶牛搬到龙新奶牛场去，请人给他喂养。如果他不去，这样解决也有利于以后解决问题。

游：既然 LHX 不想继续喂奶牛，那就将奶牛拿去评估，该值多少钱我们就赔多少。LHX 占了学校的地方，法院判决了，就按照法律规定执行。

区法制办周承学：55 号令对奶牛的补偿没有一个具体的规定，在具体操作中，就是将奶牛进行评估，然后按市场价进行处置补偿。LHX 的安置费，按照政策该怎样解决就怎样解决，奶牛的处置一次性处置就只有评估。如果奶牛评估后达不成协议，就只有搬迁。如他自己不去喂养，就给他竞买处理掉。LHX 的住房安置问题，他自己不接受，就公证提存。LHX 的主要问题就是怎样搬迁。

FRL：奶牛的问题用两种方法解决：（1）和平解决。如果 LHX 继续喂奶牛，政府找地方。（2）一次性买断奶牛。就要 LHX 下决心，他到底喂不喂奶牛。我们给他做一些法律宣传，对他的奶牛进行评估。强制搬迁是一种行为。按目前法律规定，申请人要找地方给被执行人喂养，下一步才能评估龙的奶牛。如果现在 LHX 要求实物安置，如果政策允许，也可以给他解决，这样做也有利于 LHX 感觉到政府的关怀。2002 年强制搬迁 LHX 的财物，当初是交给复兴政府在保管，现在到底在那里。

PHQ：那些搬过去的东西，LHX 在用。

FRL：那你们下去核实一下，给我们一个说明。

第三次谈话记录

时间：2005 年 6 月 28 日

地点：A 区法院执行庭

参加人：法院工作人员，老龙

告：LHX，今天通知你来执行庭，关于复兴中心小学校申请执行 LHX 等五人返还财产（房屋搬迁）执行案，今天已是 6 月 28 日了，现在搬迁的情况怎样？是否做好了奶牛场的搬迁准备？

龙答：上次谈话后，我天天都在找复兴街道、区里协商，我也找了区人大工委何副主任，也找了 A 区公安局，公安局也受理了我的申请，也要给我答复。

问：对于你的奶牛场，复兴中心小学校已申请法院强制执行房屋搬迁。判决已经发生法律效力，你的奶牛场迟早要搬迁。上次也给讲了，复兴的地都属开发规划区域，不准许喂奶牛，我们要求你自己找地方搬迁，早搬比晚搬好。复兴是不能喂奶牛的，意思是复兴是不能养奶牛的。

龙答：复兴的地盘不能养奶牛我晓得。我找复兴街道几次，他们没有做具体答复。

问：你们的奶牛究竟是喂还是不喂。

龙答：奶牛我们肯定还要喂的。

问：你的奶牛要继续养，就要找到合适的地方搬迁。

龙答：要搬迁就涉及搬迁费用。记得找他们（工业园）根本不谈费用，CDY、WAH通知我们去的。

问：搬迁奶牛有哪些损失费？

龙答：搬迁的运输费，奶牛减少牛奶的损失，场地费等。

问：你现在共有多少头牛？

答：大小牛共计38头。

问：如果不好找地盘养奶牛，一次性处理全部奶牛，你是什么意见？费用要多少？

龙答：我要求给生活费。

告：要求给生活费是不可能，也是不现实的。

告：LHX，对于你们的问题，我觉得要适可而止。不要太过分，要求过多没有好处。最近，市高院、高检院、市公安联合出台了一个意见，外面墙上贴着的，你们也可以看一下。做任何事情也要适可而止。

问：你们回去提出一个搬迁损失费用单给我们，我们好转达给复兴或工业园区。

龙答：上个月6日，我给了一个费用表给CDY、WAH二人。

问：你还有什么说的。

答：我没有什么说的了。

告：上诉笔录请你过目后无错漏请签名。

龙答：笔录念我听了，对头。

第四次谈话记录

时间：2005年7月7日

地点：执行局办公室

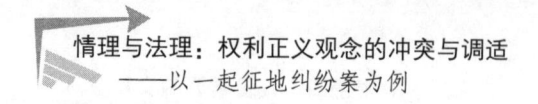

参加人：法院工作人员，LHX，LZH

告：LHX 我们法院今天再次通知你来，主要是就复兴中心小学申请执行，你 LHX 等五人返还财产案。我们已给你作了几次工作，你找好奶牛场没有？是否作好了奶牛场的搬迁准备。

LHX：我自己找不到地方养奶牛，你们法院要来强制搬迁，我们也不会来阻挡。

告：LHX 你是否还要继续喂养奶牛。

LHX：我还要继续喂养。要我自己找地方，我在复兴小学住期间，房屋垮了三次，奶牛打死了几头，这笔损失政府要赔偿我。

告：你搬到复兴小学是临时的，你自己要找地方。

LHX：我搬到复兴小学又不是我自己去的。

告之：复兴小学也是规划区，在那里不能喂牛。你自己去找地方，找到后把奶牛搬走。你自己心里要有数，什么时候搬走。

LHX：要把该赔偿我的赔了来我才同意搬迁。

LZH：政府要赔偿我们的损失才能搬。

告之：如果你们自己不愿搬迁，我们只有按照法律规定办？

LHX：政府不赔偿我们，我们怎么搬迁嘛？

告之：你认为该赔偿你 LHX 多少损失？

LHX：在复兴小学的损失要赔偿，第一次搬迁的损失要赔偿。

告：LHX 你其他还有什么谈的？

LHX：我们的要求也不高，政府赔偿了我们的损失我们才同意搬迁。

第五次座谈记录

时间：2005 年 7 月 22 日下午。

地点：A 区人民法院第十二审判庭

主持人：PGJ（审判员），书记员 CZL

参加人：申请方（人）：A 区复兴街道办事处主任：YG；街道办副主任：NJH，人武部长；工业园区 CDY；复兴综治办司法助理员 WAH

被执人（方）：LHX，LJ，LQ，LZT，PZM 系 LZH 之丈夫

审告：关于复兴中心小学校申请执行 LZX 等五人返还财产（房屋搬迁）执行案，法院受理后已多次和双方沟通，协商座谈，今天再次召集双方协商座谈。法院领导很重视该案，在院长分管执行的韦副院长，符局长要求做好双方思想工作，既要解决问题又要合情、合理、合法，使案件得到执行。双方也有协商解决的愿望，协商解决对双方都有好处，又不伤和气。下面由双方发言，我建议先由被执行方发言。

LJ：我也几次找符局长，我们现在的意见是：（1）奶牛的处理，看多少钱一头。（2）转非的住房问题。（3）垮塌的设施的损失问题。

LHX：前天（20号）我去找 LCM 书记谈，李书记说对于牛的问题，价格合理我可以拍板。我也说今年的奶牛价没有去年高，每头奶牛在一万零点。李书记说，我说的价不高。第二个问题是转非住房问题。由于转非安置没有落实，可以改。第三，设施损失问题好协商。经过这段时间考虑，奶牛我们不喂了。

审问：不养奶牛的意见是决定了的吗？

LHX：不喂奶牛了是一致意见。

问：申请人，对方不养奶牛是什么意见？

申请方：我方无意见，同意。

审告：下面由申请方发言

杨主任：（1）LHX 这起案件去年政府（街道办）叫我介入。去年是我和人大主任一起跟 LHX 协商。LHX 不接受我们的意见。现在我们已经申请执行，让被执行人交出土地。我们考虑到被执行人是我们的村民，我们也可以跟他们协商，这是为了真正解决问题，解决矛盾。

（2）本月18日，我们又和 LHX 协商，达成几点共识：①奶牛先评估，评估后再卖给 LHX。每头少几百元，由被执行人自己处理。②房屋安置问题，可作一些考虑，并没明确答复。③现有场地清理设施，按政策补偿。我们把协商意见转告领导后，领导认为 LHX 搬迁奶牛场后都好协商。

（3）要讲实是求事，双方要相互理解。你们也要体验政府的难处，要说我们应在以前协商，现在是强制执行阶段。

CZL：虽然我们已进入执行阶段，但双方也可以协商，协商得好有利于问题的圆满解决。

复兴政府叶：我们和 LHX 的事情，多次进行了协商。上周我们一起协商，他们坚持要喂奶牛，本周被执行人又来找政府。我们经过商量有几点意见：(1) 奶牛要进行评估，找有关质检的部门来评估奶牛，我们政府可以按评估价收购奶牛。(2) 房屋安置问题，是按当时的政策解决的，安置款已在公证处摆起的。如果把奶牛厂搬迁了，我们可以当补偿房屋安置。(3) 附属物的补偿，考虑到你们确实有损失，我们在政策的范围内可以适当考虑补偿。

WAH：我们是学校的代理人，要求照法律文书执行。

YG：我们政府的意见：如果 LHX 把奶牛场搬走，其他的我们可以协商，比如房屋安置补偿等。

CZL：下面双方做工作。

YG：我们政府的意见，LHX 的奶牛找有资质的单位评估，附属设施按政策赔偿，住房可以适当补偿。

LJ：我确实去找过 YG 主任，我们也协商了几条意见，但当时谈的并没有定下来。

LHX：我也多次找过复兴政府，当时复兴的 LCM 书记给我讲我的牛值 8000 元，可以补偿我一万元一头。我现在也不要这么多，我的奶牛只要政府每头赔我一万元，我就不喂奶牛了。

CZL：今天就谈到这里，你们下来后再考虑一下。你们也可以去找政府协商，如果双方能达成一致意见最好。

第六次谈话记录

时间：2005 年 8 月 3 日下午

地点：复兴街道司法办公室

参加人：法院工作人员，LHX

杨说：该案已立案两月多，今天再次找你谈话，关于你的奶牛搬迁问题，我们找复兴和园区协商后，再找你谈一次话。园区的底线是每头牛 200 元左右，关于设施的补偿问题，园区给你补偿，底线不超过 6 万元。也就是说一共 6 万元，由园区划到法院账户上，时间限在 8 月 15 日前落实，否则，我们将依法搬迁，造成的损失由被执行人承担。

龙说：我原来说过，5 万~6 万元可以修个养牛场，现在还仍然是这样说。

杨说：现在就是两条：一个是自己搬迁，园区补偿6万元；一个是强制搬迁，时间就在本月15日前。回去自己考虑，考虑好了回个电话。

龙说：6万元少了点，能不能多考虑点。

杨说：今天谈话就到这里，本周前你向法院回话。

第七次座谈记录

时间：2005年8月3日下午

地点：A区双路工业园管委会办公室

参加人：法院工作人员；工业园区管委会人员；复兴街道人员

法院：今天座谈LHX等人搬迁执行案，这几天不知情况如何，先听一下这几天的情况。如果协商不好只有强行搬迁，搬迁由园区或复兴街道提出具体方案报法院交审委会讨论决定。下面由杨主任介绍一下情况。

杨主任：上次在法院召开听证会没有达成协议。在先双方已协商过几次，有议向性意见，在听证会上，LHX方已变卦了，所以没有形成一致意见，现在只能强制搬迁。

法院：现在政府或园区能补助多少钱？

杨主任：每头牛可以补助200~1000元，总金额可以在8万元，不能突破10万元。

法院：我们再找LHX谈一次话，如果工作做得通，园区就把费用打进法院账户，限期搬迁。如果龙不同意就走第二套方案（搬迁），请园区把第二套方案的预案作出来递法院审查，如搬迁的车辆、人员、照看的人员、行走的路线、安全保卫等。

杨说：可以，我们把搬迁方案作出来。

杨说：我们立即找LHX谈话，座谈就到这里，有什么情况电话联系。

第八次谈话记录

时间：2005年8月5日上午

地点：A区人民法院执行庭

参加人：法院工作人员，LHX

法院：LHX。前天（8月3日）跟你谈话，转告复兴街道的意见，考

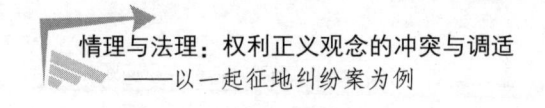

虑得如何，考虑好了没有？

龙：我们再三考虑，要求政府一次性处理奶牛。

法院：今天你来找法院，如果说你们协商好了，奶牛一次性处理，说好了就不能变，但是必须先进行评估。要找有资质的单位评估，这个程序必须走，否则对奶牛的价格不好定。如果复兴街道要变卖，你方在同等条件下优先回购。至于其他设施复兴街道给予适当补偿，总之不会让你过于吃亏。经过评估，最终每头牛不能超过8000元。上次法院和复兴街道到现场看，奶牛共计28头（其中8头小牛），是不是这样？

龙：当天现场奶牛是28头，我们有4头大奶牛喂在别人处，我们说的一共是32头牛。

法院：如果复兴街道认可是32头牛，法院也无意见。

法院：其他还有什么？

龙：其他就是我们住的村委会办公室，奶牛场解决，我们几家人的住处怎么办，住到何处去？牛场搬走了，那里肯定要推平。

法院：这个问题只有找政府协商处理，你的意见我们法院可以转告复兴街道办。

龙：牛场的设施要丈量、清点、登记。

法院：这个问题交由复兴街道做。

法院：其他没有什么了吗？

龙：就是这些意见。

法院：你们现在的意见还不统一，统一好了再说。我们认为快刀斩乱麻，奶牛一次处理，每头牛8000元，其他设施不再做处理。

第九次座谈记录

时间：2005年8月8日

地点：A区人民法院执行庭

参加人：(1) 法院：FRL, YL；(2) 复兴街道：NJH, PHQ, CDY, WAH

FRL：今天复兴与园区的人都来。关于LHX的搬迁问题，上星期五上午LHX来执行庭，我们做了工作，有笔录。说的意思是，第一，奶牛进行评估，一次性处理，对每头奶牛的差价原则不得超过8000元，奶牛由复兴街道处理，其他的问题（包括设施、损失等）一律不谈。LHX 等原则上同意。今天通知你们，把情况通报给你们考虑。如果得行，双方接受，就达成执行和解协议；万一不行，就执行第二个方案，强制搬迁。做好强制搬迁的方案，车辆、行走路线、搬迁的地点、奶牛的喂养、人员的安全保卫等。关于住房的问题不属这次执行范围，最好是一次解决好。

NJH：刚才符局长谈了两种意见，第一种意见可能不好办，我方还是上次在工业园的商谈意见，现在看来只有走第二个方案。

CDY：聂部长说了，我们上次谈了奶牛由 LHX 搬迁走，由政府和工业园一次性补偿 6 万~8 万元，包括 LHX 的所有设施。我们已做了第二个方案（搬迁方案）送一份给法院。我简单介绍一下搬往龙新的情况。

FRL：其他不谈了。搬迁方案是由复兴或工业园作出的，配合法院执行。我的意见是给 LHX 转告。法院做复兴的意见，（不同意协商）法院就具体实施搬迁方案，时间争取在本月底内，具体由杨科长和老陈制作方案。我建议搬迁前进行评估，通知公证处到场。

四、复兴街道办事处关于 LHX 反映问题的答复

LHX 同志：

你对征地安置拆迁事宜不服，于 2002 年向 A 区人民法院起诉。法院审理判决维持了 A 区国土资源管理局、A 区国土监〔2002〕5 号行政处罚决定书和 7 号处理决定书。但你不服法院判决，多次到市、区上访，市、区相关部门多次给你进行了书面和口头解释、答复。在 2007 年 2 月 15 日，你又向复兴街道和原双路工业园东区提出需要解决的遗留问题。为此，街道高度重视，组织相关部门的人员，专题对你提出的问题进行了认真研究，现对你提出的问题再次答复如下：

一、你所提出的 6 户人共 490 平方米的房屋，申请产权调换的问题

经查，你子女 LZB 等 5 户均签订了"征地补偿、住房安置协议"，选择了住房货币安置方式，其住房安置款和其他拆迁补偿费用已通过 A 区公证处公证存入每人名下。有关部门已多次通知本人完善相关手续并领取各项费用。你本人未书面选择住房安置方式，但多次询问过你，你表示愿意货币安置住房。鉴于此，复兴街道于 2002 年将你的住房安置款和其他拆迁

补偿费用通过公证存入方式已存入你名下，相关部门也多次通知你完善手续并领取费用。在强拆前，法院听证会上协调我处为你提供周转房一套（门牌号为复兴街道一期农转非安置房 3 幢 4-4 号），时间半年，并自付租金，但你从房屋拆迁后一直居住至今，未付任何房租。

处理意见：

1. 请你户及时到我处完善征地农转非住房安置手续，我处将严格按照有关住房安置政策进行办理。

2. LZB、LZH、LZT、LQ、LJ5 户，自行到 A 区公证处领取房屋安置款。

二、你所提出 6 人的人员安置、6 户人的财产损失问题

经查，你家共有农转非人员 3 人，已全部进行了保险安置，其母黄××因死亡退保领取了养老本金；其子女 LZB、LZH、LJ、LZT、LQ 共 5 户 11 个农转非人员已全部接受了人员安置，领取了安置费、土地补偿费和安置补偿费；其孙子、孙女、女婿安置情况和财产问题作以下答复。

处理意见：

1. 1999 年 4 月 25 日至 30 日，沟坝村 9 社转非人员已按照市政府 64 号令进行了人员安置，并发放了安置费。同年 12 月 5 日至 10 日，按市政府令第 55 号规定的标准补发了人员安置费。根据 55 号令精神及市土地行政主管部门的解释，1999 年 4 月 30 日为沟坝村 9 社转非人员安置的截止时间。你的媳妇 TYH 征地时系城镇人员，不属于征地农转非安置对象；你的孙女龙××（1999 年 8 月 7 日出生）、孙子龙××（2001 年 1 月 6 日出生）、孙女龙××（2001 年 1 月 6 日出生）、龙××（2001 年 2 月 18 日出生），均是安置完毕后出生的小孩，不属于征地农转非安置对象，因此不予农转非人员安置。

2. 1999 年 4 月 9 日，经 C 市公安局批准沟坝村 9 社全体人员农转非后，你对女婿 PZM 的转非安置问题提出了异议，A 区公安分局对此进行了复函，认为 PZM 不属于沟坝村 9 社征地农转非人员，因此不予征地农转非人员安置。

3. 你的孙子、孙女、女婿 PZM、媳妇 TYH 等共 6 人，已依照市人民政府 55 号令和 A 区人民政府×府发〔1999〕100 号文件精神，按优惠购房人员进行了货币安置，安置款已通过公证存入各户名下。

4. 6 户人的财产损失问题：当时是 A 区人民法院于 2002 年 7 月 6 日依法进行了强制拆除，请你按法律程序办。

三、你所提出的其中 280 平方米的牛房、牛场设施赔偿及补偿问题

经查，我处与相关部门工作人员到现场勘量，你所修的牛圈建筑面积是 264.8 平方米。该牛圈系政府已征用你社全部土地后，你于 2000 年（笔者注：此处可能为笔误，准确时间应该是 2001 年）3 月在国有土地上违章修建的，无任何建设、规划审批手续。根据 C 市第一中级人民法院〔2002〕C 市一中行终字第 264 号行政判决书，已认定你在沟坝村 9 社所建的奶牛场建筑物系违法用地，依照 C 市人民政府令第 55 号规定不予补偿。

四、你所提出的狮子山林地及林权地的补偿和补助问题

经查，根据原江北护林指挥部××发〔1984〕字第 12 号文件，狮子山 3 亩林地权属已明确归集体，原沟坝村 7 社、9 社应付给 LHX 管理报酬，但合作社认为 LHX 的报酬已在以前所欠的口粮款中冲抵了，所以山林在征地前划给了本社农户，征地时已进行了清理补偿兑现。

处理意见：

请你户与原沟坝村七、八社本着公平、公正原则进行协商，我处可以予以协调解决争议。

五、你所提出的搬迁后奶牛的治疗费，产量下降的损失问题

沟坝村 9 社农转非后，你不按规定搬迁，法院依法按程序对你的奶牛、房屋进行强制搬迁，所以对于你所提出的要解决的问题，可以通过法律的有关规定进行解决。

六、你所提出的 2001 年 10 月至 2002 年 7 月断路、水、电、草料的损失问题

经查：从 2001 年 10 月 28 日起停电是因原沟坝村 9 社欠缴电费，电力供应部门采取停止供电措施，是电力供应部门按其规定停电。

由于沟坝村 9 社被征地农转非后，该社已撤销建制，全社的村民都进行了安置拆迁。施工单位进场施工，按施工进度将道路、用水设施撤除。

七、你所提出的搬迁人员的过渡费至今未领取问题

经查：1. 我处已按住房货币安置方式，通过公证提存支付你本人的住房货币安置款，并且在强拆前提供了周转房一套供你户居住；你从房屋拆迁后一直居住至今，未付任何房租，因此不存在要计发拆迁房屋过渡费问题。

2. 你的子女 LZB、LZT、LJ、LZH、LQ5 户,已选择了住房货币安置方式,我处已通过公证提存支付了住房安置款和一次搬迁补助费,所以也不存在计发过渡费问题。

八、你所提出赔偿用于看家的猎犬 5 只的问题

经查,法院在强拆时的登记中没有犬只的记录。

处理意见:

请你提供养犬的依据后,按相关规定进行办理。

九、你所提出的上访费和精神损失费问题

处理意见:

该问题不符合相关要求,没有政策依据,不予考虑。

C 市 A 区人民政府复兴街道办事处

2008 年 1 月 21 日

附录五 相似的征地纠纷故事

故事1 CGY 的奶牛场

CGY（老陈），男，1954年生，党员，征地前居住在 C 市 A 区 YY 镇 QB 村 19 社，并担任该社社长。CGY 育有两个儿子。陈家从1987年就开始养殖奶牛，刚开始养殖得少，随着奶牛的自然繁殖规模逐渐增大。为了奶牛发展的需要，陈家分别于1990年、1995年利用自己房屋周围的空地修建牛场50平方米和80平方米。修建牛场时，CGY 向村社二级组织提出了书面用地申请，并得到了村社的批准。CGY 持村社的批准文件向国土局申请建设用地许可证，但国土局的工作人员告知 CGY 无须办理建设用地使用许可，因为政府是无偿扶持农民发展养殖业的。

1996年，QB 村 8 社的部分农民因修建国道被征用房屋和土地。在 YY 镇政府安排下，拆迁户在 QB 村 8 社用 15 亩土地建立一个居民新村街道。由于拆迁户数量不够，不足以形成一条街道，于是政府以 25000 元/亩的价格向附近其他农民出售空地，要求农民按统一规划和统一建房规格修建房屋。CGY 购买了一块地皮，并按照规划要求修建了 2 楼 1 底的楼房，共计 382 平方米。整个新村共计 28 户人，本村 20 户，外村 8 户。居民新村建立后，居民们利用自家的门面经营百货、五金、杂货、餐饮、农资、理发美容、茶馆等行业。陈家将新楼的底层用于饭店经营，楼上两层用于居住。新房建好后，陈家全家搬往新房居住，原 QB 村 19 社的 130 平方米的老住房也用来饲养奶牛。此后，陈家的养殖业进一步得到发展，至 2000 年左右，陈家的奶牛已达 30 多头，雇用工人 7 人，成为了 A 区屈指可数的养殖专业大户。陈家每年缴纳 600 多元的税收，并办理了营业执照、卫生许可证等经营手续。由于奶牛发展卓有成效，1999 年，CGY 被 YY 镇政府评为"勤劳致富奔小康带头人"，2000 年成为 A 区农业企业家协会会员，

2001年2月被A区委区府评为"2000年度农村勤劳致富带头人",并当选为YY镇第十一、十二届党代会代表。

为了更好地掌握奶牛养殖技术,CGY将自己的大儿子陈×送去农场学习养殖技术,并支持儿子参加自学考试。陈×参加了"经济动物养殖"专业的自学考试,于2001年完成了专业证书考试计划规定的八门课程,获得了西南农业大学颁发的专业证书。正当奶牛场的发展蒸蒸日上时,城市化的浪潮席卷到陈家所在的村庄,并彻底改变了陈家此后的生活。

2001年9月19日,×府地(2001)692号批文批准征用QB村9、10、18、19社全部土地,用于出口加工区基础设施建设。但是在批文下达前,因工程建设的需要,区国土局就对QB村19社的集体和个人发放了构附着物补偿费、青苗费,对全体社员采取了提前搬迁过渡并发放了搬迁过渡费和提前搬迁奖励费,并签订了《人员安置协议》,对选择货币安置住房的签订了《货币住房安置协议》。CGY的妻子先后领取了全家的构附着物补偿款37463.43元、人员安置费63000元、生活过渡费1224元。在住房安置过程中,CGY的儿子陈×填报了《住房安置方式申请书》,并选择了统建优惠购房安置方式。但是,陈家与国土局在牛场补偿和奶牛安置方面产生了纠纷。陈家要求以企业的形式赔偿牛场,但国土局只对陈家有证的原住房按照住房标准进行了补偿,对陈家1990年和1995年修建的牛舍没有给予补偿,原因是陈家没有办理合法建房手续。陈家不满国土局对牛场的补偿,因此未在规定的日期——2001年9月30日之前搬迁。当然,陈家也未领取搬迁过渡费、搬迁补助费和搬迁奖励费。另外,陈家坚持继续喂养奶牛,要求有关部门协调奶牛场搬迁地点。

2001年12月1日,×府地(2001)888号批文批准征用CGY新房所在地QB村8社的全部土地。在征地补偿时,国土局对居民新村的农民采用了双重补偿标准,本村的农民补偿280元/平方米,外村的补偿380元/平方米。由于CGY购买土地时与其他外村农民支付同样的价格,因此他对房屋补偿也不满意。

2002年3月,YY镇政府和村委会为陈家在斗溪村寻找到一处空地,让其搬往此处养牛。陈家表示同意,于2002年3月13日与斗溪村委会签订了租用4亩空地的合同,并向YY镇政府写下了保证在2002年3月31日前搬迁完毕的"保证书"。但是,当陈家将空地的路面平整好,将修建奶牛场的材料拉到斗溪村，并请了工人准备修建牛场时，却又被YY镇政府告知此处也即将开发，不能养殖奶牛。于是，陈家只能继续在老家养殖奶牛，并向镇政府要求补偿为准备修建牛场所支出的费用。

2002年4月21日，区国土局作出《土地管理行政处理决定书》，限CGY在接到处理决定书15日内拆除征地范围内的房屋，交出土地。陈家不服土地处理决定，向C市国土局申请复议，但复议维持了原决定。陈家依然不服复议决定，决定向法院提起诉讼，但是在诉讼期间，陈家的住房和牛场就被强制执行了。2002年5月22日，区国土局向法院申请先予执行，法院于5月28日裁定，准予先予执行行政处理决定书。2002年6月17日，法院对QB村19社的奶牛场和QB村8社的住房进行了强制拆迁，将陈家的38头奶牛及财物强拆到QB村8社堵水堰塘岚垭田处。此处曾是8社一户农民的住所，以前也曾养殖过少量奶牛，因8社土地被征用，该农户已经搬迁，因此区国土局和YY镇政府将此处作为陈家临时的周转房和养牛场地。

由于原农民遗留下来的住房和牛场远不能满足陈家奶牛养殖的需求，于是陈家在岚垭田处又重新修建了一些牛场。虽然岚垭田附近的土地已被征用，但是并未马上利用，许多土地处于闲置状态，于是从2003年开始，陈家在闲置的土地上耕种了70多亩的玉米、稻谷、小菜以及饲养奶牛的草料❶。但是，陈家种植的作物只收获了一年，第二年，也就是2004年5月，一群身穿迷彩服、拿着警棍的人将陈家种植的所有作物摧毁，给陈家带来了巨大的经济损失。

2005年6月，C市国土局与某物流集团签订土地使用权出让合同，将岚垭田所在的地块出让给该集团。土地使用权出让合同中约定："出让方保证所移交的该宗土地已完成集体土地征收转用手续，征收所涉及的土地补偿费、安置补助费等补偿费已支付完毕，并已完成土地的建（构）筑物

---

❶ 根据《中华人民共和国土地管理法》第三十七条第一款的规定，"禁止任何单位和个人闲置、荒芜耕地。已经办理审批手续的非农业建设占用耕地，一年内不用而又可以耕种并收获的，应当由原耕种该幅耕地的集体或者个人恢复耕种，也可以由用地单位组织耕种；一年以上未动工建设的，应当按照省、自治区、直辖市的规定缴纳闲置费；连续二年未使用的，经原批准机关批准，由县级以上人民政府无偿收回用地单位的土地使用权；该幅土地原为农民集体所有的，应当交由原农村集体经济组织恢复耕种。"根据此款规定，CGY认为该片土地荒废已达2年之久，因此他可以在该土地上耕种作物，他的耕种行为属于开荒行为。

及附着物的拆迁搬离工作，不存在遗留问题。"于是，国土局要求陈家再次搬迁。但此时，陈家的奶牛已发展至 70 多头，工人有十几个，牛场房屋面积已达 1190 多平方米，要找到合适的安置地点更加困难。

2005 年 8 月 2 日，国土局向法院提起民事诉讼，要求 CGY 搬出岚娅田，将土地交还给国土局。CGY 辩称，此地系法院强行将原住房房内的物品和奶牛搬迁至此，他主观上没有占有国有土地的故意，客观上也没有实施占有国有土地的行为，请求驳回原告的诉讼请求。法院经过审理认为，该地块经征收已属国家的财产，任何人无权占有和使用；原告属于国有土地的管理部门，是代表国家对土地行使管理职责；该宗土地系强制拆除时，原告指定给被告的临时周转用地，但被告迟迟未将其财产搬出，将土地返还给原告，被告的行为是错误的。至于被告的奶牛等补偿问题，属另一法律关系。据此，法院作出判决：限被告 CGY 判决生效后十日内，立即搬出 YY 镇 QB 村 8 社堵水堰塘岚娅田处，将土地交还给原告。CGY 不服，提起了上诉，二审法院以同样的理由驳回了上诉，维持原判。判决生效后，国土局向法院提出强制执行申请。2006 年 6 月 16 日，法院对岚娅田处的奶牛场进行了强制拆除，将陈家 70 头奶牛迁至龙新镇一处私人奶牛场寄养。强拆后，法院通知 CGY 到上述处所接受财产，并自行与养殖场主商定场地租用事宜。因政府未提供奶牛场地和设施补偿，CGY 拒绝前往接牛。

2008 年 11 月，A 区法院委托 C 市禧源资产房产地产土地评估有限公司对寄养在龙新镇的 70 头奶牛进行了评估。据龙新养殖场的场主报告，由于 2006 年 C 市遭遇百年未遇的持续高温干旱天气，陈家的奶牛陆续热死病死 13 头，实际剩下 57 头。应法院的要求，评估公司将死去的奶牛也纳入评估范围，并按照最好身体状况及最高日产奶量的奶牛标准进行评估。最终，以 2008 年 11 月 24 日为评估基准日，70 头奶牛的评估价格为 26.66 万元。CGY 拒绝参加评估，对这一评估的结果也极为不满意。据 CGY 称，当时奶牛的市场价根据奶牛的品质好坏在七八千元到一万多元。2009 年 3 月 26 日，法院将 CGY 的奶牛进行了拍卖。

此后，CGY 开始了漫长的上访路。CGY 要求赔偿的损失主要包括：(1) QB 村 19 社的牛场按经营用房进行补偿；(2) 按照 12000 元/头的价格赔偿奶牛；(3) 光荣奶牛场的 6 个职工要求劳动法补偿；(4) 从 2001 年

9月至2002年6月因停电停水导致的鲜奶变质和成本增加的损失；（5）QB村19社光荣奶牛场设施和家产；（6）QB村8社居民新村修建的门面和住房的补偿以及门面的经营损失；（7）从QB村19社强拆到QB村8社所造成的产奶量下降的损失；（8）在QB村8舍开垦的70多亩土地上种植粮食被铲除的损失；（9）在QB村8舍修建的1100多平米的奶牛场和工人住房的补偿；（10）强拆至今的牛奶损失以及奶牛产子扩大再生产的利润损失；（11）在斗溪村准备修建牛舍而产生的损失。当然，这些索赔请求到目前为止没有得到妥善处理。

故事2 LCX的两个工厂

LCX（老赖），男，1957年生，征地前居住在C市A区HX镇SW村2社。1996年，LCX利用自己两层小楼的底楼90多平方米及房屋周围空地上自行搭建的283平方米简易厂房开办了一家肠衣加工厂，雇用了十来个工人，并依法领取了营业执照、税务登记证等合法经营手续，每月缴纳100元的固定税收。

1997年2月，×府地〔1997〕51号批文批准征用赖家所在社的全部土地，用于政府统一整治开发。在进行补偿安置时，A区国土局与赖家协商达成协议，给予LCX 6064.20元的搬迁补助费。由于肠衣厂的收入是赖家的主要收入来源，赖家想继续经营肠衣厂，于是到附近双凤镇一农民家租用了场地，并修建了加工厂的设施。厂房搬迁后，LCX多次去领取6000多块钱的搬迁费，并要求妥善安置经营场地，但国土局未兑现当时的承诺。虽然赖家所在的社1997年被征用，但土地一直闲置。1999年，多次讨钱未果的赖家又将肠衣厂搬回原来的住处。根据LCX的说法，在外面租用别人的房子要支付租金，而自己家的场地是空着的，为什么不搬回去？何况政府未支付搬迁费，他要回去看着房子。

1999年10月，LCX与居委会签订合同，承包了SW村原粮食加工厂，利用厂房和在厂房周边搭建的300平方米厂棚，又开办了一家塑料加工厂。根据承包合同第5条规定"乙方（LCX）在承包期添置的房屋、设备属于乙方所有"，因此他认为在厂房周围修建厂棚是获得居委会允许的。至2002年，LCX两个工厂的工人已达到二三十人，年盈利数十万元。

2002年7月，国土局将LCX所在社的土地出让给某建设单位，要求赖家搬迁，并领取房屋、构、附着物等补偿费用。LCX 要求对改为肠衣厂的 90 平方米住房按照企业性质进行补偿，自行搭建的无证厂房按照简易房的标准进行补偿。但是 A 区国土局认为，根据《C 市征地拆迁补偿安置办法》和 C 市国土资源与房屋管理局的文件，个体经营户利用原有房屋从事经商活动，未依法办理土地使用权变更登记的，其房屋被拆除后只能按房屋原用途给予补偿安置。对于 LCX 自行搭建的房屋，根据《C 市征地拆迁补偿安置办法》第 20 条的规定，赖家自行修建的厂房属于违法占地修建的建筑物，不予补偿。赖家的要求得不到满足，于是拒绝领取各种补偿费用并拒绝搬迁。

2002 年 9 月，A 区国土局以未批占地为由对 LCX 作出了行政处罚决定，限令 LCX 在接到处罚决定书 15 日内自行拆除非法占用的 283 平方米土地上的建筑物和其他设施。对于赖家有产权证的房屋，A 区国土局以征地后不交地为由对 LCX 作出了行政处理决定。决定认为，对 LCX 的安置补偿已按国家建设征用土地的有关规定进行，而 LCX 以各种不当要求拒不拆除征地范围内的房屋，LCX 的行为严重阻碍了国家建设的顺利进行。根据土地管理法的相关规定，限 LCX 在接到处理决定书 15 日内拆除征地房屋内的房屋，交出土地。

2002 年 12 月，LCX 不服处罚决定和处理决定，以国土局补偿安置未到位及征地违法为由提起了行政诉讼。法院经过审理认为，LCX 实质上是对国土局的补偿安置标准有异议。依照《C 市土地管理规定》第 37 条第 1 款第（3）项的规定，"被征地单位和个人对补偿安置方案提出异议的，由区县（自治县、市）人民政府协调。协调不成的，报请批准征用土地的人民政府裁决，征地拆迁、补偿与安置争议不影响征地行为的实施。"据此，法院认为 LCX 对补偿安置标准有异议可以申请批准征用土地的人民政府裁决。LCX 提出国土局用 6 年前的征地批文占地，且批文存在少批多占情况，属于违法征地。但法院认为，原告认为被告征地行为违法，属另一法律关系，不影响对行政处罚决定的认定。最终，法院判决维持原处罚和处理决定。

2003 年 4 月，败诉后的 LCX 又向法院提起行政诉讼，要求国土局履行法定职责，对赖家的房屋按经营用房进行补偿安置。法院在审理过程中，采信了被告 A 区国土局的理由，认为被告对原告已经按照补偿安置办法的规定履行了相应的补偿安置职责，只是原告自己不领取相关款项，被告已将款项提存至 A 区公证处。原告要求对其肠衣厂按生产经营用房进行补偿安置不符合法律规定，于法无据，不予支持。故判决驳回原告 LCX 的诉讼请求。LCX 不服一审判决，进行上诉，二审法院驳回上诉，维持原判。

2003 年 4 月 14 日，经国土局申请，A 区人民法院及相关部门的人员对 LCX 的房屋、厂房及其企业的设备进行了强制拆除。LCX 声称，A 区人民法院在强拆时未通知当事人及其成年家属到场，也未对当事人全家的生产及其生活财产设备等进行全面清点登记，未将赖的全部财产搬出，就用推土机将其房屋推倒，导致大量财产被掩埋、毁灭，损失数万元。

房屋被强拆后，LCX 开始了漫长的上访路，上至国务院，下至 HX 街道，上访了多次。到目前为止，LCX 每周都去 A 区人民法院和 A 区政府信访，几乎从不间断。LCX 列出了补偿、赔偿清单，清单长达 11 页，索赔的内容包括临时安置过渡费、两个厂房的补偿、两个工厂的营业损失、强拆导致的财产损失、两次搬迁损失、上诉费用、精神损害赔偿等，所有项目总计 10466146.8 元。这份补偿和赔偿清单在政府部门看来完全没有法律依据，当然也不会如数补偿和赔偿。